国家出版基金项目
NATIONAL PUBLICATION FOUNDATION

话说世界

TALKING ABOUT THE WORLD

7

扩张时代
Expansion Age

袁梨梨 ◎ 著

主 编：陈晓律 颜玉强

人民出版社

主　　编：陈晓律　颜玉强
作　　者：袁梨梨

编　　委：

高　岱
北京大学世界史教授

梅雪芹
清华大学世界史教授

秦海波
中国社会科学院世界历史研究所
研究员

黄昭宇
中国现代国际关系研究院研究员
《现代国际关系》副主编

任灵兰
中国社会科学院世界历史研究所
《世界历史》编审

姜守明
南京师范大学世界史教授

孙　庆
南京晓庄学院外国语学院
世界史副教授

策　　划：杨松岩
特邀编审：鲁　静
　　　　　杨美艳
　　　　　陆丽云
　　　　　刘可扬

图片提供：
中国图库
广州集成图像有限公司
视觉中国

《话说世界》目录

《话说世界》出版说明

希望与探索

为广大读者编一部普及世界历史的文化长卷

今日世界植根在历史这块最深厚的文化土壤中。要了解世界首先要从学习世界历史开始。学习世界历史不仅有助于我们借鉴外国历史上的成败得失，使我们在发展的道路上少走弯路；而且还有助于我们养成全球视野，自觉承担起作为大国对人类的责任；同时还有助于我们更深入地理解和贯彻构建人类命运共同体理念。人类文明发展5000多年来，各地区和各民族国家的文明差异性很大，都有自己独特的发展轨迹和文化，在交往日益密切的今日世界，我们更要努力学习世界历史与文化。因此我们策划出版这套《话说世界》。

世界史方面的读物出版了不少，但一般教科书可读性不强，专题类知识读物则不够系统全面，因此我们在编撰这套《话说世界》时，主要考虑普及性，在借鉴目前已有的世界历史读物的基础上，进行了新的尝试：

首先，史实准确。由著名世界史专业教授和研究员组成的编委会保证学术性，由世界史专业教授和博士为主的创作队伍保证史实的准确性。

其次，贯通古今。从史前一直到2018年12月，目前国内外尚没有时间跨度如此之大的历史读物。本套书内容丰富，传奇人物、探险故事、艺术巨作以及新思潮、新发明等无所不包，以独创的构架，从政治、经济、文史、宗教、思想、艺术、科学、生活等多维度地切入历史，从浩瀚庞杂的史料中，梳理出扼要明晰的脉络，以达到普及世界史知识的作用。

再次，图文并茂。采用新颖的编排手法，将近万张彩图与文字形成了有机组合。版面简洁大方，不失活泼，整体编排流畅和谐，赏心悦目。

最后，通俗易懂。作者秉持中肯的观点，采取史学界主流看法，立论中肯、持平、客观，文字深入浅出，绝不艰涩枯燥，流畅易懂。

这套书总计 20 卷，各卷书名分别为：《古典时代》《罗马时代》《王国时代》《封建时代》《宗教时代》《发现时代》《扩张时代》《启蒙时代》《革命时代》《民族时代》《工业时代》《劳工时代》《帝国时代》《一战时代》《主义时代》《危机时代》《二战时代》《冷战时代》《独立时代》《全球时代》。

十几年前，上海锦绣文章出版社出版的《话说中国》，以身体作为比喻说还缺少半边身子，缺失世界历史的半边，因此《话说世界》的策划项目在七年前孕育而生。经过近七年的努力，这套图文并茂的普及性世界史《话说世界》（20 卷）陆续出版。今年又适逢新中国成立 70 周年，这套书被列入国家出版基金资助项目，作为一个从事 36 年出版工作的出版人感到由衷的喜悦。

在本套书行将付梓之际，特别感谢陈晓律、颜玉强、秦海波、刘立群、黄昭宇、任灵兰、鲁静、杨美艳、陆丽云、刘可扬等十几位世界史专家的辛勤劳作，感谢所有参与《话说世界》（20 卷）本书的作者、专家、学者、编辑、校对为此作出的贡献。最后，谨以两位世界史专家对本套书的点评作为结束：

徐蓝（中国史学会副会长）：首先要说这套书使得我眼睛一亮。这不是我们通常说的以政治经济为全部内容的世界历史，而是多维度的世界历史解读，其内容涵盖了政治、经济、文史、宗教、思想、艺术、科学、生活等，使世界历史更加充盈饱满、相生相成。特别是将其每卷书的类别单独合在一起，相当于一部部专题史。这在国内世界历史读物中是仅见的，具有很高的出版价值。《话说世界》又是一套通俗读物。全套书 5000 篇左右的文章，通过人文地理、重回历史现场、特写、广角、知识链接等拓宽了内容的容量，增强了趣味性。可以说这是一套具有"广谱"特性的世界历史普及读物。这套书的社会效益不仅会普及国民的世界历史知识，也拓宽了国际视野，将世界历史作为基础知识之一，才能具备大国的胸怀和责任担当。

　　吴必康（中国社会科学院世界史所，国家二级研究员）：历史题材类的通俗读物一向是热门读物，富有意义。但其出版物主要是中国史，世界历史通俗读物出版甚少。而且，这些不多的世界历史出版物也多为受众少的教科书式作品。《话说世界》可以说弥补了这方面的缺憾。今天，中国正处于民族复兴之时，作为世界第二大经济体，其世界影响越来越大，责任也更大。广泛了解世界，具有国际视野成为大势所趋。广大人民需要了解世界，知晓世界历史，已是必不可少之举。世界历史虽然内容浩如烟海，但作为文明历程有规律可循，有经验教训可资借鉴。《话说世界》的专业作者梳理千古，深入浅出，从容不迫地娓娓道来，使世界历史清晰明了，趣味盎然。这套丛书应该说是一套全民读物也不为过，可谓老少咸宜，可谓雅俗共赏。尤其是其文体具有故事性，很适合青少年阅读。也望通过这套书能激发青少年阅读世界历史的广泛兴趣，兴起热潮，为我国的各类国际人才打下知识基础，更好地立足祖国走遍世界。知晓天下，方可通行天下。

人民出版社编审　杨松岩

2019 年 8 月 27 日

《话说世界》序一

读史使人明智

在世界历史的洪流中寻找人类的智慧

不知不觉，现在已经是 2019 年了。在人类几千年有文字记载的历史中，这个时间点或许并没有什么特别之处，但对于处于改革开放进程中的中国而言，这样一个年代显然具有不同寻常的意义。那就是，历经磨难成立新中国以后，中华民族在对外开放的过程中，重新找到了一个与自己国力吻合的位置。

中国是一个历史悠久的国度，创造了十分丰富的物质与精神的财富。尤其是在东亚这一范围，中国几乎就是文明的代名词。然而，在近代以来，中国却被自己过长的衣服绊倒了，结果从鸦片战争开始，中华民族经历了一段屈辱的历史，不仅使天朝上国的心态遭受沉重打击，也迫使我们重新认识外部世界。

从历史的角度看，中国人如何看世界，并不是什么新问题。古代中国人对周边"蛮夷"的看法千奇百怪，但无论是否属实，对自己的生活似乎影响不大。不过近代以来情况有所变化，自 1840 年始，中国人想闭眼不看世界也难。然而，看似简单的中国人应该如何睁眼看待外部世界，尤其是西方国家，却并不简单，因为它涉及"华夷"之间的重新定位，必然产生重大的观念与思想碰撞，所以它经历了一个几起几落的变化。

从传统的中国视角考察，以中国为天下中心的历史观一直在我国的史学领域占主导地位。因此，在 1840 年以前，中国还没有今天意义上的世界史，有的只是《镜花缘》一类的异域风情书，或是一些出访周边国家的记录，严肃的史书则只在中国史的范畴内。鸦片战争之后，中国被迫接受中国之外还存在一个世界这一事实。但对外部世界，主要是西方的研究是以急功近利的原则为出发点，缺少系统的基础研究。直到新中国成立前夕，我国的高校中，世界史都还不能算是能与中国史相提并论的学科，一些十分有名望的老先生，也必须有中国史的论文和教中国史的课程才能得到承认。这一事实反映出一种复杂的民族心态和文化背景。人总是从自己已有的知识基础上去发现和分析外部世界的，没有对外部世界知识的系统了解，要正确地看世界的确不易。

实际上，早在100多年以前，张之洞就认为，向西方学习应该是学习西艺、西政和西史。但是如何以我为主做到这一点，则是至今尚需继续解决的问题。

在一个开放的时代，任何一个试图加入现代化发展行列的国家都必须尽量地了解他国的情况，而了解他国最主要和最基本的途径，除开语言外，就是学习该国的历史。就笔者所接触的几所学校看，美国一些著名大学的历史系往往都是文科最大的系，而听课的学生也以外系的学生居多。我的体会是，出现这样的现象无非两点原因：通识教育的普及性与本科教育的多样性，以及学生的一种渴望了解和掌控外部世界的潜意识。相比西方，我们的教育课程设置显然还有许多需要完善的地方。

按北大罗荣渠老师的看法，中国在向西方学习的过程中经历了三次大的起伏。一次是鸦片战争前后，中国是在战争的威胁中开始了解西方的，这种了解带有表面的、实用主义的性质，对西方的了解和介绍都十分片面，社会的大部分人对此漠不关心，甚至国家的若干重要成员对此也十分冷漠。与此相反，日本却密切地关注着中国的情况，关注着中国在受到西方冲击后所作出的反应，以致一些中国介绍西方的书籍，比如《海国图志》，在中国本身尚未受到人们重视时，日本已在仔细地阅读和研究了。尽管如此，第一次学习还是在中国掀起了洋务运动。

由于甲午战争的失败，中国开始了第二次向西方的学习，即体用两方面都要学。但不想全面改革而只想部分变革的戊戌变法因各种原因失败了，最终是以辛亥革命作了一次总结。从此以后，中国的政治实践大体上是在全面学西方，但是又由于历史的机遇不好，中国的这种学习，最终也未成功。尽管我们不能完全说它是失败的，但要成为一个强国的愿望却始终未能实现。

新中国成立以后，由于西方的封锁和我们自己的一些政策，中国经历了一个主动和被动地反对向西方学习的过程。直到改革开放以后，我们才再次开始了向世界强国——主要是西方国家学习的第三次高潮。而这次持续的时间显然要长得多，其内涵也要丰富得多。其中一个最重要的标志也许是，在沉默了几十年以后，中国的学术界终于开始出版一批又一批的世界史教材和专著，各种翻译的世界史著作也随处可见。这是一个令人欢欣鼓舞的现象。在这个意义上，中国人重新全方位看世界是改革开放的产物。

从中国人看世界的心态而言，也先后经历了三种变化：最初是盲目自大式地看世界，因为中国为中央之国，我们从来是当周围"蛮夷"的老师，尽管有时老师完全打不过学生，但在文化上老师终归是老师，我们从未丧失自信心。所以，对这些红毛番或什么其他番，有些"奇技淫巧"我们并没有真正放在心上。然后面临被列强瓜分的危机，我们的心态第二次变化，却是以一种仰视的方式看世界——当然主要是看西方国家，这种格局直到新中国成立后才开始逐渐改变。而改革开放后，中国重回世界舞台中心，成为 GDP 第二大国，自信心再次回归，看世界的态度又一次发生了变化——中国人终于可以平视外部世界了。

心平气和地看外部世界，需要的是一种从容和淡定，而这种心态，当然与自己的底气有关。随着物质生活的丰富和对外交流的日渐频繁，国人已经意识到，外国人既不是番鬼，也不是天使，他们是与我们一样，生活在这个地球上的人类。当然，由于历史、文化、地域、宗教乃至建国的历程各不相同，差异也是明显的，甚至是巨大的。如何客观地认识外部世界，对有着重新成为世界大国抱负的国人而言，已经具有了某种紧迫性。而互联网时代的信息爆炸，对较为靠谱的学理性知识的需求，也超过了任何一个时代。因此，无论于公于私，构建一个起码的对外部世界认识的合理框架，都成为一门必修课而非选修课了。

应该说，国内学界为此做了大量的工作，从学术论文到厚重的专著，从普及型的读物到各类期刊，乃至各种影视作品，有关西方的介绍随处可见，一些过去不常见的国家和地区的研究成果也开始出现。同时，为了增进国人对这些问题的了解，国内出版界也做了很好的工作，出版了很多相关的著作。

大体上看，这些著作可分为以下几类：第一类是关于西方国家、政府等有关政治机构的常识性著作。这些现象我们虽然十分熟悉，但并不等于我们已经从理论上了解了它们。因此很多国内的著作对一些概念性的东西进行了提纲挈领的解析，有深有浅，大致可以满足不同人群的需求。第二类是关于各个国家的地理旅游的书籍。这类书籍种类繁多，且多数图文并茂，对渴望了解国外情况的人群，读读这些书显然不无裨益。第三类是各国的历史著作。这些著作大多具有厚实的学术根基，信息量大，但由于篇幅原因，或许精读的读者不会太多。最后一类则是对各种国际组织和机构的介绍，包括各国概况一类的手册。写作的格式往往是一条一款，分门别类，脉络清晰，这类知识对于我们了解外部世界尤其是西方世界应该也很有帮助。

然而，总体上看，在我国历史学教育中，严格意义上的"世界历史"还是属于小众范畴，由此，这个领域的普及出版物相对较少，这与现在的我国国情和日益全球化的国际形势很不契合。

对于这种不合拍的情况，原因很多，但学界未能及时提供合适的历史读物，尤其是世界史读物，难免是一种遗憾。这不是说目前没有世界史普及读物，而是说我们的学者和出版界未能完全跟上时代对世界史知识的需求，尤其是广大普通民众对世界史知识的需求。随着我国经济实力的不断增强，出国求学和旅游对普通中国民众而言已经不是一种可望而不可即的事情。而踏出国门，中国人通常会有一个共同的感受：在各种聚会或是宴请的活动中，只要有"老外"在，哪怕是一个人，气氛就很难避免那种浓厚的"正式"味道；而一旦没有"老外"，都是华人，气氛会一下轻松起来，无论是吃喝还是交谈，人们的心态转瞬之间就已经完全不同。我常与一些朋友讨论这一现象，大家的基本看法是，中外之间，的确有一种文化上的隔膜。这种隔膜十分微妙，其至并非是相互不能沟通的问题，而只是一种"心态"。

这种心态往往是只可意会，却难以言传。其难以言传的根源在于，人是生活在一个由文化构筑起来的历史环境中的，这种长期浸润，会不知不觉地对一个人的行为方式、心态产生巨大的、具有强烈惯性的影响，这种影响往往也不是通过一两本学术著作就能轻易加以归纳的东西。

因此，要体验这种微妙的文化隔膜，最好的方式就是对世界的历史文化有一种"全景式"的了解，除了去所在国进行深度体验外（当然，这对很多人而言有些奢侈），读一些带有知识性、系统性和趣味性的世界史读物，应该也是一种不错的选择。而这类读物恰好是我们过去的短板，有必要尽快地将其补上。

为了满足国人对这类读物的迫切需求，本套丛书的策划编辑团队怀着强烈的家国情怀和对中华民族特有的忧患意识，一直在积极地筹编这样一套能满足时代需求的世界史读物。他们虽然是在筹编一套普及性读物，却志存高远，力图要将这样的一套读物做成精品，那就是不仅要使普通读者喜欢，还要经得起学界的检验。历经数年，颜玉强主编总算在全国的世界史学界找到了合乎他们要求的作者团队。这些作者当中，既有早已成名的学术大家，也有领军一方的中青年学者，更有留学归国的青年博士群体。而尤为重要的是，这些学者都长期在我国的高校从事世界史的教学和科研工作，他们对我国学子乃至一般民众对世界史知识的需求有着更深的感受，因此，由这样的一支作者队伍来完成这样的一部大型作品，显然是再合适不过了。

历经数年的讨论和磨合，几易其稿，现在《话说世界》总算问世了。以我的一管之见，我觉得这套书有这样一些特点值得关注。

首先是体例方面的创新。历史当然是某种程度上按照时间顺序发展的，但作为一种世界历史的视野，人们的眼光当然不可能横视全球，而是自然地落在一些关键性的区域和事件上。这样，聚焦和分类就是一个基础性的工作。作者对历史的分类不仅显示出作者的学术功力，也会凸显作者的智慧。本套丛书的特点是将"时代"作为历史发展的主轴，比如古典时代、罗马时代等等。这样的编排，读者自应一目了然。然而，作者的匠心就此展现：因为一些东西并不仅仅是纵向而是横向的，所以，王国时代、宗教时代、民族时代、主义时代这样的专题出现了。

这样的安排十分精巧，既照顾了历史的时代顺序，又兼顾了全球性的横向视野。相对于一般教科书的编排，比如在人类起源部分，从两河文明到尼罗河文明，再到希伯来、印度和中国文明，然后再到古典时代的希腊罗马文明、希腊化文明，固然十分系统，但对于非专业的读者恐怕也有点过于正规，索然无味。所以，丛书的安排看似随意，却有着精心的考虑和布局，在目前的类似书籍中，应该是不可多得，别具一格的。

而对有着更多需求的读者，《话说世界》则又是一种趣味盎然的教科书，因为它将各个时代的内容分门别类，纵向来读，可以说是类别的世界通史。比如可以将政治、经济、文化等串联下来的就是该类别的世界通史，这样读者能够全景式地看到每个历史切面，还能了解整个历史线索和前因后果。

其次是《话说世界》为了达到可读性强的效果而采取了图文并茂和趣味性强的杂志书编撰方式，适合以各种休闲的方式阅读。《话说世界》的图片不仅与文章内容结合紧密，还有延伸文字内容的特点，特别是每本书都有数张跨页大图呈现了历史节点的宏大场面或艺术作品的强烈感染力。这样的布局，显然能使读者印象深刻。实际上，国外的历史教科书，往往也是图文并茂，对学生有着很强的吸引力，使学生即便不是上课也愿意翻阅。我们目前的教科书尚达不到这一水准，但《话说世界》能够开此先河，应该是功德一件。

第三则是强烈的现场感，这是为了增进读者真正理解国外历史文化所做的一次有价值的尝试。从这套丛书的内容看，其涉及面很广，并不单单是教科书式的历史，而是一部全景式乃至百科全书式的历史：从不同文明区域之间的人员交往到风俗习性，从军事远征到兵器工艺，从历史事件到地标和教堂，从帝国争霸心态到现代宣传套路，从意识形态到主义之争，可以说林林总总，斑驳杂陈，十分丰富，具有很强的可读性。一个也许对编辑并不十分重要，但对读者而言却十分重要的事实是，这些读本的作者都是"亲临视察"了所写的对象的，所以除去知性之外，还多了难得的感悟。因为这套丛书的作者，都是亲临所在对象的国家和地区进行过求学乃至工作的。他们对这些对象的了解，或许还做不到完全学理意义上的深刻，但显然已经早就超越纸上谈兵的阶段了。因此，在这个意义上，他们是真正的"中国人看世界"。这种价值，在短期内或许并不明显，但随着时光的流逝，它肯定会越来越闪烁出学术之外的瑰丽光芒。

值得指出的是，今天移动互联的势不可挡，知识碎片化也日益严重，需要学者和出版社联袂积极面对，克服互联网内容的不准确性，做到价值恒定性；克服互联网知识的碎片性，做到整体性。《话说世界》于上述的三个特点，显然是学者和出版社共同合作的成功范例。

如果你是一个依然保持着好奇心，对问题喜欢打破砂锅问到底的人，那么，请阅读这套匠心独具的丛书吧！它既能增加你的知识，又能丰富你的生活，也或许能在紧张的工作与生活中给你带来一丝和煦的清风。

当你拿到这套书，翻开第一页的时候，我们衷心地希望你能够从头至尾地读下去，因为这是在一个全球化时代，使你从知识结构上告别梦幻童年、进入一个绚丽多彩的成人世界的第一步——读史使人明智。

愿诸君在阅读中获得顿悟与灵感。

南京大学历史学院教授、
博士生导师　陈晓律
2019 年 2 月 15 日

《话说世界》序二

立足学术　面向大众

献给广大读者的具有国际视野的世界历史全景图书

　　我国的经济总量超越日本，正式成为世界第二大经济体，我国的社会经济文化都日益成为地球村重要的一部分，了解世界成为必要。正如出版说明所言，了解世界首先要从了解世界历史开始，我们不仅可以从外国历史的成败得失中得到借鉴，而且还能从中培养国际视野，从而承担起作为大国对人类的责任。人类文明发展5000多年来，各地区和各民族国家的文化差异性很大，都有自己独特的发展轨迹，在日益融为一体的今日世界，我们在世界历史知识方面也亟须补课。

　　我国史学界编撰世界史类图书内容有不包括中国史的惯例，加之上海锦绣文章出版社已经在2005年出版了取得空前成功的20卷《话说中国》，所以我们这套《话说世界》就基本不包括中国史的内容，稍有涉及的只有为数几篇中国与外国产生交集的内容。

　　《话说世界》共20卷，分别是20个时代，时间跨度从史前一直到2018年。基本囊括了各个时代的政治、经济、文史、思想、宗教、艺术、科学和生活娱乐等。

　　参与《话说世界》编写的作者有教授和博士共30多人，都是名校或研究所的世界史专业学者。学有专攻的作者是《话说世界》质量的保证。我们还邀请了一些世界史的著名专家教授作为编委，确保内容的准确性。

　　今天读者阅读的趣味和习惯都有变化，业界称为"读图时代"。所以我们在文章的写法和结构都采取海外流行的"杂志书"（MOOK）样式。我曾经为台湾地区的出版社主编过300本杂志书，深得杂志书编撰要领。杂志书的要素之一是图片，《话说世界》以每章配置 3—4 幅图的美观标准，共计配置了 10000 张左右的图片，有古代的历史图片，也有当今的精美图片。在内容的维度上也进行拓展，引入地理内容，增加了历史的空间感；每本书基本都有"重回历史现场"，以增强阅读的现场感；同时每篇文章都有知识链接，介绍诸如人物、事件、术语、书籍和悬案等，丰富了文章内容，使文章更流畅、可读性更强。

当然，不能说《话说世界》就十全十美，但是不断完善是我们的追求。

启动编撰《话说世界》工程之时，我们就抱定了让《话说世界》成为既有学术含量又有故事可读性的优秀著作这个目标，使世界史知识满足大时代的需要。

结笔之际，感蛰居七年，SOHO 生活，家人扶助，终成书结卷。这里要感谢各位作者的辛勤笔耕，特别感谢人民出版社通识分社社长杨松岩慧眼识珠以及编辑们兢兢业业、精雕细刻的工作。"幸甚至哉"！

资深出版人　颜玉强

2019 年 10 月 28 日

《扩张时代》简介

　　本书所指的"扩张时代"，主要指地理大发现之后的殖民扩张时期，大致涵盖 15 世纪中期至 17 世纪中期这段时间。这是欧洲从中世纪迈向现代世界的孕育和发展时期。中世纪的人们开始觉醒，渐渐走出精神世界向外探索。在欧洲，葡萄牙、西班牙、意大利的探险家们进行了一系列远程航海活动，追求精神之外的世俗世界，不断向外扩张。新航路的开辟带来了新世界的发现，美洲、非洲成为欧洲探险的活动范围。欧洲不断向外探索，来到亚洲继续殖民扩张，为欧洲带来了更广阔的世界市场和惊人的巨额财富，促进了资本主义的萌芽和发展，推进了现代国家的形成。

　　欧洲各国在政治上积极向外扩张。近代欧洲各国由里到外、由近到远地向外开拓，引发了对拉丁美洲、非洲、亚洲的殖民地争夺和贸易竞争，整个世界连成了一体，揭开了现代史的序幕。在这个时期，欧洲各国在政治上不断开疆拓土，形成广阔的世界市场。欧洲各国在这个扩张的过程中寻求自身发展和强大，逐渐形成了现代国家。

　　在扩张时代，各国政治斗争往往与宗教改革相伴随。各国宗教改

革运动和反宗教改革运动如火如荼地开展。各国的宗教改革带来宗教传播和文化交流。各种思想交锋，带来了人们思想的解放。

伴随着欧洲各国的不断扩张，各国家思想文化不断发展。在扩张时代，各国文艺发展起来，百花齐放，百家争鸣，异彩纷呈，促进了世界文化的繁荣和科技的进步。人们的视野更为开阔，生活更为丰富多彩，世界逐渐向现代社会迈进。人类开始步入了近代文明时代。

西方的扩张浪潮也来到了东方。此时中国处于明末清初阶段。继葡萄牙1511年占领马六甲之后，也开始想与中国往来。中国皇帝后来同意葡萄牙人在澳门开设洋行，修建洋房。利玛窦到中国传教，既传进来西方文化，也带去中国文化，成为中西文化交流的桥梁。在这个时期，日本不断吸收西方文化来推进自身进步和发展，形成了兰学，为日本近代发展奠定了基础。

这是一个扩张的年代，欧洲在美洲、非洲和亚洲的扩张为新世界的形成创造了条件。这也是一个不断发展的时代，新兴力量经历了中世纪的孕育破土而出，迎来了一个新时代。

目录

目录

殖民扩张：追求掠夺财富

欧洲国家在殖民扩张的过程中，一切都是为了征服，一切为了财富。

在扩张时代，财富就是一切。欧洲各国积极向外扩张和发展贸易，以获得尽可能多的利润。西班牙和葡萄牙通过海外扩张成为世界霸主。伴随着资本主义的发展，世界各地的交流更多。欧洲人在非洲抓捕黑人贩卖到美洲、开发美洲地区，从美洲带产品回到欧洲出售，由此获得资本主义发展的第一桶金。亚非美欧之间的贸易往来和交流，给近代早期欧洲带来极为丰裕的财富。各国推行重商主义的经济政策，致力于经济发展，进一步推动了资本主义的长足发展。欧洲成为世界的先行者，欧洲各民族由此萌生独立意识。

荷兰最早爆发了独立运动。在获得民族独立之后，荷兰迅速发展起来，被称为"海上马车夫"。

西班牙和葡萄牙在大航海时代开辟了海外市场，获得了大量的劳动力，在殖民掠夺和奴隶贸易中获得巨额财富，成为世界强国，拉开了现代世界的帷幕。

英国也不甘落后，积极发展海洋事业，不懈开拓海外殖民地，凭借自身的顽强拼搏，战胜了欧洲其他国家，成为资本主义发展的领头羊。

贸易一体化开端
汉萨同盟

对内一致，对外和平，
成为汉萨同盟的口号。

汉萨同盟是德意志北部城市之间形成的商业、政治联盟，而非联盟国家，其口号是"对内一致，对外和平"。汉萨（Hanse）一词，德文意为"公所"或者"会馆"。

汉萨同盟的形成与发展

汉萨同盟在 13 世纪逐渐形成，14 世纪达到兴盛，加盟城市最多时达到 160 个。1367 年，汉萨同盟成立了以吕贝克城为首的领导机构，有汉堡、科隆、不莱梅等大城市的富商、贵族参加，拥有武装力量和金库。1370 年，汉萨同盟战胜丹麦，订立《斯特拉尔松德条约》。同盟垄断了波罗的海地区的贸易，还在西起伦敦、东至诺夫哥罗德的沿海地区建立商站，实力雄厚。到 14 世纪中叶，汉萨

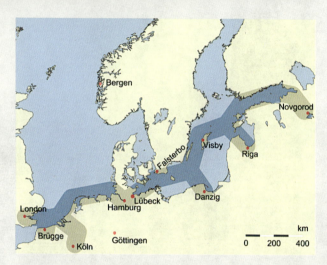

汉萨同盟的主要贸易路线

同盟已经扩展至波罗的海南岸、东岸的所有德国港口城市，并扩展到英国、佛兰德斯、丹麦、斯堪的纳维亚、俄罗斯、芬兰等地。

随着汉萨商人的活动范围扩大，北欧和西欧君主国在与汉萨同盟建立商业关系后获得了巨大的商业利益。加入汉萨同盟后，其成员生产的原料可以以更高的价格在外国市场上出售，同时可以获得质量更优良的外国进口产品。汉萨商人的进出口税又为各国国库提供了稳定而可靠的收入来源，因此各国纷纷欢迎汉萨同盟在本国开设商站。这些商站集市场、商人住宅和办公室、仲裁所、作坊、工场、库房于一体，并设有防御设施。早期的主要商站设立在瑞典哥得兰岛上的维斯比，因丹麦袭击该地，曾引发汉萨同盟与丹麦的战争。随后在英国的伦敦、佛兰德斯的布鲁日、挪威的卑尔根和俄罗斯的诺夫哥罗德出现了四大汉萨同盟商站。

吕贝克与汉堡之间的联盟基地

温迪克（汉萨同盟城市）和新兴大国荷兰的海上贸易冲突不断升级，终于酿成战争，史称荷兰-温迪克战争

知识链接：海因里希·萨德曼

海因里希·萨德曼（Heinrich Sudermann，1520—1591 年）来自科隆，是德国著名法学家，后来成为汉萨同盟的官员。1556 年创立市政官职位的时候，萨德曼被选举为永久官员，他一直致力于保护和扩展汉萨同盟成员城市的外交协议。

英国与汉萨同盟

汉萨同盟在各商站驻有商业代表，由声誉良好的已婚商人担任。妇女严禁进入商站。除了四大商站外，汉萨同盟还在其他一些城市，如英国的羊毛生产地，设有营业所和账房。汉萨同盟在 14 世纪末和 15 世纪初达到鼎盛时期，虽然其商站只局限于波罗的海、北海和俄罗斯，但是其商船却远及法国、西班牙和葡萄牙，从南欧运来橄榄油、水果、各种酒和盐。其注册商船大约 1000—2000 吨，汉萨商人通过向神圣罗马帝国的封建领主和其他国家的君主提供借款而获得了一项又一项的特许权。在其全盛时期，汉萨同盟左右着丹麦和瑞典的王位继承人人选，而英国国王甚至不止一次将王冠抵押给汉萨商人换取贷款，或向其借舰队和海员。

在英国，爱德华三世为了加入汉萨同盟，打算把纯粹的羊毛出口地转变为呢绒制造地。他从佛兰德斯招募纺织工人，建立起英国自己的呢绒工业。红白玫瑰战争的爆发使得汉萨同盟在英国的特权又维持了一段时期，至亨利七世时期，英国开始禁止直接出口贵金属，并要求汉萨同盟商人用所得利润在英国购买本地产品。到伊丽莎白一世时期，汉萨同盟在英国长达 300 多年的商业特权已经全部被剥夺。伊丽莎白认为，汉萨同盟的海运力量同英国的五港联盟发生了直接竞争，而后者一直是英国海军的战舰和兵力来源。1598 年 1 月 13 日，伊丽莎白一世下令逮捕了 60 艘与英国的敌人西班牙进行贸易的汉萨同盟商船。汉萨同盟商人为此在吕贝克召开了大会，以便采取行动打击英国出口贸易。伊丽莎白一世获知这个消息后，即将英国的汉萨同盟船只连同所载货物一并没收，并关闭伦敦汉萨同盟商站，然后她宣布"极端鄙视汉萨同盟和它的一切行动"，决定终结与汉萨同盟持续了 300 多年的商业往来。

汉萨同盟到了 15 世纪就由盛转衰，一直延续到 1669 年才解体。

吕贝克老城中汉萨同盟商人的房屋仿佛仍在诉说着汉萨同盟昔日的荣光

追求黄金
重商主义

一切为了金钱，
一切为了财富。

重商主义是 15—18 世纪受到普遍推崇的一种经济哲学，主要是对资本主义生产方式进行了最早的理论考察。重商主义的核心内容是商业本位，产生于 16 世纪中叶，盛行于 17 世纪至 18 世纪中叶，后被古典经济学取代。重商主义一般分为早期的重商主义和晚期的重商主义两种。历史上重商主义学派的著作对于国际贸易理论的研究和发展具有启蒙作用。

重商主义的提出

15 世纪末，西欧的封建社会开始瓦解，资本主义生产关系开始成长；地理大发现扩大了世界市场，给商业、航海业、工业以极大刺激；商业资本发挥着突出的作用，促进各国国内市场的统一和世界市场的形成，推动了对外贸易的发展。伴随着新世界的发现和对亚洲的殖民，欧洲国家对殖民地实行了一种新的经济政策，被称为重商主义。它是建立在这样的信念上：即一国的国力基于通过贸易的顺差所能获得的财富。金银储备是一个国家的财富象征，贸易是取得金银的重要途径。

到了 18、19 世纪，许多欧洲国家都实行了重商主义这种经济政策。在这种政策中，一个国家要想积累财富，必须要保持出口额大于进口额，从而增加国家财富。国家通过采用重商主义的经济政策获取更多金银，逐渐变得富强。

在商业资本加强的同时，西欧一些国家建立起封建专制的中央集权国家，运用国家力量支持商业资本的发展。随着商业资本的发展和国家支持商业资本的政策的实施，产生了从理论上阐述这些经济政策的要求，逐渐形成了重商主义的理论。

1655 年的柯尔贝尔画像

重商主义的发展

早期重商主义产生于 15 世纪至 16 世纪中叶，早期重商主义者主张采取行政手段，禁止货币输出，反对商品输入，强调少买以贮藏尽量多的货币。"货币差额论"的著名代表人物为英国的威廉·斯塔福、约翰·海尔斯。

晚期重商主义是指 16 世纪下半叶到 17 世纪这

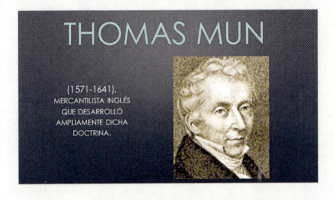

知识链接：柯尔贝尔重商主义

柯尔贝尔（Colbert，1619—1683 年），法国政治家，法王路易十四时期的财政大臣，法兰西学院院士。他为改善法国经济状况，推行被称作"柯尔贝尔主义"的重商主义政策，以增加国库收入，解决财政收支问题。柯尔贝尔主张发展工业以寻求征收更多的赋税，提倡国家干预商业发展，还鼓励农业种植，提倡开垦。1663 年创办法国铭文和文艺学院，1667 年协助建立巴黎天文台，1671 年建立王家建筑学院。

托马斯·孟是英国晚期重商主义的代表人物，也是英国贸易差额说的主要倡导者。他出生于伦敦的一个商人家庭，早年从事商业活动，后来成了英国的大商人，是重商主义的实践者。1615 年担任东印度公司的董事，后又任政府贸易委员会的常务委员

个发展阶段，新大陆的发现带来了市场的扩大和资本主义的扩张，出现了柯尔贝尔式的重商主义托马斯·孟（Thomas Mun，1571—1641 年）的"对外贸易十二条纲领"。其中心思想是贸易差额论，强调多卖。托马斯·孟认为对外贸易必须做到商品的输出总值大于输入总值，以增加货币流入量。16 世纪下半叶，西欧各国力图通过实施奖励出口，限制进口，即奖出限入的政策措施，保证对外贸易出超，以达到金银流入的目的。这样各地的金银源源不断流入了欧洲。

"重商主义"这个词是法国大革命时期立宪派领袖之一的米拉波（Mirabeau，1749—1791 年）在 1763 年创造的，亚当·斯密推广使用。亚当·斯密在 1776 年的《国富论》中用这个词汇作为他所批判的对象，转而提倡自由贸易和开明的经济政策。直到 19 世纪中叶英国才废弃以重商主义哲学为基础的经济政策。

重商主义是封建主义解体之后的 16—17 世纪西欧资本原始积累时期的一种经济理论或体系，反映资本原始积累时期商业资产阶级利益的经济理论和政策体系。重商主义遗弃了西欧封建社会经院

哲学的教义和伦理规范，通过世俗的眼光，依据商业资本家的经验去观察和说明社会经济现象。它以商业资本的运动作为考察对象，从流通领域研究了货币—商品—货币的运动，即资本产生的过程，揭露了资本主义初期发展的本质特征。

亚当·斯密（1723—1790 年）一生与母亲相依为命，终身未娶。他创作了《国富论》

第 28—29 页：波罗的海军港波罗的斯克

该军港在 17 世纪被发现时还是普鲁士公爵领地的一个村庄，经过瑞典与波兰-立陶宛联邦之间的三十年战争中的一次战役后，该地被瑞典占领。第二次世界大战后这块地区被并入苏联。波罗的斯克是苏联波罗的海舰队司令部驻地，建有波罗的海海军博物馆。该港地处波罗的海南部，现在是俄罗斯波罗的海舰队西出大西洋最近的作战基地，驻有巡洋舰以下各型舰艇。

资本原始积累完成
价格革命

价格革命的重要导因，
是地理大发现。

新航路的开辟带来了另一个重要的经济影响：价格革命。在 15 世纪地理大发现以后，西班牙人入侵美洲，欧洲其他国家纷纷跟随而来，破坏了美洲印第安人的印加文明和阿兹特克文明，并且掠夺大量黄金白银。

价格革命缘由

在 16 世纪之前的几百年间，欧洲封建社会的商品价格一直比较平稳，即使战争期间或者发生荒歉、瘟疫的时候，物价有暂时的波动，一般持续时间不长，上涨幅度也不大。16 世纪初期，欧洲封建结构仍相当顽强。虽然西班牙国内社会经济一度繁荣，工商业中的资本主义生产关系也有所发展，但面对农产品的价格猛涨，封建贵族只是一味加强封建剥削。城市中的行会继续控制着手工业生产。这造成国内工农业生产发展停滞，粮食生产不足，难以养活本国居民，而所生产羊毛却大量输往尼德兰和意大利。西班牙工农业产品的价格高于英国、法国、尼德兰的同类产品，失去了市场竞争力。

地理大发现以来，西欧国家对海外地区大肆掠夺，直接抢夺和迫使当地土著居民从事奴隶劳动，开采获得了大量金银，源源不断流入欧洲。仅在 16 世纪，欧洲的黄金总量即从 55 万千克，增加到 119.2 万千克，白银总量由 700 万千克，增加到 2140 万千克。美洲的白银大量流入西班牙，再从西班牙依次流向热那亚、奥斯曼帝国。白银在国际贸易中向东流动，致使物价迅速上涨，货币贬值；投机活跃，出现伪币。

价格革命的影响

价格革命引起了欧洲国家阶级关系的变化。价格革命严重损害了两部分人的利益：一部分是按传统方式收取定额货币地租的封建地主，他们因货币贬值而收入减少，进而陷于贫困破产；另一部分人是城乡的雇佣工人，国家为保护雇主的利益，一再颁布限制提高工资的法令，致使工资的增长幅度赶不上物价的上涨幅度。价格革命中，获利最大的是商品生产的经营者，即手工工场主、资本主义农场主、按资本主义方式经营农牧场的新贵族，还有缴纳定额货币地租的富裕佃农。

欧鲁普雷图是巴西的矿业中心之一。"欧鲁普雷图"意为黑色的金子。这座位于群山之中的城市是伴随着历史上著名的"黄金热"而发展起来的，街道狭窄幽深，房屋大部分是平房或两层楼，墙体为白色，装饰华丽

知识链接：《马可·波罗游记》

马可·波罗在17岁时追随父亲和叔叔，穿越中东，抵达中国，花费17年时光游历中国的大好河山。回国后口述成书《马可·波罗游记》，记述了东方最富裕国家中国的见闻，大大激发了欧洲人对黄金的追求，以及欧洲人对东方的热切向往，刺激了新航路的开辟。西方地理学家依书绘制了早期的世界地图。

与该时期的许多其他国家不同，意大利热那亚共和国的银行家把钱投资在西班牙。他们垄断了西班牙的金银买卖，热那亚成为一个大型的信贷市场，从价格革命中获益，因为他们享有"国际金融服务业规模报酬递增"的优势。不幸的是，西班牙在17世纪的衰落也带来了热那亚的衰落，热那亚的商户遭受严重损失

对英法等国家来说，价格革命塑造了从自然经济向商品经济转变时期的价格体系。英法等国国内经济体系能够较顺利地进行资本主义改造，促进了商品经济的发展。然而，价格革命对西班牙和葡萄牙所起的作用却不同。据统计，1492—1595年，西班牙从美洲运回金银共约价值40亿比塞塔，留在国内的仅仅2亿比塞塔。西班牙哈布斯堡王朝将巨额财富用于军事和政治活动，以期称霸欧洲。西班牙贵族生活奢侈，挥霍无度，这造成从美洲殖民地运回的金银很快就转到其他国家的供货者和债权人手中。西班牙所开辟的殖民地市场，很快被英法等国的商品占领；它从殖民地掠夺的财富，辗转流入英法等国后才转化为资本。

大量廉价金银流入欧洲，改变了货币与一般商品交换的比例，导致物价急剧上涨。从16世纪30年代起，首先在西班牙和葡萄牙，农产品和手工业产品的价格都有大幅度提高，后来波及欧洲其他国家。到16世纪末，欧洲国家的商品价格已经上涨了两倍以上。其中西班牙由于掠夺的金银最多，上涨的程度高达四倍多；英国、法国和德国等国也上涨有两倍左右，达到了前所未有的程度。这造成了货币贬值。

图为聚集在君士坦丁堡的威尼斯商人。15世纪的插图，出自马可·波罗的《马可·波罗游记》手稿，巴黎国家图书馆藏

向自由进军
美洲殖民经济

美洲殖民经济，
在被殖民的过程中被动向前发展。

这是一幅描绘墨西哥下加利福尼亚太平洋海岸的圣荷西得卡波的图画，其历史可以追溯至1762年，一艘来自菲律宾的西班牙大帆船正在驶入港口

印第安人是美洲的土著，航海殖民改变了他们的命运。1492年，哥伦布第一次探险踏上了美洲土地，开始了殖民征服。除巴西和圭亚那之外，西班牙人占领了全部拉丁美洲领土；葡萄牙人则占领了巴西，巴西占拉丁美洲将近一半的领土。

殖民地经济

西班牙、葡萄牙殖民者用火与剑摧毁了印第安人原有的经济和文化，以暴力手段结束了原有的社会制度，把所有的财物洗劫一空。为了长期霸占拉丁美洲，掠夺其丰富的资源，榨取更多的财富，他们建立起森严的殖民统治机构，掠取印第安人的土地，开办种植园和矿场。

在西班牙殖民地，殖民当局利用监护征赋制度进行管理。在矿区则实行强迫劳役制，即"米达制"。在巴西，葡萄牙殖民者推行种植园奴隶制，在圣保罗还建立了"捕奴队"，专用于抓捕逃入内地的印第安人，卖给种植园主作奴隶。奴隶种植园种植甘蔗，出口蔗糖，使葡萄牙殖民者获得丰厚的利润。西班牙王室在美洲进行殖民活动时，授予个人特定数量的印第安人，并要求对其管理。

哥伦布之行开启了美洲移民潮，但他并不是第一个来到美洲的欧洲人，来自斯堪的那维亚半岛的北欧人（其中包括维京人）才是第一批登陆美洲的欧洲人，他们早在哥伦布发现美洲大陆500年前就在文兰（Vinland）建立了殖民地。

第一个在美洲征服当地原住民文化的欧洲国家是西班牙，它在美洲的占领地幅员辽阔，包含了绝大部分的南美洲和中美洲以及北美洲的一部分。葡

一话一说一世一界一

萄牙人占据了巴西，英国人、法国人、荷兰人则占据了加勒比海中的大小岛屿。除此之外，英国人与法国人也分别在北美洲的新英格兰及路易斯安那建立各自的殖民地，不断拓展为各自的国家赢得财富和利益。

1646年，利马的一位西班牙工匠制作了这个镀银搪瓷圣体匣

贸易货币流通

刚开始的殖民活动大部分都是由各个国家政府部门所赞助，到了后来，前往美洲殖民地变成了人民为了逃离欧洲的贫穷或是宗教迫害的方式。

首先，外国资本大规模渗入殖民地，带来了拉丁美洲经济的严重恶果：拉美各国丧失了经济独立，受到各资本主义国家的控制。其次，屈服于外国资本的掠夺贪欲，拉美各国经济的发展畸形片面，向资本主义国家供应工业原料的采矿业、某些特定的农业和畜牧业部门得到片面的扩大，交通运输、商业及信贷事业的发展，也只以满足外国资本的投资和输送商品的便利为目的，对于拉丁美洲各国工业基础的建立以及工农业发展却不重视。再次，外国资本每年从拉美搜刮走了巨额财富，拉美丧失了资本积累。最后，资本主义的残酷剥削使得拉美人民的生活极端贫困，各国的财政状况不断恶化。

伴随着殖民扩张，大量白银流入了中国。西班牙传教士对于美洲白银大量流入中国感到惋惜，他们认为这是"基督教和西班牙财富流失到异教徒的中国"付出的重大代价。中国事实上供应了美洲的消费需求。西班牙对白银的出口导向，有利于明朝

的专制中央集权的强化，却也造成了明朝后期自张居正改革以来的经济虚假繁荣，看起来像强大"盛世"，却转瞬即逝，随后就是明朝经济的崩溃和灭亡。

1545年，在今日玻利维亚境内的安第斯山脉发现了白银矿藏以后，这里建立了一座新的城市波多西。殖民者在这座城市附近进行了大规模的开采，银矿一直挖掘到波多西山里

世界中心转移
商业革命

商业革命的直接起因，
即地理大发现。

卡利卡特又称科泽科德（Kozhikode），在中国古籍中被称为古里，是印度南部喀拉拉邦第三大城市，为昔日的马拉巴尔地区的一部分。这座城市作为中国明代的郑和与葡萄牙的瓦斯科·达·伽马两位东西方航海家共同的登陆地点和去世地点而著名

新航路开辟以后，世界上原本相互隔绝的地区开始联系起来，欧洲国际贸易日益拓展，出现了全球性的经济关系，世界市场逐渐形成。

14世纪到15世纪的地理大发现，带来了欧洲乃至世界经济生活的巨大变化，其中一个重要影响就是商业革命。这具体表现为：世界市场的拓展、商品种类的增多、商业贸易中心的转移、商业强国的崛起和物价的变化。

商业贸易

在商业革命中，欧洲的贸易与世界各地间的联系加强。美洲以种植业为主，生产大量的烟草、砂糖、咖啡和棉花，销往欧洲等地。它所必需的日用品如粮食、布匹等却仍需从欧洲进口。同时，种植园的发展对劳动力的需求增大，三角贸易因此繁荣起来。亚洲的茶叶、丝绸、瓷器和香料等奢侈品也

销售到全球各地。在洲际贸易中，处于中心地位的是西欧，西欧商人驾驶船只穿梭于各地，通过控制商业和航运业大发横财，这种世界经济体系的形成从一开始就带有明显的不公平色彩。

世界市场的拓展使各种物种出现在各国市场上：欧洲人把旧大陆的牛、马、羊及他们的麦子、葡萄、甘蔗、洋葱等农作物带到了新大陆；而美洲的农作物也传播到了欧亚大陆，如高产的玉米、甘薯、马铃薯等，还有花生、豆类、西红柿等，这些食物极大地丰富了整个世界的食物种类；原产美洲的烟草、可可等作物已经遍布世界各地，成为人们生活中的必需品。

贸易中心的转移

新航路的开辟使欧洲的贸易格局发生了极大变化，世界贸易中心从地中海沿岸转移到大西洋沿岸。意大利的商业城市威尼斯、热那亚等地的商业中心地位先是被里斯本、塞维利亚等城市取代，而

鸟瞰伦敦城

34

图为借贷者与他的妻子（1514年），该油画现藏于巴黎卢浮宫

伦敦、阿姆斯特丹后来居上，成为新的海上贸易中心。

　　伴随商业贸易中心的转移，新的商业强国开始崛起：大西洋沿岸的国家西班牙、荷兰、英国和法国成为四大商业强国，它们之间存在着激烈的利益冲突。荷兰在17世纪执世界贸易之牛耳，但因其缺少自然资源和工业基础作为海外扩张的后盾，且只重视发展航运业，忽视海军建设，在17世纪后期被英法取代。经过英西战争、英荷战争和英法战争，到18世纪中期，英国成为世界上最强大的殖民帝国。

商业革命的影响

　　国内外贸易的迅速发展，促使商人纷纷组织起新型的贸易公司。这些公司实力雄厚，采用资本主义方式经营，完全不同于中世纪的封建性商人公会，更没有浓厚的行会传统和平均主义的特性。伴随着商业活动远及世界各地，国际上多种多样的因素不断变化，带来商品价格极大的波动，这为商业投机特别是对殖民地商品的投机，提供了良好的机会。同时，伴随着新的条件出现，商业逐渐发达，已经发展到买卖双方只要签订合同，或者集中在专门的交易所就可以进行交易，不一定需要现货成交。

　　商业革命主要是指远洋商业活动的范围扩大，世界各地区、各民族间的经济文化交往更加频繁。欧洲的商业和贸易中心从地中海沿岸转移到大西洋沿岸。1550—1700年以荷兰和英国为主导引发的商业革命为工业革命的产生播下了火种，带来了世界巨大变化。它们前后分别成为世界霸主，引领世界。

保险契约的样本。这样的契约能帮助贸易者减少损失

工业革命序曲
英国工场手工业兴起发展

生产劳动工具本身，
是工场手工业最完善的产物之一。

在西欧，从 16 世纪到 18 世纪 70 年代英国产业革命前夕，手工工场一直是工业生产的基本组织形式，这个阶段被称为工场手工业时期。

工场手工业

工场手工业初期以分散的手工工场为主要形式。生产者仍分散在各自家庭中劳动，但是他们在企业家的组织下形成一个生产集体，有一定的劳动分工。商人为保障其货源，将统一购买来的原料交给雇佣工人去加工，付给一些报酬，然后销售成品。报酬即所谓的工资。这已初见资本主义雇佣关系的雏形，但不彻底，因为加工的工具大都是那些受雇者自己的，劳动过程也是工人在各自家里进行，每一种产品是依次经过不同的家庭工人之手制造出来的。

早在 15 世纪，分散的手工工场就在英国农村出现了。由商人先到市场上购买羊毛，交给各家纺工纺成毛线，再收取毛线，分给各家织工织成毛呢，收取成品出售，付给纺工、织工以工资。资本家的资金还不是十分雄厚，没有集中的厂房设备，因此生产分散，纺工、织工多为农家妇女。当时这在北方约克郡的广大农村很普遍。

分散的手工工场进一步发展成集中的手工工场，工人集中在资本家的厂房内，使用资本家提供的劳动工具，在资本家的指挥下工作。工人一无所有，成为完全出卖劳动力的雇佣劳动者，与老板成了彻底的雇佣关系。

英国工场手工业

尼德兰革命期间，许多尼德兰工匠逃亡到英国，带来了最早的手工纺织技术。英国要求每个工匠必须带两个英国籍学徒。政府禁止粗纹布、呢绒织品、亚麻布进口。同时还规定，治安法官有权使用公款购买成批原料、羊毛、大麻等为穷人安排工作。法律还规定，每个郡要办两到三个工场，即感

位于德国萨克森的瓷器制作厂

36

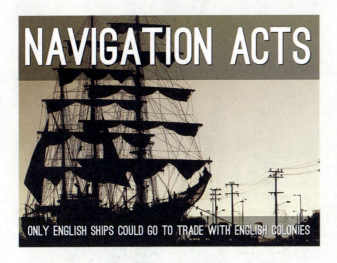

NAVIGATION ACTS

ONLY ENGLISH SHIPS COULD GO TO TRADE WITH ENGLISH COLONIES

《航海条例》是英国历史上关于航海贸易的一系列立法，最初的目的是鼓励发展英国的航海事业和海外贸易。1651年以后颁布的《航海条例》是为了垄断英国和殖民地的贸易，维持殖民地对英国的依赖，但在一定程度上也促进了殖民地经济的发展

化院，收容有劳动能力的乞丐和流浪者。英国毛纺织工业获得了发展机会。1651年，英国颁布《航海条例》，规定英国及其殖民地的进出口货物必须由英国的船只运输。在英国，资本主义生产方式产生于毛纺织业。毛纺织业兴起之初，其生产组织在城市是行会作坊，在农村是家庭手工业。农村中没有行会的控制，手工业者的分化比较迅速。商人以各种方式控制分散的生产者，简单协作很快过渡到手工工场。

英国手工工场的发展

16世纪，集中的手工工场迅猛发展。在集中的手工工场，分工越来越细，一件产品的制成要经过许多道工序。

16世纪初，伦敦西部纽伯里一个名叫约翰·温彻康布的纺织业商人拥有一个约千人的手工工场，有男女织工、纺工和助手600人，梳毛、理毛工人250人，修整工50人，染工40人，矴工20人。随着竞争的加剧，越来越多的小生产者由

于经受不住竞争，变为雇工。1539年的一份个人请愿书中写道："富有的呢绒商在他们的家里拥有织机，同时有织工和技工按日工作。正由于此，我们这些在自己家中做工的请愿者，包括妇女和儿童，时常失去收入……"就这样，英国的毛纺织业得到迅速发展，毛织品输出激增，而羊毛输出则大减。英国的呢绒逐渐在欧洲市场上占据首要地位，毛纺织业成了英国的"民族工业"。除毛纺织业外，玻璃、肥皂、火药、书写用纸等制造业也普遍采用手工工场形式。

英国工场手工业的发展为其扩张准备了重要条件。

13世纪40—50年代，绵羊对于英国农业越来越重要。绵羊的圈养需要农田，圈地运动就是把羊圈养在农田里，农民失去土地，被迫进入城市，进入工场去劳动。"羊吃人"就是指圈地运动

孕育：现代世界的开端

　　15世纪至17世纪是欧洲的扩张时代。这也是世界历史从中世纪向现代世界过渡的重要时期，是现代国家的孕育时期。在这个时代，世界通过欧洲的扩张连为一体。欧洲各国在政治上、思想文化上都获得了长足发展。

　　欧洲国家不断向世界各地扩张和探索。葡萄牙和西班牙地处伊比利亚半岛，是天然的港口国家。两国的持续不断扩张，瓜分了世界，双双成为了世界霸主。哈布斯堡王朝是欧洲历史上最大的王朝之一。哈布斯堡王朝地域非常辽阔，统治从1282年持续到一战结束，前后绵延六七百年。哈布斯堡王朝构成复杂，后来发展为西班牙和奥地利两个分支。

　　扩张时代是神圣罗马帝国发展的一个重要时期。在这个时期，奥地利大公国的哈布斯堡王朝通过皇室联姻和进行金钱贿赂，垄断神圣罗马帝国皇位长达400年，奥地利的首都维也纳成为帝国实际的首都。

　　荷兰成为欧洲历史上第一个资本主义国家。英国处于都铎王朝和斯图亚特王朝统治时期，逐渐迈向现代。东欧国家也顺应时代潮流在不断前进。

第一个资本主义国家 荷兰

郁金香之都，
享有"海上马车夫"的称号，
这就是荷兰。

NEDERLAND

尼德兰地处莱茵河、马斯河、须耳德河下游及北海沿岸一带地势低洼的地区，即今天的荷兰、比利时、卢森堡和法国东北部的一部分。尼德兰的手工业和商业发展迅速。新航路开辟以后，欧洲商业中心从地中海转移到大西洋，尼德兰的经济又获得进一步增长

荷兰的真正国名叫"尼德兰"。"尼德"在荷兰语中是低地的意思，合起来就是"低洼之国"。荷兰北濒北海，境内河流密布，港湾众多，须耳德河的深水便于大船出入。北海、波罗的海至地中海的商业通道和莱茵河、多瑙河、马斯河三河均在荷兰入海。

"海上马车夫"

荷兰的天然地理优势给荷兰的发展带来极大便利。荷兰受到大西洋暖流影响，一年四季盛吹西风，冬暖夏凉，海陆风长年不息。这就给缺乏水力等动力资源的荷兰，提供了利用风力的优厚补偿。

荷兰被称为"海上马车夫"。风车对荷兰的经济发展意义重大。它的风车最早从德国引进，最初仅用于磨粉之类。随着荷兰资本主义的发展，风车发挥了越来越大的作用。荷兰是亚欧大陆桥的欧洲始发点。在世界商业贸易中，荷兰生产所需要的各种重要原料，都是从各路水道运输：北欧各国和波罗的海沿岸各国的木材，德国的大麻子和亚麻子，印度和东南亚的肉桂和胡椒。在荷兰大港——鹿特丹和阿姆斯特丹的近郊，遍布风车磨坊、锯木厂和造纸厂。

随着荷兰的不断发展扩张，荷兰人民大规模开展围海造陆工程以获得更多陆地。风车也在其中发挥了巨大作用。荷兰人对风车的感情非常深，广泛流传"上帝创造了人，荷兰风车却创造

荷兰红屋坐落于马六甲河畔，建造于1641—1660年，是东南亚最古老的荷兰风格建筑。最初是教堂，后来改为市政府、马六甲博物馆，馆内藏有马来西亚、葡萄牙、荷兰和英国的历史文物，它们大多是殖民时期留下的遗迹

一话一说一世一界一

郁金香是荷兰种植最广泛的花卉，也是荷兰的国花。它象征着美好、庄严、华贵和成功。从1634年开始，荷兰百业衰败，全国上下都开始为郁金香疯狂。1637年4月27日，荷兰政府决定终止所有合同，禁止投机式的郁金香交易。此次郁金香泡沫事件打击了荷兰鹿特丹交易所

 知识链接：尼德兰

尼德兰这个名字在15世纪开始被用作国名。事实上，荷兰是指尼德兰中一个地区的名称，也就是北荷兰省与南荷兰省两地的合称。在七省联合共和国时代，荷兰被用来代指尼德兰整体。Dutch是另一个常见的俗称，被用来称呼荷兰的主要族群，也就是荷兰人。这个单词源自英语，由德意志（Deutsch）这个单词分化出来，最早来自拉丁语Theodiscus，本义为部落的或人民的。

了陆地！"的说法。

荷兰的发展

荷兰所在的尼德兰地区起初由众多公爵、伯爵领地、主教区和城市组成，在15世纪归属勃艮第公国，到15世纪末由哈布斯堡王朝统治。16世纪时哈布斯堡家族的查理继承了西班牙王位，由此荷兰处于西班牙统治之下。

16世纪荷兰成为世界上资本主义经济最发达的地区。16世纪中期，西班牙政府每年从尼德兰攫取的收入为200多万佛洛林，比同期从美洲殖民地得到的收入多3倍，占王室收入的一半。为此，查理国王称尼德兰为"王冠上的一颗珍珠"。

荷兰凭借世界上最发达的造船业和航海技术而称霸于世。荷兰航运不仅在波罗的海和北海地区首屈一指，而且在地中海海域和大西洋航线上也占有优势地位。荷兰东印度贸易公司获利丰厚，几乎垄断了亚洲的海上贸易。在扩张时代，荷兰的船只比别国的船只庞大，横行海上。17世纪时荷兰统治了整个欧洲市场，是当时世界上的海上霸主。

人文荷兰

荷兰共和国是欧洲权力最分散的地区。总督统管联省事务，各省代表自行决定具体决议。但政府能采取最有效的手段调配国家资源，积极应对支援

战争。

在文艺复兴和宗教改革时期，荷兰成为一个以新教为主的地区，加尔文教会遍布各地。荷兰民族具有强烈的自由思想、无神论和民主意识，形成了一种普遍认同的宽容文化氛围。由此涌现了哲学家斯宾诺莎、近代国际法奠基者格劳秀斯、画家伦勃朗以及诗人冯德尔等一批杰出人物。荷兰由此形成了深厚的人本主义社会传统。

荷兰人充满进取精神，在扩张时代荷兰发展成一个高度发达的资本主义国家。除了风车，郁金香也很著名。荷兰"国花"郁金香广泛种植，它象征美好和繁荣。至今荷兰仍以海堤、风车、郁金香和宽容的社会风气闻名于世。

伦勃朗是荷兰历史上最伟大的画家，也是欧洲17世纪最伟大的画家之一。图为伦勃朗的画像，藏于布鲁塞尔博物馆

天然港口
阿姆斯特丹

17 世纪欧洲最重要的港口，
世界的郁金香之都，
它就是阿姆斯特丹。

阿姆斯特丹的历史最早可以追溯到 12 世纪末。它从小渔村变成一座著名的"水下城市"。阿姆斯特丹受到北海洋流影响，气候宜人。到了 17 世纪成为世界上最重要的港口和银行业中心城市。

曾经的渔村

阿姆斯特丹最初的名字"Amstelredam"，意指"阿姆斯特尔水坝"。"阿姆斯特丹"这个词最早于 1275 年 10 月 27 日被记录在册。与奈梅亨、鹿特丹、乌特勒支等更古老的荷兰城市相比，阿姆斯特丹的历史相对短暂。

图为 1554 年描绘阿姆斯特丹的木刻画，当时这座城市著名的运河带还没有建好

阿姆斯特丹在 1300 年发展成港口城市。从 14 世纪起，受益于汉萨同盟的贸易，阿姆斯特丹蓬勃发展，成为荷兰的重要城市。阿姆斯特丹在 17 世纪进入"黄金时代"。它作为欧洲航海门户，当时是欧洲最热闹的海运贸易站，来来往往的商船载着世界各地的航海家和水手们的梦想。

迎来自由

西班牙王室统治荷兰，推行新的税收政策，建立西班牙宗教裁判所迫害新教徒。由于受到长期残酷压迫，16 世纪时荷兰人开始反抗西班牙国王腓力二世及其继任者。荷兰的新兴资本孕育出的一大批新教徒也加入反抗，荷兰最终独立。这就是著名的"八十年战争"。

奥兰治-拿骚的威廉领导了荷兰的独立起义，宣布荷兰北方的 8 个省独立为荷兰共和国。他成为第一位荷兰皇室成员。他积极推行宽松的宗教政策，包容社会上各种思想。伊比利亚半岛的犹太人、法国的胡格诺派、佛兰德斯的富商和印刷工以及来自西班牙控制的低地国家的经济与宗教难民都在阿姆斯特丹找到了安全的栖身之所。佛兰德印刷工持续不断涌入，促成阿姆斯特丹成为欧洲的自由出版中心，带来了思想文化的传播和发展。

阿姆斯特丹的文化

阿姆斯特丹是一座文化之都。它拥有 60 多座

阿姆斯特丹皇宫的景象

博物馆和美术馆，馆藏有许多大师的重要作品。其中，梵高博物馆收藏有梵高的 200 多幅油画和 600 多幅绘画作品，如《向日葵》《罂粟花》和他的《自画像》，还有他去世那年创作的 4 幅油画。此外，馆藏还有印象派大师莫奈、高更的作品。国立博物馆收藏有荷兰黄金时代的绘画作品，伦勃朗的重要作品几乎都收藏于此。参观这座城市的博物馆是一种难得的艺术熏陶。

阿姆斯特丹是一座水城。乘坐阿姆斯特丹的观光游船，可以领略水城的无限风光。在这片土地上，郁金香的多姿多彩和水光山色像谜一样美丽。

阿姆斯特丹的运河是它的象征，具有重要的文化价值和历史价值。自 14 世纪早期以来，阿姆斯特丹的运河一直是城市景观的一部分。阿姆斯特丹的运河主要有三条同心环形运河——绅士运河、皇帝运河和王子运河。运河本身非常吸引人，是游览、欣赏这座思想自由的都市风景的好去处。

阿姆斯特丹是荷兰金融商贸之都，是欧洲乃至世界上最好的国际贸易都市之一，仅次于伦敦、巴黎、法兰克福和巴塞罗那。它也是扩张时代的"日不落帝国"荷兰的重要象征。

这幅画描绘了 17 世纪阿姆斯特丹证券交易所繁忙的交易场景，展现了当时的交易规则、形式和情形

得天独厚
西班牙、葡萄牙

伊比利亚半岛上的两个同根相生、
骨肉相连的国家，
这就是西班牙和葡萄牙。

西班牙和葡萄牙地处欧洲西南，两国同宗同源，在殖民扩张时代成为欧洲最重要的海上强国。在罗马教皇的主持下，两国以条约的形式划分了世界势力范围。

纵览西班牙

西班牙坐落在伊比利亚半岛上，与非洲仅隔直布罗陀海峡，东临地中海。它三面临海，海岸线长达 3144 千米，拥有众多优良港口。国土面积仅 50 万平方千米，西部地势以高原为主，北部以比利牛斯山与法国毗邻。西班牙扩张建立的殖民地国家讲西班牙语。西班牙语现在是世界上第三大语言。西班牙人 90% 以上信奉天主教，人民

充满热情、富有活力，热衷艺术，以斗牛、舞蹈、吉他闻名世界。

西班牙天然有利的地理位置为它的航海提供了便利。从 15 世纪末开始，西班牙开始向外扩张，半个世纪后扩展到除大洋洲之外的整个世界，被称为"日不落帝国"。在这个时期，西班牙王室支持冒险航行。哥伦布在第一次远航时耗资 200 万马拉维迪。1571 年，西班牙舰队在勒班托海战中击溃曾经不可一世的奥斯曼舰队，赢得了"无敌舰队"称号。当时西班牙有战舰 130 艘，其中 60 艘是巨型舰，大炮 1100 门，兵员近 3 万人，实力非常雄厚。这支舰队在 1588 年远征中同英军作战，战争中英国以少胜多，西班牙舰队受到重创。在后续的几次远征中，"无敌舰队"几乎全军覆没。西班牙由此走向衰落。

鸟瞰葡萄牙

葡萄牙位于大西洋沿岸，欧洲大陆西南角，形状窄长。葡萄牙国土面积仅 9.2 万多平方千米，内陆面积狭小，土地贫瘠，农业也不发达。葡萄牙人信仰天主教，除了大洋洲外各个大陆都有以葡萄牙语为第一语言或第二语言的国家或地区。葡萄牙人富有探险精神，擅长渔猎。13 世纪，葡萄牙进入大西洋海域，砍伐岛上树木和捕鱼，同时拓土殖民，扩大农产区，种植小麦、甘蔗和葡萄。葡萄牙

同处于伊比利亚半岛的西班牙和葡萄牙将世界划分为两部分

三桅三角帆船是一种结构更加合理的船。其船体有三根桅，凭借 65°角以内的风行驶，能容载大量生活必需品，可以连续待在海上数月，甚至可以环绕地球航行

知识链接：伊比利亚联盟

伊比利亚联盟是由 1580 年西班牙国王腓力二世兼任葡萄牙国王而构成的共主邦联。1578 年，年轻的葡萄牙国王塞巴斯蒂昂征讨摩洛哥，在三王战役中战死。其叔祖父恩里克还俗继任王位。1580 年，恩里克国王去世，西班牙国王腓力二世趁机宣称他作为葡萄牙国王曼努埃尔一世的外孙拥有葡萄牙的继承权，派遣阿尔瓦公爵率军入侵葡萄牙，腓力二世宣布兼任葡萄牙国王腓力一世，统治葡萄牙及其殖民帝国。1640 年葡萄牙革命成功获得独立，伊比利亚联盟解体。

虽然是欧洲的一个小国，由于优越的地理位置，在扩张时代成为欧洲大国。

葡萄牙处在加纳利海流和东北信风形成的大西洋边缘，拥有得天独厚的航海资源，成为连接欧洲与亚洲、非洲和美洲的重要航海基地。葡萄牙人得地利之便，擅长航海，建造了独有的三桅三角帆船，这是当时世界上航速最快的船。葡萄牙的海岸线长达 800 多千米，拥有优良港口，自 1455 年商人们就把马德拉岛的产品运到北非出售。仅 1480 年一年从马德拉岛驶出的外国运糖船就达到 20 艘，大大促进了西班牙、葡萄牙的发展。

葡萄牙向外扩张主要是为了获取香料。胡椒、肉桂、丁香、生姜和肉豆蔻等调味品在当时非常流行，长期以来从东方进口，需要大量黄金购买。由此，追求黄金成为葡萄牙扩张的动力。随着知识的增长和技术的进步，14 世纪初，中心舵、指南针、海港图集、三角帆被葡萄牙水手们广泛使用，航海变得可靠安全。到 1522 年，葡萄牙探险家斐迪南·麦哲伦所率领的西班牙船队首次环游地球。葡萄牙人不断积累着丰富的航海经验，逐渐成为世界强国。

16 世纪，西班牙和葡萄牙双雄崛起，成为"日不落帝国"，后来荷兰、英国、法国等国相继登上世界舞台巅峰，各自施展抱负。

伊比利亚半岛上的西班牙和葡萄牙在近代都成为"日不落帝国"。1640 年，葡萄牙爆发了革命，在英法的支持下，将西班牙势力驱逐出去，布拉干萨公爵若昂被选为国王，葡萄牙王国由此从西班牙独立出来，伊比利亚联盟解体。图为 1570 年伊比利亚半岛政治地图

辽阔统治的王室
哈布斯堡王朝

它是欧洲历史上地位最尊贵的王朝，
它是欧洲历史上最古老的王朝，
它是欧洲统治范围最广阔的王朝，
它就是哈布斯堡王朝。

美泉宫曾是皇室的夏宫，因当地一处美丽的泉水而得名。1695年，利奥波德一世邀请埃尔拉赫设计了一座巴洛克风格的华邸，一直到玛丽亚·泰瑞莎登基后，才请帕卡西最终完成建设。建筑呈现了优美的对称设计，还增设有花园、喷泉和雕像，小径与树林贯穿其间

哈布斯堡王朝是欧洲历史上最大的王朝之一。它的统治从1282年持续到一战结束，前后绵延六七百年。哈布斯堡王朝地域非常辽阔，构成复杂，神圣罗马帝国皇帝查理五世曾说："跟上帝，我讲西班牙语；跟女人，我讲意大利语；跟男人，我讲法语；跟我的马儿，我讲德语。"

哈布斯堡家族的发展

早在6世纪，哈布斯堡家族祖先法国的阿尔萨斯公爵扩张到瑞士北部的阿尔高州。1020年，斯特拉斯堡主教维尔纳和拉德波特伯爵筑起了鹰堡，即哈布斯堡，其家族即以哈布斯堡为名。到了14世纪，奥地利采用拜占庭式的双头鹰图案，雄鹰舒伸的双翅象征着要将国家的安全置于其羽翼之下。

1273年，哈布斯堡家族的鲁道夫一世被选为德意志国王，但他未加冕为皇帝。他把从波希米亚王国夺取来的奥地利和施蒂利亚分别传给阿尔布雷希特和鲁道夫两个儿子，哈布斯堡家族和奥地利自此连为一体。到了阿尔布雷希特二世统治时期，神圣罗马帝国皇帝开始由哈布斯堡家族世袭。1452年，腓特烈三世在罗马加冕为皇帝，哈布斯堡家族由此实现了对神圣罗马帝国皇位的垄断，直到一战结束。

哈布斯堡王朝的鼎盛

腓特烈三世利用儿子的婚事获得了勃艮第。他的儿子马克西米利安一世与强盛的西班牙王室成功联姻继续壮大了王朝版图。马克西米利安一世的长

神圣罗马帝国皇帝查理五世，即奥地利的查理和西班牙国王卡洛斯一世，也是罗马人民的国王卡尔五世、西西里国王卡洛二世、那不勒斯国王卡洛四世、低地国家至高无上的君主，其领地还包括美洲殖民地和亚洲的菲律宾。他是哈布斯堡王朝争霸的主角，开启了西班牙"日不落帝国"的时代

一话一说一世一界一

弗朗索瓦一世（François I，1494—1547年），继位前通常被称为昂古莱姆的弗朗索瓦，又称大鼻子弗朗索瓦、骑士国王，被视为开明君主，是法国历史上史无前例的一位具有人文主义思想的国王

孙查理五世1519年当选皇帝，开创了西班牙支系的哈布斯堡家族。查理五世出生在哈布斯堡家族，他从祖父手里继承了奥地利、勃艮第，以及获得德意志国王和神圣罗马帝国皇帝的头衔，又从外祖父斐迪南二世和外祖母伊莎贝拉一世手中得到了西班牙、美洲及半个意大利，大大扩张了版图。

在神圣罗马帝国皇帝、奥地利的利奥波德一世和西班牙国王的女儿玛格丽特·特雷莎联姻时期，欧洲各国由此结成一个帝王权力网。哈布斯堡王朝的统治达到巅峰。

哈布斯堡家族的继续推进

1556年，神圣罗马帝国皇帝查理五世，即西班牙国王卡洛斯一世把帝国分成两个部分，他的弟弟斐迪南治理奥地利，他的儿子腓力二世掌管西班牙。由此形成了两个哈布斯堡家族共存的局面。

哈布斯堡家族在不断扩张的过程中，一直有对手。哈布斯堡家族与瓦卢瓦家族早在1494年就出现不和。当时法国国王查理八世率军入侵意大利，此后的65年中意大利和法国发生多次斗争。一方是属于哈布斯堡家族的法国国王路易十二世、弗朗索瓦一世和亨利二世，另一方是属于瓦卢瓦家族的神圣罗马帝国皇帝马克西米利安一世和查理五世。

知识链接：瓦卢瓦王朝

瓦卢瓦家族可以追溯到国王瓦卢瓦的查理（Charles de Valois，1270—1325年）。14世纪，瓦卢瓦的儿子腓力六世与英国国王爱德华三世争夺法国王位，拉开了英法百年战争的序幕，瓦卢瓦家族最终获胜。之后，瓦卢瓦王朝继承卡佩王朝一直统治法国，称得上是第一个现代意义上的王朝。1589年，波旁王朝取代瓦卢瓦王朝开始统治法国。

弗朗索瓦一世和查理五世成了不共戴天的仇人。英国、西班牙、神圣罗马帝国、教皇国以及意大利等国都卷入了这场旷日持久的斗争。同时，意大利境内也不安宁。法国、英国和西班牙最终签署了停战和约《卡托-康布雷齐合约》，法方同意不再进攻意大利。西班牙成为欧洲霸主。

哈布斯堡家族是欧洲历史上统治领域最广阔的王室，统治过神圣罗马帝国、奥地利帝国、西班牙帝国、奥匈帝国等。家族成员有皇帝、国王、大公、公爵等。帝国形成过程中的征伐必将带来新的征伐，正统性来自王冠也必将会失于王冠。在不断扩张的过程中，帝国拥有了更多民族，便伴随更多冲突，树立了更多敌人，引发更多征战。

阿宰勒里多城堡地处法国中部卢瓦河谷地区，建在安德尔河的一个小岛上。如今看到的城堡是弗朗索瓦一世时期富裕的财政官吉尔·贝特洛修建的，它融合了意大利的新艺术风格和法国的建筑艺术

空中楼阁
神圣罗马马帝国

神圣罗马帝国，
既不神圣，
也不是罗马，
更不是帝国。

神圣罗马帝国国旗是神圣罗马帝国皇帝所用的旗帜，在13—14世纪时，旗帜上黑鹰的爪和喙被重设为红色，黑色的双头鹰取代了黑鹰

神圣罗马帝国，全称德意志民族神圣罗马帝国或日耳曼民族神圣罗马帝国，是地跨西欧和中欧的封建君主制帝国，以日耳曼尼亚为核心，包括一些周边地区，巅峰时期包括意大利王国、勃艮第王国和弗里西亚王国。神圣罗马帝国时间跨度为962—1806年。

帝国初期

神圣罗马帝国是中世纪欧洲唯一拥有帝号的大国。帝国疆域在霍亨斯陶芬王朝亨利六世皇帝在位时达到最广，超过百万平方千米的领土范围。

962年，德意志国王奥托一世在罗马被教皇加冕为罗马皇帝，由此中世纪德国作为一个整体在政治上开始存在，并且同神圣罗马帝国这一政治体制

知识链接：查理六世和国事诏书

神圣罗马帝国皇帝查理六世在收复匈牙利后，制定了专门继承的牢靠方式。这种方式以国事诏书的文件形式体现出来，它在1713年首次颁布。当奥地利哈布斯堡家族男性直系即将中断时，王位继承问题迫在眉睫了。根据国事诏书，帝国各地的议会和哈布斯堡家族的各个大公同意把哈布斯堡的领土看作是一个不可分割的整体，并指定唯一继承世袭。这为查理六世指定女儿特雷莎为继承人奠定了基础。

密切相关。腓特烈一世后来改国名为神圣罗马帝国。早期的帝国是皇帝拥有实际权力的封建帝国。但在1254—1273年"大空位"时期，各诸侯、骑士和自由城市间不断发生纷争和内讧，中央权力逐渐衰落，各地经济联系减少。帝国逐渐变成由数百个更小的诸侯国组成的松散政治联盟，到14世纪时演变成了承认皇帝为最高权威的联邦。1356年，查理四世皇帝确立了帝国的七个选帝侯：美因茨大主教、科隆大主教、特里尔大主教、萨克森公爵、勃兰登堡边侯、莱茵行宫伯爵以及波希米亚国王。从13世纪开始，帝国皇位长期被奥地利的哈布斯堡家族占据。

神圣罗马帝国皇帝、西班牙国王查理五世于 1530 年将马耳他岛给予圣约翰骑士团。由于马耳他扼守东西地中海交通要道及南欧与北非之间的海道，从此马耳他岛就成为重要的海上军事要塞。圣约翰骑士团就成为岛上的封建领主和对抗土耳其的驻防军。图为圣约翰骑士团在马耳他岛的堡垒

帝国发展

　　从 1356 年查理四世颁布《金玺诏书》后，到 14 世纪下半叶，由于勃艮第和意大利脱离帝国，神圣罗马帝国领土主要限于德语地区。从 15 世纪初起至帝国形成，各地开始征伐割据，皇位均由奥地利哈布斯堡家族占据。1474 年起，神圣罗马帝国已成为徒具虚名的政治组合。"大空位"时期帝国疆域日益缩小，到哈布斯堡王朝腓特烈三世时，改为"德意志民族神圣罗马帝国"，这表明帝国疆域变小了，仅限于德意志一隅。

　　查理五世时代帝国版图再度向外扩张，但已无力挽回帝国衰败的颓势。15 世纪末 16 世纪初，皇帝马克西米利安一世试图重振帝国，但遭到失败。由于罗马天主教和德意志封建统治者对农民和市民的剥削和压迫日甚，16 世纪初爆发了宗教改革运动和德意志农民战争。德意志农民战争是德国宗教改革运动的高潮。宗教改革后，帝国实际上分裂为信奉路德教的东部、北部和中部，信奉加尔文教的西部、西南一部分和信奉天主教的南部。1806 年，拿破仑勒令弗朗茨二世放弃德意志民族的神圣罗马皇帝尊号，仅保留了奥地利皇帝称号，帝国灭亡。

　　德意志神圣罗马帝国只是一个空名，并不是一个政治上统一的国家。在英法王权逐渐变强的时候，德意志皇帝的地位反而变得虚弱，致使这一时期德意志历史的发展道路明显呈现出不同于英法两国专制主义的特点，而是走上了分裂的道路。

马克西米利安一世（Maximilian I），德意志民族的神圣罗马帝国皇帝、奥地利大公（1493—1519 年在位）、神圣罗马帝国皇帝腓特烈三世之子，他还是查理五世（西班牙国王卡洛斯一世）的祖父，也是哈布斯堡王朝鼎盛时期的奠基者。马克西米利安一世凭借自己和子女的婚姻，使得他的孙子成功地获得西班牙帝国的王位，还有德意志民族的神圣罗马帝国的皇位

腓特烈·威廉一世
普鲁士

这是一个军国主义的民族，
这是一个刚毅的民族，
这就是普鲁士。

在三十年战争中，霍亨索伦家族在勃兰登堡和普鲁士地区都是居统治地位的家族。勃兰登堡的霍亨索伦家族是德意志民族的神圣罗马帝国的选帝侯，而普鲁士地区的霍亨索伦家族只是普通的贵族。

普鲁士的霍亨索伦王室

1618 年，由于普鲁士的霍亨索伦家族逐渐淡出政治舞台，勃兰登堡地区的霍亨索伦家族成员们接管了普鲁士地区。在同一时期，该家族继承了部分德国领地。

腓特烈·威廉（Friedrich Wilhelm，1620—1688 年），即勃兰登堡选帝侯兼普鲁士公爵，不想成为罗马帝国的替罪羊。他组建中央政府，统一他所掌控的领地，建立了强大的独立国家。这时勃兰登堡的政府议会提出了反对意见。普鲁士和勃兰登堡的政府议会主要是容克贵族，他们是勃兰登堡和普鲁士地区唯一可以征税的统治阶级。在三十年战争的洗劫之后，这些贵族不愿意腓特烈·威廉建立统一政府，实现中央集权统治。随后，腓特烈·威廉与这两地区的议会就组建中央政府，反复讨论并争执不下，持续了 30 多年。最后双方都做出了让步，腓特烈·威廉最终掌控了这两个地区的大权，为自己起了一个更为响亮的称号：腓特烈·威廉大选帝侯。他学习斐迪南三世，组建一支军队，维持对各个地区的控制。为了给军队提供军费开支，大选帝侯自然要提高征税。后来，他派军队去征税，如若不缴，则要受到军队的严厉惩罚。威廉在大选帝侯任职期间一次又一次提高税收，普鲁士地区的税收提高了 2 倍，军队数量达到了以往的 10 倍之多。

腓特烈·威廉一世

大选帝侯腓特烈·威廉死后，其子腓特烈三世继承勃兰登堡选帝侯之位。1701 年，腓特烈三世加冕为普鲁士国王，称腓特烈一世。他对艺术领域感兴趣，效仿法国国王路易十四，建造了豪华的皇宫，投入大量资金扶持文艺事业发展。1713 年，腓特烈一世去世，其子腓特烈·威廉一世继承了普鲁士的统治，他结束了文艺时代，进入了穷兵黩武统治时期。

腓特烈·威廉一世，普鲁士国王兼勃兰登堡选帝侯，绰号"军曹国王"。他的父亲腓特烈一世成功地使普鲁士变为一个王国，而他本人则大大加强了这个王国的军事力量。腓特烈·威廉一世是一位性格严厉、崇尚武力的战士国王，他以极其粗暴的军人作风对待臣民，把军事训练的严酷推向极致，创立了"服从、服从、再服从"的"普鲁士精神"

图为腓特烈·威廉一世在柏林的雕像

腓特烈·威廉一世成为普鲁士领袖之后，将普鲁士转变为军事化管理体制，在军事上倾注了大量精力和资金。他派专门人员到各个城镇、乡村搜寻那些高个子的男青年加入普鲁士的军队。他建立了一个巨人投弹团，全部由身高在6英尺以上的巨人士兵组成。他对军事的狂热使得普鲁士拥有了一支精锐部队，大大提高了军事力量。军队规模起初不到4万人，逐渐发展到8万人，成为欧洲军队人数最多的队伍，增强了国家实力。腓特烈·威廉一世对士兵非常严格，他常常穿着军装训练部队，对违反军规的士兵给予严厉惩罚。他还把容克贵族融入军营，授予他们指挥官的军衔，以达到笼络容克贵族的目的，有利于维护统治。

德意志一直处于分裂的状态，直到1871年普鲁士完成了德国统一大业。在1830年，德国诗人歌德曾痛苦地表示："我们没有一个城市，甚至没有一块地方可以使我们坚定地指出：这就是德国！如果我们在维也纳这样问，答案是：这里是奥地利！如果我们在柏林这样问，答案是：这里是普鲁士！"

勃兰登堡门位于德国首都柏林的市中心，最初是柏林城墙的一道城门，因通往勃兰登堡而得名。现在保存的勃兰登堡门是一座古典复兴式建筑（采用严谨的古代希腊、罗马的建筑形式），由普鲁士国王腓特烈·威廉二世于1788年下令建造，1791年建成，以纪念普鲁士在七年战争中取得的胜利

三十年战争
宗教战争

这是近代早期欧洲历史上第一次大规模的国际战争，
这是军事史上最残酷的战争，
这被称为宗教战争，
也就是三十年战争。

图为白山战役的场景，是 1620 年在布拉格附近爆发的一场决定性战役，它打响了三十年战争的第一役。11 月 8 日，蒂利伯爵统率以巴伐利亚公爵马克西米利安一世为首的天主教军团，击败了波希米亚国王兼普法尔茨选帝侯腓特烈五世带领的新教军团

1618—1648 年，神圣罗马帝国内两个强国集团——哈布斯堡家族与反哈布斯堡集团为争夺欧洲霸权，展开了一场全欧性大混战，即著名的三十年战争。

两派对峙

在扩张时代，神圣罗马帝国内部诸国林立，加之周边国家纷纷崛起，各种纷争不断。宗教改革运动之后又发展出天主教和新教的尖锐对立，欧洲主要国家从 1618 年到 1648 年纷纷卷入神圣罗马帝国内的大规模国际宗教战争。其中以德意志新教诸侯和丹麦、瑞典、法国为一方，还获得荷兰、英国、俄国的支持；神圣罗马帝国皇帝、德意志天主教诸侯和西班牙为另一方，寻求了教皇和波兰的支持。

战争最初围绕德国新旧教矛盾进行，不久各国因争夺权力和领土发生混战，西欧、中欧及北欧的主要国家先后全部卷入。这场战争使日耳曼各邦国人口大约损失了一半以上，波美拉尼亚半数以上的人口损失了，西里西亚四分之一的人口被消灭了，其中男性死亡将近一半，场面十分惨烈。欧洲"一个教皇，一个皇帝"的局面被三十年战争打破了，德国分裂成近 300 个独立的大小不同的诸侯领地和 100 多个独立的骑士领地。皇帝企图在欧洲恢复天主教地位的梦想完全破灭，神圣罗马帝国事实上从此不复存在了。

图为一张以加农炮为图案的邮票，这种炮在三十年战争中得到较多运用。它主要用于射击直线距离内的垂直目标，常用于攻坚战，具有射程远、弹道低伸、弹丸飞行速度快等特点

《威斯特伐利亚和约》是为结束三十年战争而签订的一系列和约，签约各方分别是统治西班牙、神圣罗马帝国、奥地利的哈布斯堡王室和法国、瑞典以及神圣罗马帝国内勃兰登堡、萨克森、巴伐利亚等诸侯邦国。《威斯特伐利亚和约》的签订标志着三十年战争的结束

血染长河

作为三十年战争的主战场，德意志因这场战争四分五裂。三十年战争给神圣罗马帝国造成经济衰退、人口急剧下降等巨大灾难。生产力遭到了严重破坏，六分之五的乡村被毁灭；捷克和萨克森的矿山全部被破坏；人口减少了三分之一以上，战前有300万捷克居民，战争后只剩下78万人；工商业急剧衰退，绝大多数城市都丧失了原先的商业发展机会，沦为诸侯的统治中心。

人民遭受饥荒和疾病的巨大痛苦折磨。无数穷苦百姓外出流浪，在整个德意志充斥着乞讨和偷盗。恩格斯对此有描述："在整整一个时代里，德意志为历史上空前未有的最无纪律的暴兵纵横反复地蹂躏。到处是焚烧、抢掠、鞭打、强奸、屠杀。大军之外，还有小股的义勇军，其实，倒不如干脆把他们叫做土匪……物质的破坏，人口的凋零，是无穷无尽的。"

和平收场

1648年，哈布斯堡家族和神圣罗马帝国最终签署了《威斯特伐利亚和约》，战争结束。这对欧洲的政治和宗教发展具有重要意义。首先，承认了德意志所有邦国的君主有自主决定本国事务的权力。其次，罗马教皇不再干涉德意志的宗教事务。最后，推翻了《奥格斯堡条约》，德国民众可以信奉加尔文教，并撤销了《归还敕令》。

战胜国法国从中得到了德国的大片领土，包括1552年占领的梅斯、土尔、凡尔登等地，还有阿尔萨斯和下阿尔萨斯以及西南德意志的一些地区，由此迅速崛起。欧洲诸国纷纷组建常备军维护统治版图。

西班牙丧失了欧洲霸权地位，法国成为欧洲新霸主，瑞典称霸于北欧。欧洲各国领土被重新瓜分，各国国界大体确定，近代欧洲的发展走向发生重大变化。

德意志名将 华伦斯坦

这是一个神秘的历史人物，
他曾被誉为皇冠上的第三颗宝石，
他就是华伦斯坦。

三十年战争中，神圣罗马帝国的总指挥阿尔布雷希特·冯·华伦斯坦（Albrecht von Wallenstein，1583—1634年）是一个重要将领。在哈布斯堡王朝统治下的欧洲他发挥着呼风唤雨的作用。

与财富联姻

华伦斯坦出生在一个不知名的波希米亚贵族家庭，幼时接受了新教教育。他身材颀长，总是穿着黑色的衣服，但又常常带有鲜艳得惊人的一抹红色，周身带有一种神秘的戏剧气氛。他20岁时名

图为华伦斯坦画像。他是一位具有传奇性的历史人物，是一名德意志化的捷克贵族、天主教徒，三十年战争中神圣罗马帝国的军事统帅

义上成为天主教徒，还精通占星术。他皈依天主教后，依附哈布斯堡皇室的斐迪南二世，斐迪南二世当时是施蒂利亚的大公。1609年，华伦斯坦迎娶了一位富裕寡妇。当妻子去世的时候，他继承了其庞大丰厚的遗产，成为大地主。

华伦斯坦极具管理天赋，善于经营产业。波希米亚战争中他表现了对皇室的忠诚，被斐迪南二世任命为布拉格总督。从此之后，他的名声和财富与日俱增。通过没收波希米亚的土地获利无数，共累积了66处地产，包括整个波希米亚弗里德兰省，超过波希米亚领土的四分之一。

1625年，华伦斯坦答应自费向斐迪南提供一支5万人的军队。皇帝虽然怀疑他有野心，但不愿错过这次支持。皇帝任命华伦斯坦为弗里德兰公爵，而他实际上远远不满足于此。费迪南后来接受了华伦斯坦招募的2万人的军队，但要求这支军队必须听从皇帝的命令，不得擅自离开哈布斯堡皇室的土地。斐迪南和华伦斯坦的联合势不可当，当然还有西班牙哈布斯堡皇室和马克西米利安一世的天主教联盟军队的支持。三年内华伦斯坦率领着一支12.5万人的军队在德意志北部驰骋，表面是为皇帝服务，实际是作为一支独立力量在欧洲政坛发挥作用。

英雄驰骋

华伦斯坦所向披靡，逐渐掌握了军事上的绝对威权。1627年9月，他获得西里西亚公国作为征战的补偿。1629年，华伦斯坦攻克梅克伦堡，此处

华伦斯坦宫最早兴建于1623—1630年间，是比较典型的巴洛克建筑。第二次世界大战结束后，为捷克斯洛伐克国家所有，现成为捷克共和国参议院所在地

知识链接：古斯塔夫二世

古斯塔夫二世，瑞典国王，是一位极具战斗力和指挥领导力的军事家。1611—1629年，先后同丹麦、俄罗斯和波兰进行战争，取得胜利。三十年战争中，于1630年率瑞典军队在波美拉尼亚登陆。在1631年的布赖滕费尔德会战、1632年的列克河会战和吕岑会战中，利用线阵击败神圣罗马帝国皇帝和天主教联盟军队。但不幸在吕岑会战中阵亡，被国会封为"大帝"，清教徒则称之为"北方雄狮"。

成为他世袭的封地，由此晋升为公爵，人生达到顶峰。但也从这时起，他与皇帝的分歧越来越明显。1630年，斐迪南二世迫于众诸侯的压力解除了华伦斯坦的兵权。此时瑞典干涉德国内战，瑞典国王古斯塔夫二世亲自统率数万军队帮助新教联盟军。瑞典军队势如破竹，北德意志地区陷入瑞典之手，不久，瑞典军队兵临奥地利。不得已之下，皇帝再次请求已经解甲归田的华伦斯坦出山迎战。

1632年夏，在纽伦堡战役中华伦斯坦未占优势地击败了古斯塔夫二世，同年秋又在吕岑会战中击毙古斯塔夫二世。华伦斯坦认为此时和谈的时机到了。在没有得到皇帝允许的情况下，华伦斯坦私自和瑞典、法国、勃兰登堡、萨克森进行谈判。他甚至将抓到的俘虏全部放走，其中就包括波希米亚叛军的首领。

1633年冬，瑞典军队再次逼近奥地利。皇帝一再要求他返回，但他无视皇帝的命令拒绝增援。这无异于公开的背叛，他军中忠于皇帝的将领纷纷离他而去。此时，皇帝宣布解除华伦斯坦一切职务与兵权，华伦斯坦率领1000余人逃走。1634年2月25日，皇帝收买的几个雇佣军在华伦斯坦的卧室袭击了他，他没有躲避，任由长剑刺入他的胸膛。

华伦斯坦出生在波希米亚，最终作为一个德意志化的人去世。他一生守护着德意志。

华伦斯坦麾下士兵雕像

靴子帝国
意大利

这是古代文明的国度，
这是令人向往的国度。

意大利地处欧洲南部，由亚平宁半岛和位于地中海中的西西里岛和萨丁岛组成，国土形状类似一只长筒靴，所以被称为靴子王国，在地图上非常好辨认。意大利大部分地区属亚热带地中海型气候，非常适宜人居住。

历史地理

意大利处于地中海最大的贸易区，连接东西方的天然水道，具备重要的地理优势。热那亚、比萨和威尼斯等沿海城市通过与远东国家贸易，经济发达，佛罗伦萨和米兰则成为内陆的出口和金融中心。

意大利是欧洲文化的摇篮，曾孕育出罗马文化及伊特拉斯坎文明，成为文艺复兴的发源地。继但丁和比特拉克之后，学者们开始从收藏于寺院和图书馆的拉丁文和希腊文手稿中挖掘古典主义艺术和思想。这也蔓延到了雕塑、建筑、音乐和艺术等领域，孕育了辉煌灿烂的意大利文明。1430 年，佛罗伦萨人文主义者马泰奥·帕尔米耶里写道："每一个有头脑的人确实都要感谢上帝让他降生在这个新时代，这个时代充满着希望和前途，造就了众多1000 年来所没有过的天才巨匠。"

意大利人 90% 以上信奉天主教。罗马是古罗马帝国首都，欧洲文明古城，历史悠久。它是天主教中心，罗马教廷所在地。在古罗马帝国时期，中国正处在东汉时期，班超延伸到欧洲的丝绸之路首次将中国和罗马连接起来。罗马迄今仍然是意大利重要的政治和文化中心。

政治文化

意大利中世纪最显著的特征就是北部强大城邦的崛起，主要有米兰公国、威尼斯共和国、热那亚共和国、佛罗伦萨共和国等。

14 世纪的意大利成为欧洲文艺复兴的发源地。15 世纪，文艺复兴造就了多纳泰罗、波提切利、达·芬奇、拉斐尔和米开朗基罗等意大利艺术天才。文艺复兴往北传到了法国、德国和英国，掀起

意大利位于欧洲南部，主要由靴子型的亚平宁半岛和两个位于地中海中的大岛西西里岛和萨丁岛组成。其领土包围着两个袖珍国——圣马力诺和梵蒂冈

佛罗伦萨的圣母百花大教堂是世界五大教堂之一。佛罗伦萨在意大利语中意为花之都。教堂位于意大利佛罗伦萨历史中心城区，教堂建筑群由大教堂、钟塔和洗礼堂构成，1982 年作为佛罗伦萨历史中心的一部分被列入世界文化遗产

了欧洲文艺复兴运动，推动了欧洲文艺发展，带来了人们的思想解放。

15 世纪末，法国和西班牙争夺亚平宁半岛斗争激化，导致了持续数十年的意大利战争。意大利的分裂并没有阻碍文艺复兴在意大利如火如荼开展。但到了 16 世纪早期，意大利大部分领土处于奥地利哈布斯堡王朝统治之下。

陆的更多联系，欧洲开始向外征服和殖民。由于哥伦布误认为自己到达的新大陆是印度，所以称当地人为印第安人。

新航路的开辟带来了欧洲的向外扩张，欧洲的几个国家先后成为霸主。而意大利一直处于分裂状态，1796 年拿破仑入侵意大利，一直到 1870 年意大利国家才统一。

意大利出生的航海家

扩张时代也正是意大利的文艺复兴时代。这个时期意大利出现了航海家哥伦布，他生于意大利热那亚，死于西班牙巴利亚多利德。哥伦布发现了新大陆，给欧洲带来了新希望。他一生从事航海活动，先后移居葡萄牙和西班牙。他相信地圆说，认为从欧洲西航可达东方的印度和中国。

在西班牙国王支持下，哥伦布先后 4 次出海远航，开辟了横渡大西洋到美洲的航路。先后到达巴哈马群岛、古巴、海地、多米尼加、特立尼达等岛。他在帕里亚湾南岸首次登上美洲大陆。哥伦布的航海证明了大地球形说，也带来了旧大陆与新大

斯福尔扎城堡是米兰最重要的建筑遗迹之一。斯福尔扎伯爵在 14 世纪建立城堡，后来成为其家族的住所。整个城堡是方形的，拥有一个大公园，四周围有高墙。城堡博物馆内部收藏了很多具有很高艺术价值和历史价值的作品，比如馆内收藏手稿 1500 份，雕刻馆藏有达·芬奇和米开朗基罗的作品

高卢雄鸡
法国

这是一个浪漫的民族，
这是一个高贵的民族，
这就是法兰西民族。

一 话 一 说 一 世 一 界 一

高卢雄鸡来源于罗马帝国时代，法兰西被称为高卢（Gallia），高卢人叫 Gallus，而 Gallus 在拉丁语中有雄鸡的含义，所以法国人被称为高卢雄鸡。直到文艺复兴时期，雄鸡才正式成为法国的象征。从 15、16 世纪开始法国成为欧洲大国之一，于 17、18 世纪路易十四统治时期发展达到鼎盛。

法国历史由来

法国源于中世纪前期的法兰克王国。法兰克在日耳曼语中的意思是"勇敢的、自由的"。自从法兰克王国分裂后，西部法兰克王国沿用其名称并演变为法兰西。"法兰西"最早出现于 11 世纪的《罗兰之歌》中。"法兰西"这个名字，是公元前 218 年北非强国迦太基的统帅汉尼拔在征服高卢后，以臣服于他的佛西尔族的族名对这块领地

夕阳下的卢浮宫博物馆，由华人建筑大师贝聿铭设计，位居世界四大博物馆之首，以收藏丰富的古典绘画和雕刻闻名于世。卢浮宫位于法国巴黎市中心的塞纳河北岸，始建于 1204 年，原为法国的王宫，有 50 位法国国王和王后曾在此居住，是法国文艺复兴时期最珍贵的建筑物之一

的命名，迦太基人以其腓尼基语对"佛西尔"的发音就是"法兰西"。法兰西民族是由多个民族混合构成的，除了主体法兰西民族外，还有边境地区的阿尔萨斯、布列塔尼、巴斯克、科西嘉、佛兰芒等少数民族。

10 世纪以后，法国封建社会迅速发展。1337 年，英王觊觎法国王位，爆发了"百年战争"。战争初期，法国大片土地被英国侵占，法王被俘，后法国人民进行反侵略战争，于 1453 年结束百年战争。15 世纪末到 16 世纪初形成了封建中央集权国家。17 世纪中叶，法国君主专制制度达到顶峰。

法国历史人文

法国拥有许多原始文化遗迹，很多旧石器、中石器时代的文化期都取名于法国地名。公元前 3000 年至公元前 1000 年，法国进入青铜时代。公元前 5 世纪末，起源于多瑙河流域的凯尔特人侵入法国，同化了当地的土著人，他们被古罗马人称为高卢人，这一地区也被称为高卢。法国人由此认为他们的祖先是高卢人。公元前 58 年，凯撒征服高卢。公元 4 世纪，日耳曼部落的"蛮族"开始徙居高卢。法兰西人的民族成分变得复杂多样。5 世纪到 10 世纪是法兰克王朝统治时期。这一时期，高卢-罗马文化和日耳曼文化逐渐融合。11 世纪下半期，法国文化开始复苏和发展。1337 年，英国和法国拉开了百年战争的序幕。

巴黎的标志性建筑埃菲尔铁塔，建于 1889 年，矗立在塞纳河南岸法国巴黎的战神广场，由著名建筑师、结构工程师古斯塔夫·埃菲尔设计，施耐德电气建造。如今它被法国人昵称为"铁娘子"，是世界著名建筑、法国文化象征之一、巴黎城市地标之一、巴黎最高建筑物

1428 年，英军在占领巴黎之后，全力围攻通往法国南方的门户奥尔良城。年仅 17 岁的少女贞德带领法国军队奋起反抗，最终壮烈牺牲，成为民族英雄。

法国位处欧洲大陆西部，其西部属温带海洋性气候，南部属亚热带地中海气候，中部和东部属大陆性气候。这种气候给法国增添了一丝浪漫。首都巴黎五彩缤纷，地处北部巴黎盆地的中央，横跨塞纳河两岸。法国的蓝色海岸光彩照人，阿尔卑斯山的滑雪场也令人神往。以卢浮宫和圣母院为中心的巴黎塞纳河滨、凡尔赛宫、枫丹白露、斯特拉斯堡、圣米歇尔山、香波堡等被联合国列入世界文化和自然遗产名录，闻名世界。

在欧洲，巴黎作为法国第一大城市和欧洲第二大城市，一直是法国的行政和文化中心，也是世界四大国际化都市之一。法国是欧洲浪漫主义的中心，历史上群星璀璨，涌现了一批有才华的人物，如拉伯雷、孟德斯鸠、伏尔泰、狄德罗、拉辛、雨

 知识链接：波旁王朝

历史上，波旁王朝是一个断断续续统治纳瓦拉、法国、西班牙、那不勒斯与西西里、卢森堡等国以及意大利若干公国的跨国王朝。它在法国的统治始于 1589 年。17 世纪中期，再度分出长幼两支。1830 年，七月革命推翻查理十世的统治。1848 年革命后，七月王朝覆灭，结束了其在法国的统治。1860 年，意大利独立战争结束其在意大利的统治。1936 年，波旁王朝结束在西班牙的统治。1975 年，波旁王朝第三次复辟，至今仍是西班牙的王室。

果等。它包含有丰富文化内涵的名胜古迹和乡野风光，吸引着世界各地的人们。

法国是欧洲大陆面积最大的国家，西北与英国隔英吉利海峡相望，南部与意大利和西班牙等国毗邻。法国独特的地理位置造就了它近代的辉煌

平民皇帝
亨利大帝的统治

> 让所有农民每个星期天都能吃上鸡肉。
>
> ——亨利大帝

亨利四世，本名亨利·德·波旁，纳瓦拉王国国王（称恩里克三世·德·纳瓦尔，1572—1610年在位），1589—1610年成为法国国王，波

纳瓦拉国王（Henry of Navarre，1553—1610年），后成为法国波旁王朝的创建者亨利四世。亨利四世原为胡格诺派信徒，为了继承法国王位，改信天主教。1610年在巴黎被刺身亡

亨利三世是法国瓦卢瓦王朝国王（Henry III of Franc，1574—1589年在位），是亨利二世第四子，母亲为凯瑟琳·德·美第奇。他出生于枫丹白露

亨利一世·德·吉斯（Henry of Guise，1550—1588年），第三代吉斯公爵，法国军人和政治家、法国宗教战争中天主教和神圣联盟公认的领袖、"三亨利之战"的中心人物、吉斯家族最重要的代表

旁王朝的创建者。他把法国从废墟中重建，被赞誉为"贤王亨利"。亨利在其统治期间展现了雄才大略。

结束宗教争端

1572年圣巴托罗缪大屠杀后，爆发了三亨利之战。第一位亨利是法国瓦卢瓦家族的亨利三世国王，1573年查理死后，他继承了法国王位；第二位是吉斯·亨利；第三位是纳瓦拉的亨利四世国王，也是三者中唯一的新教教徒。三方在法国一度陷入混战，他们各自拉拢国外的盟友参战。亨利四世在法国宗教战争时期成为法国国王。宗教战争蔓延至法国各个地区，长时期惨烈的宗教斗争使法国到了分崩离析的边缘，给人们生活带来深重苦难。亨利四世在掌权9年后，即1598年皈依了天主教，以便安抚法国的天主教徒，维护社会稳定。同时，他还签署了《南特敕令》，给予胡格诺派教徒一定的合法空间。不同于以往的法国国王，亨利四世是一位真心体恤法国民情、竭力为法国谋求发展进步的君主。

作出卓越贡献

繁重的苛捐杂税剥夺了法国农民的大部分收入，使农民的生活状况十分悲惨。亨利四世在位期间，国家降低了农民的赋税，赢得了百姓的支

图为亨利四世的墓碑。1562年，在胡格诺宗教战争中，他以新教领袖的身份参战，依靠自身优秀的军事才能和谋略智慧，成为这场内战中笑到最后的人。1589年，亨利四世建立波旁王朝，加冕为法国国王。在他强有力的领导下，重新建立了一个统一而且蒸蒸日上的法国

持。法国投资专门从事海外贸易的印度贸易公司。通过发展海外贸易、放活国内市场给国家带来巨大的经济效益。亨利四世执政期间，积极改善国内交通状况，填补坑地，修建运河，为商品流通提供便利。他还注意保护环境，防止对森林的滥砍滥伐。

亨利四世继位时承诺"让所有农民每个星期天都能吃上鸡肉"。他非常关注各个阶层百姓，同情地位低下的阶层，作为大领主经常与烧炭工、贫苦农民坐在一起吃饭，谈笑风生。在博物馆的画作中，亨利四世总是舍弃宫廷的华美服饰，穿着粗糙的猎人装、士兵服到民间进行私访，体察民情。

亨利四世为法国开辟了一条新的发展之路，书写了法国历史上浓墨重彩的一笔。1610年，备受国民爱戴的亨利四世被一名狂热的天主教教徒谋杀，此人声称此举是因为亨利四世准备废除天主教会。

亨利四世去世后，年幼的路易十三（1601—

美第奇的玛丽女王，法国国王亨利四世的王后、路易十三的母亲。她是意大利贵族美第奇家族的重要成员。1616年，为了纪念她与亨利四世美丽的爱情，她开拓了卢浮宫郊外一处原始森林，将其建设为一条林荫大道，起名"皇后林荫大道"，为通往仙境之意，即后来的香榭丽舍

知识链接：三亨利之战

圣巴托罗缪大屠杀后，法国拉开了一场持续近10年的战争，即三位亨利之间的战争。天主教和西班牙哈布斯堡王室支持吉斯·亨利，胡格诺派以及其他新教国家支持纳瓦拉的亨利（即亨利四世），而亨利三世国王几乎没有盟友。为了反对西班牙，亨利三世便设法谋杀了吉斯·亨利。亨利三世与纳瓦拉的亨利四世结为同盟，共同抵抗天主教会。最终，一名男修道士刺杀了亨利三世，亨利四世改信天主教，发动多次战争，赢取了法国王位。

1643年）继承王位，他的母亲玛丽·德·美第奇成为摄政皇太后。摄政并没有掌握实权，权力由贵族们掌握。1628年，第一代黎塞留公爵阿尔芒·让·迪·普莱西被任命为路易十三的辅政大臣，总管法国朝政。这一任命改变了法国的政治格局。

一话一说一世一界一

近代法国之父
黎塞留

一国的发展就意味着对另一国的威胁，
这才是世界历史上的通则，
也是西方外交的核心与基石。

——黎塞留

黎塞留是西方外交的鼻祖，开创了现代外交之先河，提出"民族国家利益至上"，抛弃任何道德与宗教的束缚，一切以国家利益为中心。他制定的外交政策使法国受惠两百余年，而他策划的三十年战争则使德意志生灵涂炭，分裂为诸邦小国，永远处于动荡之中，直到俾斯麦统一德国。

指挥拉罗谢尔包围战的黎塞留

加强中央集权

黎塞留（Richelieu，1585—1642 年）上任法国首相之后，对内部机构进行调整，加强了对地方的约束和控制。黎塞留收回了大部分地方贵族的权力。他把法国划为 32 个行政区域，每个区域设置一名地方行政长官，推行政府法令，掌管地方行政区法庭，为法国王室收税，还招募当地的士兵。这些地方行政长官都由国王任命。黎塞留

黎塞留在法国政务决策中具有主导性的影响力，执政时期爆发了三十年战争。他通过一系列的外交努力，为法国获得了相当大利益，为日后法国两百年的欧陆霸主地位奠定了基础

还规定，任何行政长官不得在自己家族居住的区域担任这一职位，防止出现腐败和权力斗争。

中央集权的政府组织形式建立起来后，法国组建国家军队，可以迅速派往各地方行政区域，有效地镇压起义者，使得这些地方叛乱很快就能被制止。17 世纪 30 年代，在新教中心拉罗谢尔爆发的叛乱便是很好的例子。胡格诺教徒在地方建立了独立的政权和军队，在国王路易十三看来，这极大地威胁了国王对法国的统治。为了尽快平复叛乱，黎塞留亲自率军攻打拉罗谢尔，取得了决定性胜利，有效镇压了新教派的抗议活动。他攻破城墙，处置了当地官员，还公开举行圣餐仪式安抚教徒。

发展经济和开展外交

黎塞留面对的最大挑战是经济问题。他组建庞

黎塞留各个侧面的画像，比喻多面的黎塞留

马萨林出生于意大利，后加入法国国籍，在投石党革命中两次被驱逐出法国。1630 年作为教皇使节出使法国，调节法国与西班牙的矛盾冲突。1642 年进入法国枢密院，担任年幼的路易十四的首相和教父。他对内加强中央集权，整顿吏治，推行重商主义政策；对外与奥地利的哈布斯堡王朝对抗，并结束了三十年战争，此后又促成西班牙公主与路易十四联姻。马萨林还创建学院和学校，引进意大利歌剧。

大而强有力的中央政府和国家军队消耗了法国大笔财政资金。虽然法国政府比以往更加强大，但是税收不如所愿。当时，很多贵族享有免缴国税的权利，而很多地方经济体对税收征收项目拥有表决权。虽然黎塞留制定了一系列措施使地方和政府财政相互融通，但法国中央政府一直没有在经济上取得绝对的控制权。

在外交方面，黎塞留意识到要消除哈布斯堡家族的潜在威胁。他在三十年战争中支持哈布斯堡家族的敌人，来达到自己的政治目标。他还支持新教徒，只要他们反对哈布斯堡家族即可。后来，黎塞留还在战争中站在了新教徒一边。

黎塞留采取的措施有违常规，也十分残忍。有一次，黎塞留得知政府中有高层官员和公爵联合密谋政变，他当机立断，逮捕并处死了那位公爵。

器重马萨林

黎塞留晚年成功说服路易十三任命马萨林（Jules Lemondo Mazarin，1602—1661 年）继任法国首相。马萨林一直追随黎塞留，深知黎塞留的政治管理风格。路易十三去世后，年幼的路易十四继承法国王位。路易十四的母亲同样作为摄政王后参与政治。随后不久，马萨林很快便掌握了法国的政治大权。他继续实行压制哈布斯堡家族的外交策略和建立中央集权政府的国内政策。在外交上，他签署《威斯特伐利亚和约》和《比利牛斯和约》，重树法国在欧洲的地位，为法国发展作出了卓越贡献。

总之，黎塞留及其追随者马萨林极大地加强了法国的中央集权，给路易十四治理法国留下了宝贵的经验和财富。

图为黎塞留的继任者，法国国王路易十四的首相和教父马萨林

太阳王 路易十四

我在所有人之上，也就是说，我统治着上帝的国家。
——路易十四

法国国王路易十四，自号太阳王，1680 年接受巴黎市政会献上的"大帝"尊号，是有确切记录的欧洲历史上在位时间最久的独立主权君主

知识链接：路易十四支持文艺事业

路易十四是法国历史上难得的英明之君，而且非常长寿。路易十四重塑了整个法国的文化面貌。他是法国音乐界、美术界、时尚界的引领者，是法国文化的代言人。路易十四大力支持法国文艺事业的发展。他专门从军费中拨出一部分，用于资助艺术家和剧作家，以及绘画、音乐、舞蹈和建筑的学者和专家们。

路易十四，全名路易·迪厄多内·波旁（Louis Dieudonné Bobon，1638—1715 年），是法国波旁王朝的国王和纳瓦拉国王（1643—1715 年在位），是世界上在位时间最长的君主，长达 72 年之久。

路易十四是一位欧洲历史上最名副其实的国王。早在马萨林辅佐时期，年轻的路易就接受了最好的教育。他熟读外交书籍，学习地理知识并细心观察周围从政者的管理方式，总结并逐渐形成自己的统治风格。他从马萨林那里学到了最重要的一点：要坚信贵族阶级是不足以完全信任的。他的重要应对举措就是修建凡尔赛宫。

修建凡尔赛宫

凡尔赛宫是世界上极其宏伟壮丽的宫殿，它的建造持续了很长时间。它原是坐落在巴黎郊外几公里远的一所小木屋，供前法国国王路易十三打猎临时休息用，到了路易十四时，成为举世闻名的宫殿。路易十四的初衷是为了给贵族和国外到访的权贵们一个休闲娱乐的场所。他想让每一个来到凡尔赛宫的人都为它的宏伟壮丽惊叹不已，想让那些外国到访的使节们赞叹法国国力的强盛，更想让每一位来访的人都崇拜他的权威。

在他去世的时候，小木屋变成了举世罕见的宏伟城堡。数万名工人、建筑师和雕塑家为建造凡尔赛宫，风餐露宿，夜以继日。凡尔赛宫占地 2000 多万平方米，围墙长近 2 万米，围墙内道路共有近 2 万米长。其中房屋占地面积 26 万平方米，共有 700 间房屋，67 处楼梯。屋内装饰了 6000 多幅名画，2100 座雕像以及不计其数的绘画和雕刻制品。宫殿中黄金打造的树叶、晶莹的镜子和高级家具随处可见。据估算，凡尔赛宫能容纳数千名参观者，仅宫内的工作人员就达几千人。

凡尔赛宫是社交的中心。贵族们来到这个地方

一话一说一世一界一

凡尔赛宫地处巴黎西南15公里处，宫殿、花园壮观精美，内部陈设和装潢富有艺术性，底层为艺术博物馆，是法国艺术的明珠

后乐不思蜀。国王奉上丰盛的大餐招待这些贵族，陪他们娱乐，专门为他们上演歌剧或芭蕾舞，其中也有自己的作品。一小部分贵族能够见到国王本人。路易十四甚至允许他们进入自己的卧室看他起床，允许这些贵族为他穿上皇袍。他极其擅长处理与贵族大臣的关系，通过这些行为赢得了贵族的好感，贵族们希望能够来到凡尔赛宫以期见到国王。而国王通过发出邀请让贵族来到凡尔赛宫，便可以把所有支持他或反对他的人都聚集到同一地方。他吩咐下属严密监视每一个贵族的行为。路易十四时期的特务人员常常偷听贵族们的谈话，或是偷看贵族们

巴黎凡尔赛宫的水星厅

之间的通信，以确保没有任何针对国王的密谋存在。

能臣柯尔贝尔

让-巴普蒂斯特·柯尔贝尔（Jean-Baptiste Colbert，1619—1683年）是路易十四时期最有才能的大臣之一。柯尔贝尔原本只是马萨林手下的一名助手，通过努力拼搏，最终坐上了法国财政部长的位子。在柯尔贝尔的领导下，法国采取了重商主义的经济政策。虽然这种经济政策需要投入大量政府官员管理国家经济事务，但为法国创造了巨大的收益。重商主义经济政策主要表现在政府加大对海外贸易的扶持，重视殖民地的建设，诸如加拿大和密西西比河流域的殖民地建设，同时鼓励开办贸易公司。这些措施为法国创造了巨大的经济利益，财富最终都流入了国库。

柯尔贝尔努力扩张法国的海军力量，进一步推动重商主义政策。他设立了很多工场，对加工制成的商品质量进行把关；他还积极提倡成立行业协会，使从事相同或类似职业的工匠们组成团体。这种行业协会不仅提高了工匠们的技艺水平，而且进一步推动了行业的整体发展，有效地提升了行业收入。

蒙彼利埃的凯旋门位于佩鲁花园的东首，是一座17世纪的建筑，也叫作佩鲁门，是为纪念路易十四而建。这座凯旋门虽不及巴黎凯旋门那么宏伟壮观，但是历史更久远，同时也是蒙彼利埃最著名的建筑景点之一

对外扩张

当时法国拥有欧洲最强大、最精锐的常备军队，路易十四带领着这支庞大的军队广泛地开拓法国的疆土，同时造成法国财政一度陷入赤字状态。

1667年，路易十四向外征讨。1668年，他率军侵占西班牙统治下的荷兰诸省份。1672—1678年，他继续侵占荷兰诸省份。路易十四不断向外征战，攻占别国领土，对欧洲的其他国家构成威胁。英国、荷兰、西班牙都曾遭受路易十四的攻击，以往法国的盟友也与路易十四反目成仇，但是路易十四仍旧继续进行领土扩张。他一直向东进攻，攻占了德国的部分土地，一直打到斯特拉斯堡，因此树敌很多。最后，荷兰、西班牙、英国、瑞士、奥地利的国王们以及德意志的亲王们联合起来，共同抵抗路易十四的入侵，终止了他的领土扩张。1697年，路易十四战败，签署了《赖斯韦克条约》。按照条约规定，除了斯特拉斯堡之

斯特拉斯堡，法国第七大城市和最大的边境城市。市区位于莱茵河西岸，东侧与德国巴登-符腾堡州隔河相望，西侧为孚日山区。历史上，斯特拉斯堡处于多个民族活动范围的重合地带。从最初的凯尔特人，再到高卢、日耳曼以及后来的法兰克、查理曼，这些民族都在斯特拉斯堡留下了足迹。19世纪中期，斯特拉斯堡逐渐成了德法长期争夺的焦点

外，路易十四要将过去 20 年里征战的所有土地全部归还给所属国。

17 世纪被称为路易十四时代。路易十四不仅代表了一个时代，而且成为法国和法国文化的代名词。路易十四重新定义了一国之君和现代军队的含义。他曾说过："朕即国家。"他既是一位伟大的君主，也是一个伟大的军事家。虽然他对法国造成了一定创伤，但是他书写了 17 世纪的传奇历史，为后人留下了一笔宝贵的财富。

功绩和战果

内政上，路易十四向地方派遣监督官，作为直接听命于国王的钦差大臣。他亲自主持国务会议，制定重要决策。贵族除任军职和点缀宫廷外，被排斥于政治生活之外。1682 年，路易十四正式把宫廷迁往凡尔赛。他镇压胡格诺教徒，并于 1685 年废除《南特敕令》。在经济领域，路易十四推行重商主义政策，实行保护关税，鼓励商品出口；取消国内关卡，资助手工工场业。这促进了法国资本主义的发展，国库收入增加。文化方面，路易十四实行严格的书籍审查制度，但在他的支持和资助下，古典主义的戏剧、美学、绘画、雕塑和建筑艺术都取得了辉煌成就。军事方面，路易十四进行了一系列征服战争，确立了法国在欧洲的霸权地位。1667—1668 年，与西班牙和荷兰发生遗产继承战争；1672—1678 年又与荷兰交战；1688—1697 年，由于企图收复所有在过去条约中割交法国的土地，爆发了法国和反法奥格斯堡联盟的战争；1701—1714 年，法国和奥地利为争夺西班牙王位而交战。经过几十年战争，法国精疲力竭，经济濒临破产，国力大大削弱。

路易十四继承了黎塞留和马萨林创立的强大的中央政权的统治思想，努力想要成为一个伟大

知识链接：投石党运动

投石党运动又称为投石党乱或福隆德运动，是一场法西战争（1635—1659 年）期间发生在法国的反对专制王权的政治运动。它大概可划分为两个时期，前期为 1648—1649 年高等法院福隆德运动，后期为 1650—1653 年亲王福隆德运动。前期马萨林倒行逆施，政策不得人心，引起巴黎人民起义。马萨林第一次被流放。后期孔代亲王因未获得马萨林职位而密谋造反。马萨林遭受第二次流放。最终，马萨林辞职，孔代亲王流亡。

而强有力的国王。他重新定义了欧洲君主的概念，开启了法国专制主义统治的历史。在路易十四时期君主专制达到了顶峰，而在他的统治后期，吏治腐败、国库空虚、民不聊生，引起各阶级的不满，起义频仍，法国君主专制制度开始走向衰落。1715 年 9 月 1 日，路易十四在凡尔赛去世。

路易十四亲政之后的十年中，法国的文化获得了重要的发展，比如建立了凡尔赛宫，它成为法国文化机构的汇聚地。这是一张路易十四在音乐会上做指挥的纪念邮票

天之骄子 英国

它是上帝的第一个儿子，
它是世界历史上的一个奇迹，
它就是英国。

英国地处欧洲西北一隅，由英格兰、苏格兰、威尔士以及北爱尔兰共同组成。英国民族国家最早形成时期就是在扩张时代，都铎王朝是其中一个重要阶段，大英帝国的重要扩张也从此开启。

英格兰的地理

英国是大西洋北部的一个岛国，生活在这个岛

英国是由大不列颠岛上的英格兰、威尔士、苏格兰以及爱尔兰岛东北部的北爱尔兰和一系列附属岛屿共同组成的一个西欧岛国。除本土之外，其还包括 14 个海外领地，总人口超过 6500 万，其中以英格兰人（盎格鲁-撒克逊人）为主体民族，在近代成为日不落帝国

屿上的英国人天然具有冒险精神。它东临北海，面对比利时、荷兰、德国、丹麦和挪威等国；西邻爱尔兰，横隔大西洋与美国、加拿大遥遥相对；北过大西洋可达冰岛；南穿英吉利海峡仅几十千米到欧洲大陆法国。英国西北部多低山、高原，东南部为平原，泰晤士河是国内最大的河流。英国属温带海洋性气候，全年温和湿润，西风盛行，适合植物生长。英国终年受西风和海洋的影响，一日之内时晴时雨，捉摸不定，就像英国人的性格模糊不明。但也正是生活在这片土地上的人们，孜孜以求，不断向外探索，不断向外寻求新的发展空间，创造了不朽的历史。

近代英格兰的形成

自丹麦人入侵后，日耳曼人远渡大不列颠，把原住民凯尔特人赶到了北方。由此不列颠岛上大小内战不断，还经常遭到日耳曼同宗的维京人的统治和诺曼人的侵扰，直到诺曼底公爵威廉一世登陆不列颠，建立起统一的国家。岛上的盎格鲁人、撒克逊人、朱特人、丹麦人、挪威人、诺曼人逐渐融合在一起成为一个民族，统称为盎格鲁-撒克逊民族。

英国经历了诺曼王朝、金雀花王朝、兰开斯特王朝、约克王朝、都铎王朝和斯图亚特王朝的兴衰更替，确认了大宪章、牛津条例，又经过百年战争、泰勒起义等封建社会的洗礼。恩格斯曾经说："对英国幸运的是旧的封建诸侯已经在蔷薇战争中

英格兰国王威廉一世（1066—1087 年），最初是法国诺曼底公爵。表亲英王"忏悔者爱德华"死后无嗣，大贵族哈罗德被拥立。威廉借口爱德华生前曾许以王位，乃渡海侵入英国。1066 年 10 月，在黑斯廷斯与英国国王哈罗德二世决战。获得战争胜利后，威廉直取伦敦，年底自封为王，称威廉一世，号称"征服者威廉"

 知识链接：西敏寺

威斯敏斯特大教堂，也译作西敏寺，坐落在伦敦泰晤士河北岸，始建于 960 年，1045 年进行了扩建，1065 年建成，1220—1517 年重建，在 1540 年英王创建圣公会之前，是一座天主教本笃会隐修院。它后来成为英国皇家教院，是一座壮丽的哥特式教堂，成为英国历史和世界建筑史上的重要教堂。它是英国国王加冕典礼的场所。许多英国王室成员、政治家、宗教界名人以及著名诗人葬在此处。

自相残杀殆尽。"在博斯沃思战役之后，贤王亨利七世建立了都铎王朝。经过亨利八世、爱德华六世和伊丽莎白一世等开明君主的统治，英国逐渐找到了自己的发展道路。

英国的航海事业

英国的海外扩张应当从公元 1496 年派出的第一支探险队开始。英国南面有强邻阻碍，只能往北拓展。英国意图穿过冰雪覆盖的北冰洋，与中国进行贸易，没有成功。但英格兰的向外探索一直没有停止。

都铎时期英国涌现了一批航海家，有约翰·霍金斯、弗朗西斯·德雷克等。其中航海家沃尔特·雷利爵士值得一提。他数次航海至圭亚那，为英格兰建立海外殖民地开辟道路。雷利说："谁控制了海洋，谁就控制了贸易；谁控制了世界贸易，谁就控制了世界的财富，最终也就控制了世界本身。"雷利对圭亚那以及美洲大陆的探险，引起了欧洲各国对其争夺。

与雷利同时代的一些探险者记下了他们发现新世界的相关经历，给英国统治者了解美洲的情况提

供了丰富的素材。如汉弗莱·吉尔伯特 1576 年出版了《论发现通向卡塔莱亚的新通道》，托马斯·哈利奥特 1588 年出版了《简短报道弗吉尼亚的新发现》，雷利在 1596 年出版了《发现辽阔、富饶美丽的圭亚那帝国》。近代英国海外殖民扩张的脚步不断加快。

1688 年，英国光荣革命确立了君主立宪政体。后来英国首先完成工业革命，成为世界强国。

巨石阵由巨大的石头组成，每块约重 50 吨。它的主轴线、通往石柱的古道和夏至日早晨初升的太阳在同一条线上；另外，其中还有两块石头的连线指向冬至日落的方向。巨石阵是英格兰古文明的重要象征，也是当代英国的重要历史遗迹

铁腕国王
亨利八世

这是英国历史上的风流君主，
这是英国历史上的贤明君主，
这就是亨利八世。

亨利八世是都铎王朝的第二任君主、亨利七世与伊丽莎白王后的次子、英格兰与爱尔兰的国王。他掀开了英国宗教改革的序幕，成为都铎王朝的重要国王。他一生为了追求男性继承人先后有过6次婚姻，被称为风流国王

他是一位风流国王，在历史上以风流著称；他是一位残暴的国王，曾亲手将自己的妻子和朋友送上断头台；他是英格兰的国王、英国国教的缔造者——亨利八世（Henry VIII，1491—1547年）。

1527年的一天，贵为英国王后的凯瑟琳遭受了从未有过的打击，她的丈夫——国王亨利八世要与她离婚，曾经美满的婚姻即将破灭。然而，即使作为始作俑者，亨利八世也没想到这次离婚会掀起一场轩然大波。实际上，亨利的离婚只是事情的开始。

亨利八世荣登王位

亨利八世年轻时高大魁梧英俊，性格刚毅果断。他是英格兰国王亨利七世与王后伊丽莎白的次子，按照男性继承的传统，他在哥哥亚瑟早逝之后荣登国王宝座。他自己是幸运的，但是他在为自己确立继承人时却百般曲折。他经历了6段传奇婚姻，都是为了能够生下一个男性继承人。

亨利七世与王后有七个孩子，三个早夭，只剩下亚瑟、亨利、玛格丽特和玛丽。为了维持与西班牙的友好关系，亨利七世让长子亚瑟娶了西班牙公主阿拉贡的凯瑟琳。可是两人婚后几个月，亚瑟王子就因病去世了。就在此时，西班牙和法国的关系正处于僵持状态，英国国王亨利七世为了维持中

阿拉贡的凯瑟琳是亚瑟王子的妻子，但是亚瑟英年早逝，只能由他弟弟亨利续娶。由于不能生出儿子，被亨利八世休了。后来凯瑟琳虽然得到她侄子查理五世的支持，最终还是与亨利八世离婚，终究未能摆脱被遗弃的命运，忧郁而死。图为凯瑟琳遭受审讯的情形

立态度，打算让凯瑟琳再嫁给次子亨利。1505年，亨利七世对与西班牙的联盟失去了兴趣。不过，关于这个婚约的政治斡旋直至亨利七世去世的1509年都未能解除。而凯瑟琳表示她的第一次婚姻并未圆房，所以无须教宗特许，只要宣布第一次婚姻无效即可。但是，西班牙和英国王室皆十分重视教宗特许问题，在凯瑟琳母亲伊莎贝拉一世的请求下，教宗才以教皇诏书形式表示同意。于是，亚瑟去世14个月后，凯瑟琳和自己的小叔子、当时年仅12岁的亨利八世订婚。1509年6月11日，亨利八世与凯瑟琳正式结婚，13天后，他在威斯敏斯特大教堂加冕登基。

政治权力的角逐——"追求男性继承人"

亨利八世和凯瑟琳的这段婚姻维持了24年。凯瑟琳王后生的6个孩子除了女儿玛丽公主之外全数早夭。两人年龄相差悬殊，在凯瑟琳生育数次之后，亨利八世认为她年纪太大不能生育了。1525年，亨利八世认定凯瑟琳无法为他生下继承人，且他已经与女侍官安妮·博林（Anne Boleyn）发生了婚外情。于是他派遣亲信枢机主教、大法官——托马斯·沃尔西向教皇申请离婚，并派遣大臣威廉·奈特前往罗马教廷游说，以凯瑟琳曾与亚瑟圆房为由请求离婚。1533年1月，亨利八世追求安妮·博林，秘密结婚。在亨利八世的授意下，1534年，克伦威尔力促国会通过了一系列法案，其中《上诉限制条例》禁止英国教会法庭上诉到教皇，禁止教会不经英王允许发布规章；《教职任命法案》规定教会必须根据英王指定的候选人推选主教；《至尊法案》宣布英王是英国教会唯一最高权威；《王位继承法》宣布凯瑟琳的女儿玛丽乃是私生女，博林的女儿伊丽莎白则为顺位继承人；《叛国罪法案》规定若有人不承认英王的最高权威，就是叛国

知识链接：托马斯·克伦威尔

托马斯·克伦威尔（Thomas Cronuell，1485—1540年）是英王亨利八世的首席国务大臣、杰出的政治家。他是平民出身，1529年当选议会议员，1531年被提拔进入枢密院。短短时间内历任财政大臣、掌玺大臣、首席国务大臣，获封埃塞克斯伯爵，成为亨利八世身边的第一权臣。由克伦威尔主持与草拟，亨利八世于1534年发布了《至尊法案》等一系列法令，宣布英王是英国宗教的最高领袖，使英国成为具有独立主权的新型君主制国家。然而克伦威尔的节节高升也引发了世袭贵族的仇视，他在1540年被亨利八世斩首。

关在伦敦塔的安妮·博林是威尔特伯爵托马斯·博林之女、英王亨利八世的第二任王后。她为亨利八世生下了伊丽莎白一世，也没有生出儿子，后来以通奸叛国罪被亨利八世处死

罪，可被判处死刑。另外还取消了给教皇的献金。从此，英国教会转变为基督新教的一个独立教派圣公宗。大主教克兰麦宣布亨利八世与凯瑟琳婚姻无效，与博林的婚姻合法。因为其改革最终是为了使亨利八世与博林的婚姻合法化，所以这次改革是新教中最不彻底的。

1533 年，亨利秘密与博林结婚。英国国会随即立法脱离罗马教廷，紧接着大主教克雷芒七世便宣布亨利与凯瑟琳的婚姻无效，与博林的婚姻合法。6 月 1 日，博林加冕为英格兰王后，三个月后，她生下了女儿伊丽莎白，也就是后来的英王伊丽莎白一世。博林生下伊丽莎白一世之后，一直没有生育出男性子嗣。1536 年，亨利八世以通

知识链接：托马斯·沃尔西

托马斯·沃尔西（Thomas Wolsey，约 1475—1530 年），亨利八世时期的著名政治家和红衣主教，曾担任大法官和主理国务的大臣。他贪婪好财，年收入达 3.5 万镑，大约相当于王室全部收入的 1/4，财富一度仅次于国王。他施政的目标是加强封建专制王权，使国家进一步中央集权化。但是他妄自尊大、专横跋扈，所实行的政策和措施触犯了僧俗统治阶层的利益，最后因不得人心而下台。

珍·西摩是亨利八世的第三位妻子。1536 年安妮·博林被斩首后，她成为英格兰王后。她为亨利八世生下了一个儿子，而她自己因为产褥热而去世。她唯一的儿子后来成为爱德华六世，也是亨利八世唯一的儿子

奸叛国罪判处博林死刑，并在第二天与珍·西摩（Jane Seymour）订婚。第二年，珍·西摩生下爱德华六世后，因产褥热病逝，亨利八世悲伤不已。1540 年，亨利八世与克里维斯的安妮（Anne of Cleves）结婚，由于安妮王后丑陋，国王迅速结束了这段婚姻。同年他又与博林的表妹凯瑟琳·霍华德（Catherine Howard）结婚。两年后，凯瑟琳·霍华德因通奸以叛国罪被处死。1543 年，亨利八世与凯瑟琳·帕尔（Catherine Parr）结婚。帕尔成为亨利最后一位王后，亨利八世死后帕尔再嫁。

亨利八世最终拥有一个男性继承人爱德华六世，了结了一桩心愿。他晚年变得很胖。1536 年，他骑马持长矛比武时出了意外，大腿受伤，此后便无法做剧烈运动，体重也因此与日俱增。1547 年 1 月 28 日，亨利八世在其父亲 90 冥诞当天去世，享年 57 岁。虽然一生娶了 6 个妻子，但是他最后与第三任妻子珍·西摩合葬于温莎堡的圣乔治教堂，足见他对西摩的眷恋，也表现了其对儿子爱德华六世的珍重。

一话一说一世一界一

影响力，绅士阶层成为国家的领导阶层，开辟了国内发展和海外扩张的新道路。

亨利八世是英格兰国王、爱尔兰国王、威尔士亲王、都铎王朝的第二代君主。他在父亲辛勤打下江山的基础上勤于政务，儿子爱德华六世顺利继位，到女儿伊丽莎白一世执政时期，共创了都铎王朝的辉煌。他多才多艺，著书创曲，令人难以企及。他在英国历史上的地位并没有因为杰出的女儿伊丽莎白一世在历史中的地位而被掩盖，而是更加吸引大家的眼球。在许多著名的影视作品中都可以看到亨利八世的身影，他将继续吸引着后代探寻这位多才风流的国王。

亨利八世的雄才大略为英国近代的发展奠定了良好的基础。在他的女儿伊丽莎白一世的领导下，英国打开了航海殖民的大门，推进了英国现代化的进程。

凯瑟琳·帕尔是英格兰国王亨利八世的第六位妻子，非常贤惠，与亨利八世子女的关系处理得很好。她于1543—1547年为英格兰王后，在亨利八世去世后，她成为英格兰王太后。她是英格兰结婚次数最多的王后，先后有过四位丈夫

英国国教的确立

亨利八世推行宗教改革，将新教引入英格兰，使英国教会脱离了罗马教廷，让自己成为英格兰最高宗教领袖，并促使英国王室的权力达到顶峰。

亨利八世于1534年颁布《至尊法案》，确立了英国国教。亨利八世废除修道院、小教堂和行会，这是诺曼征服后最振奋人心的社会革命，大大地增加了绅士所有的土地，除伦敦、杜伦、温切斯特和两个主教外，其他主教都降低至绅士水平。1563年颁布《公祷书》和《三十九条信纲》，规定英国国教的教义，以《圣经》为信仰的唯一原则，否认教皇的权力。最终，英国整个国家有1/2到2/3的土地被用来增加处于上升状态的绅士阶层的财富和

亨利八世的盔甲

童贞女王
伊丽莎白
一世

这是一位雄才大略的女王，
这是一位气吞山河的女王，
这就是伊丽莎白一世。

图为 13 岁的伊丽莎白读书的情形，一个未留名的画家创作。伊丽莎白一世学习非常勤奋，通晓希腊语、拉丁语、英语、法语、意大利语、西班牙语等语言

 知识链接：清教徒

清教徒是指要求清除英国国教中天主教残余的改革派。这一词于 16 世纪 60 年代开始使用，源于拉丁文的 Purus，为清洁之意。清教徒信奉加尔文主义，认为《圣经》才是唯一最高权威，任何教会或个人都不能成为传统权威的解释者和维护者。清教先驱者产生于玛丽一世统治后期，流亡于欧洲大陆的英国新教团体中。其后，部分移居美洲。

伊丽莎白一世开创了英国近代历史上的第一个黄金时代。她是英国历史上第一位女王。她一生追求者无数，却终身未嫁。

良好的人文主义教育

伊丽莎白一世是亨利八世和安妮·博林的女儿。她相貌清秀，聪明好学，接受了良好的人文主义教育，掌握了多门语言，深得老师喜欢。伊丽莎白的教师之一是英国文艺复兴时期著名的人文主义学者罗杰·阿斯卡姆。她学习古典、历史、数学、诗歌和语言等方面的内容。她可以读写六种语言：英语、法语、意大利语、西班牙语、拉丁语和希腊语。她的英明与她接受的良好教育息息相关，是名副其实的多才多艺的女王。

博林在生产的时候发现是一个女婴。亨利八

苏格兰女王玛丽离开斯特灵城堡。斯特灵城堡地处斯特灵老城中 77 米高的悬崖上，曾是苏格兰国王的王宫。这座城堡有这样一句话：谁掌握了斯特灵，谁就赢得了这个国家。玛丽离开这个城堡标志着丧失政权

伊丽莎白一世是都铎王朝最后一位君主、英格兰与爱尔兰的女王，也是名义上的法国女王。伊丽莎白一世优雅，爱好美丽，长相普通，但她拥有国王的心。在她统治期间，英国保持了经济、文化、政治等方面的发展

 知识链接：《世界历史》

《世界历史》是著名航海家沃尔特·雷利的历史著作。他总共只完成了5卷，内容涵盖从创世纪到公元前130年的历史。世界早期历史主要以希伯来人的历史为主线，其历史建立在与《圣经》相关内容上，其中还增添了一些同时代埃及和希腊历史传统的内容。接下来叙述波斯人、希腊人和罗马人的历史，都建立在古典资料基础上。书中也穿插了长篇评论，内容涵盖神学和地理学。

世自然不满意，但毕竟增添了一个新的王室成员。伊丽莎白最初得到了亨利八世的喜爱。在3岁的时候，伊丽莎白的母亲因通奸罪被斩首，她由伊丽莎白公主变成伊丽莎白小姐。随着母亲的被杀，她的身份变为私生女，她的待遇由此变得很差。这些经历培养了她敏锐观察的能力。她隐忍不抱怨，善于察言观色和注意自我保护，这让她变得更为早熟，同时她默默努力提升自我，最终成为一代英主。

女王加冕卓越功绩

亨利八世过世后，按照遗嘱确立的继承顺序，伊丽莎白的弟弟爱德华六世顺利继位，可他不幸英年早逝。接着玛丽一世上台，她恢复了天主教信仰，大肆屠杀新教徒，由此不得民心，结婚后又一直不能生育，郁郁不得志。1558年11月，玛丽一世去世，伊丽莎白继承王位。1559年1月15日，伊丽莎白一世正式加冕成为英格兰的女王。

伊丽莎白继位时国家正处在危机时分，在她的弟弟和姐姐统治之下造成了国家严重的宗教分歧，西班牙和法国对英国虎视眈眈。伊丽莎白找到了平衡点，维护了民族团结。伊丽莎白即位之初实行稳健中庸的宗教政策，保持了英格兰的统一。同时，她还鼓励民众的航海事业，著名的航海家德雷克和

雷利积极致力于航海探险活动，远至美洲。女王大力扶持工商业，鼓励发展对外贸易；还建立了济贫制度救济穷人。1588年，英国击败西班牙无敌舰队，鼓舞了英国士气和民族自信心。而且文化在这个时期达到了一个顶峰，涌现出诸如莎士比亚、斯宾塞和多恩等著名的文学家，以及莫尔、弗朗西斯·培根这样的著名哲学家和政治家。另外，英国在北美的殖民地也在此期间开始确立了。

伊丽莎白一世统治时期成为英国历史上的"黄金时代"。她于1603年3月24日在里士满王宫去世，被称为"童贞女王"，也被称为"荣光女王""英明女王"。近半个世纪后，英格兰成为了欧洲最强大的国家之一。

图为伊丽莎白一世女王进入伦敦加冕，意味着女王开始掌握权力

被处死的国王
查理一世

他是近代欧洲第一位被处死的国王，他就是查理一世。

查理一世主张君主制，后在英国内战中一再被击败，随后他被捕接受审判，最终以叛国罪被处死。君主制随即土崩瓦解，英格兰成立了共和国，名为英格兰联邦

查理一世（Charles I，1600—1649年）生得仪表堂堂，举止十分得体，性格庄重稳健，一副明君模样，却未得善终。他是詹姆斯一世的第二个儿子，为丹麦公主安妮所生。他小时候身体孱弱，接受苏格兰长老派老师教导，精通拉丁文和希腊文。

查理执政

英国女王伊丽莎白一世1603年去世后，将王位传给了玛丽的儿子詹姆斯·斯图亚特，称为詹姆斯一世。詹姆斯曾经撰写了一篇文章，推崇君权神授的理念，并在议会上宣读。他说："君王的权力是人世间最崇高的权力，国王继承的王位是上帝授予的。"

1625年，查理一世继承王位，娶了法王路易十三世的妹妹为妻。在最初几年，查理一世处于法国和西班牙双线作战的局面。他召开议会时，由于议会不信任国王和白金汉公爵而拒绝给战争拨款，白金汉为此不得不采取极端措施：典卖妻子嫁妆；向富有臣民强行借款，并监禁拒不借款的5名爵士；让士兵住进民宅白吃白喝；不经议会批准而征收关税；等等。此后查理一世也未取得议会支持，与议会的矛盾反而愈演愈烈。

英国议会不同意查理一世随心所欲地操纵财政收入，但他想通过提高税收来满足其需求。查理一世上台后重用当时具有争议的教会人物，与罗马天主教会保持密切联系，激化了英国内部矛盾，爆发了两次主教战争。后来不得不召开议会解决宗教问题，由此引发了英国第一次内战。查理一世统治期间，建立了自己的皇家军队，获得了来自英国北部地区和西部地区的支持，被称为骑士派。英国国会的军队获得了英国东南部的支持，被称为圆颅派。最终是查理一世战败。

查理一世被处死

最初查理一世与议会发生了尖锐的冲突，双方兵戎相见。在内战中王党军队战败，查理一世成为阶下囚。1649年1月6日，由奥利弗·克伦威尔主持，议会组织了一个由135名审判员组成的法庭，专门审判国王。许多审判员反对这种审判，最终只有53人出席开庭。

对英王查理一世的审判与处死是英国革命中的重大事件，他是英国历史上唯一一位被处死的国王。法官布拉德肖在法庭上向查理一世宣示："在国王和他的人民之间存在一个契约协定……这就好像一条纽带，纽带的一头是君主对国民应尽的保护义务，另一头是国民对君主应尽的义务。先生，一旦这条纽带被切断，那么只能说，别了，君主。"由此可见，契约是当时社会的共识

查理一世拒绝承认这个审判法庭的合法性。他既不脱帽，也不听控诉，更不回答问题。法庭分为两派：一派要求判处国王死刑，另一派坚决反对。在法庭上，克伦威尔极力向摇摆不定的审判员们说明处死国王的重要意义：如果仍让国王活着，事情即使不会更坏，也绝不会有改善，为了人民的幸福必须判处国王死刑。法庭在1月26日做出判决：查理·斯图亚特作为暴君、杀人犯和英吉利国家的敌人，应予"斩首"。听到判决，查理一世一声不响，只是微笑。

1月30日，查理一世被带出牢房，押往刑场。克伦威尔预想查理会拒绝服刑，准备了用来捆他的绳子。国王面带笑容看了这些东西一眼，从容赴死。他把头发拢起来以便行刑，躺到断头板上，刽子手一刀砍掉了他的脑袋，并提着给聚集在刑场上的人看。人群中有人喊道："这是一个叛国者的头。"克伦威尔意味深长地说："他原本是可以长寿的。"

十年之后，查理一世的儿子查理二世在英国复辟。他为父亲报仇，以弑君罪判处克伦威尔死刑。

这时克伦威尔早已去世，新国王就下令把他的尸体从墓中掘出，挂到绞刑架上。可以说，克伦威尔是死了两回的人。查理一世被处死后，英国进入了下一个发展阶段。

查理二世生前获得多数英国人的喜爱，以"欢乐王""快活王"闻名。早年父亲查理一世被克伦威尔处死，查理二世被迫流亡国外。1658年克伦威尔去世，1660年国会声明复辟君主制，查理二世因此得以返回英国

波兰-立陶宛联邦
苦难王国

这是一个贵族的民族，
这是一个多灾多难的民族，
这就是波兰。

波兰实行选举君主制，国王的地位向来比较薄弱。贵族阶层奴役农民，在瑟姆议会的选举中扩大了自己的特权。1506年，亚盖洛王朝的齐格蒙特一世成为国王。他在1515年结束了与哈布斯堡王朝的纠纷，与条顿骑士团对东普鲁士的争夺一直到1525年才结束。1569年，其子齐格蒙特二世通过卢布林联盟将立陶宛省和波兰统一起来。

波兰瓦萨王朝统治

亚盖洛家族的一支自14世纪开始统治波希米亚和匈牙利。1515年，国王瓦迪斯瓦夫二世的两个孩子路易和安娜，分别同德意志民族的神圣罗马帝国皇帝马克西米利安一世的孙女玛丽、孙子斐迪南联姻，因此与哈布斯堡家族结为联盟。1526年，年轻的国王路易二世战死，他的妹夫和妻舅斐迪南一世控制了波希米亚。随后奥斯曼帝国统治了匈牙利大部分地区，长达一个半世纪。

为争夺匈牙利和特兰西瓦尼亚，哈布斯堡王朝在东部耗费了大量精力。几个世纪以来，奥斯曼帝国一直支持当地贵族反对哈布斯堡王朝。这一状况始于约翰·萨普亚统治时期，他自1511年任

特兰西瓦尼亚总督，1526年起又成为东匈牙利的国王。1572年，亚盖洛王朝因绝嗣结束统治。贵族利用宗教自由和反对权，强行选举瓦卢瓦的亨利，即后来的法国国王亨利三世为国王。

1587年，齐格蒙特三世成为波兰国王，开始了天主教系的瓦萨王朝统治时期。其子瓦迪斯瓦夫四世将势力深入到俄罗斯境内，但是瓦迪斯瓦夫之弟，约翰二世·卡齐米日（1609—1672年）不得不应付乌克兰哥萨克首领赫梅利尼茨基领导的叛乱。还有信奉新教的拜特伦·加博尔，他于1613年成为特兰西瓦尼亚亲王，1620年任匈牙利国王，曾经大举侵入波希米亚和奥地利。赫梅利尼茨基在乌克兰建立了自己的国家，并于1654年自封沙皇。乌克兰被俄罗斯吞并后，国王被迫退位。

直到1697年萨伏伊的欧根亲王取胜之后，哈布斯堡王朝才将其统治扩大到整个匈牙利。

波兰王位继承战争

1674年，约翰三世·索别斯基被选为波兰国王，他协助参加了抵御土耳其进攻的维也纳保卫战。由于贵族的抵制，他建立世袭君主制的企图没有成功。萨克森选帝侯腓特烈·奥古斯特一世于1697年当选为国王，称奥古斯特二世。1701年，

齐格蒙特三世，波兰-立陶宛联邦的国王。父亲为瑞典国王约翰三世，母亲为波兰的凯瑟琳·简吉隆。1592年，当父亲约翰三世死后，齐格蒙特三世赢得了瑞典议会的支持成为瑞典国王。1599年，齐格蒙特三世被议会废黜，1632年4月19日在波兰华沙的皇室城堡中去世。图为齐格蒙特圆柱，是为了纪念齐格蒙特三世于1643—1644年而建，是华沙最著名的地标之一

华沙老城是波兰首都华沙最古老的一块城区，坐落于维斯瓦河东西两岸，1944年8月被德国纳粹部队彻底摧毁，1945—1966年城市建筑都依照14—18世纪原样重建，所有宫殿、教堂、城堡等历史古迹都进行了保护和修复。1980年，华沙老城中旧的遗迹和城市中全面新建部分以"华沙历史中心"的名称被联合国教科文组织列入世界遗产名录

他在大北方战争中被瑞典的查理十二世逐出波兰，但瑞典于1709年在波尔塔瓦战败后，奥古斯特二世复位。

1733年，奥古斯特二世死后，波兰贵族选择法王路易十五的岳父、波兰贵族斯坦尼斯拉夫一世·列琴斯基为国王。然而，俄国和奥地利担心丧失对波兰的影响，在1733—1734年强迫选举强壮者奥古斯特二世的儿子为国王。之后波兰王位继承战争以在整个欧洲范围内的领土交换而告终。斯坦尼斯拉夫一世·列琴斯基得到洛林作为补偿，洛林的弗朗西斯·斯蒂芬得到托斯卡纳，奥古斯特三世继续统治萨克森和波兰。

波兰帝国灭亡

奥古斯特三世死后，俄国女沙皇叶卡捷琳娜二世于1764年将自己的情夫斯坦尼斯瓦夫二世·波

约翰三世·索别斯基（1674—1696年在位）在位的22年间，是联邦最稳定的时期，尤其在波兰—瑞典战争结束及赫梅利尼茨基起义之后，更为重要。约翰三世·索别斯基因其优秀的军事指挥才能而知名，特别是1683年维也纳战役发生时，他曾战胜意图侵略欧洲的奥斯曼土耳其帝国，成为民族英雄，掀开了波兰中兴的一页

尼亚托夫斯基推上波兰王位。波兰的巴尔联盟发动起义，但被镇压。在取得胜利后，叶卡捷琳娜二世于1772年对波兰进行第一次瓜分，俄罗斯、奥地利和普鲁士吞并了波兰的大片领土。在1793年、1795年两次进一步的瓜分中，波兰被彻底分割。国王斯坦尼斯瓦夫二世退位，波兰帝国就此灭亡。

中立之国
瑞典

这是一个永久中立的国家，
这就是瑞典。

在传统上，丹麦和瑞典两国的贵族都试图维持自身独立，而国王则寻求增强中央集权，意图将自己的国家建设成海上强国。1513年，克里斯蒂安二世成为丹麦和挪威国王，他于1520年血洗斯德哥尔摩，建立起对瑞典的残酷统治。但仅仅3年时间，他就被瑞典贵族古斯塔夫·瓦萨赶出了瑞典。古斯塔夫·瓦萨不久当选为瑞典新国王，即古斯塔夫一世·瓦萨。他建立了现代的瑞典民族国家，1527年进行了宗教改革，推进了瑞典的现代化进程。

近代瑞典的建立

古斯塔夫一世去世后，瑞典统治者通过不断地更换同盟，先后同丹麦、波兰以及控制了波罗的海贸易的吕贝克开战。1611年，古斯塔夫·阿道尔夫成为瑞典新国王，是为古斯塔夫二世（1611—1632年在位）。他是一位极有才干的统治者。他在瑞典赢得了各个集团的好感，在波罗的海东岸扩展了瑞典的疆土。他利用荷兰和其他国家的军事专家，建立起一支纪律严格、士气高昂并配有流动大炮的当时最先进的军队。

在1617年和1629年，国王古斯塔夫二世先后从俄国和波兰手中获得了波罗的海地区的大片领土，使瑞典成为北欧的重要国家。他本人笃信宗教，命令他的队伍出征要高唱路德教赞美诗。1630年，古斯塔夫二世作为一位新教国家的君主介入三十年战争。古斯塔夫二世的继任者是他的女儿克里斯蒂娜女王，她在位期间使宫廷成为一个才智学者云集的中心。1645年，瑞典还从丹麦获得了部分领土。1648年，《威斯特伐利亚和约》的签订让瑞典得到了不莱梅大主教区、费尔登主教区和波美拉尼亚的部分地区。

丹麦国王克里斯蒂安四世将权力集中到中央政府，于1625年加入三十年战争。黎塞留除提供财政援助外，还与德国天主教各邦谈判，利用他们对帝国集权的担心，在德国天主教徒中散布信息，以孤立皇帝。此时瑞典的军队正向皇帝这方猛攻。由于萨克森人的援助，瑞典人于1631年在布莱登菲尔

瑞典的古斯塔夫·阿道尔夫，强调海军发展，同时注重炮兵作战技术。1610年随父出征，与丹麦作战。1611年继位，1612—1613年与丹麦军队作战失败，被迫割地求和。1614—1617年率军对俄国开战，取得胜利，获得芬兰湾周围土地。之后他进行军事改革，实行普遍征兵制，建立战斗力强大的常备军，精简军队编制，改善武器装备，使炮兵变成独立兵种，并使其与步兵、骑兵和后勤兵密切配合，采取灵活的线式战术

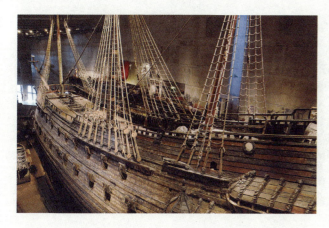

瓦萨沉船博物馆。瓦萨为一艘古战船之名，1625 年遵奉瑞典国王古斯塔夫二世的旨意建造，由单层炮舰改造为双层。1628 年 8 月 10 日，在斯德哥尔摩海湾，迎着风和日丽的气候，一艘旌旗招展、威武壮观的大型战舰，在岸上人群的欢呼声中扬帆启航。不料刚刚行驶数百米，一阵风吹来，瓦萨号战舰就摇晃几下，连人带船沉入 30 多米深的海底

德、1632 年在吕岑先后取得了一系列重要的胜利，但以阿道尔夫阵亡为代价。

1645 年，瑞典和丹麦签订了《布朗塞布诺和约》，承认了瑞典在波罗的海地区的霸权。通过与教士及中产阶级结盟，削弱了贵族势力。1654 年，克里斯蒂娜女王退位。

瑞典的扩张

1654 年，威登巴赫家族的查理十世·古斯塔夫从表姐克里斯蒂娜女王那里继承了瑞典王位，他发动对波兰和丹麦的战争，继续向外扩张，迫使丹麦放弃了包括斯纳和哈兰在内的瑞典南部的全部领土。尽管其子查理十一世败于勃兰登堡而丧失了波美拉尼亚，但他通过强占王室地产和建立君主专制，最终削弱了瑞典贵族的权力。1699 年，其子查理十二世继位，丹麦、俄国和波兰联合起来与查理十二世对抗，试图从瑞典手中夺回失地，但查理十二世转而入侵丹麦，于 1700 年率军在纳尔瓦大

 知识链接：瑞典的时尚品牌

瑞典的品牌设计给人以时尚、简洁、冷峻、高傲等印象，还具备干练、青春、自然、活泼等风格。当前国际知名的品牌和企业有：艾克尼牛仔、爱立信、沃尔沃集团、沃尔沃汽车、萨博、斯凯孚（SKF）、伊莱克斯电器、哈苏相机、宜家家居、利乐包装、HM 服装、绝对伏特加、阿斯利康制药、斯堪尼亚汽车、柯尼塞格跑车等等。

败俄国军队。

1702 年，查理十二世将萨克森和波兰的强壮者奥古斯特二世逐出利沃尼亚，接着又把他赶下了波兰王位，并于 1706 年继续侵入萨克森。1709 年，查理十二世在波尔塔瓦平原惨败于俄国沙皇彼得大帝之手后，逃往土耳其，最后于 1718 年在挪威战死。

大北方战争始于 1700 年，以 1721 年缔结《尼斯塔德条约》终结。瑞典被迫将它在波罗的海地区的领地和芬兰西南部割让给了俄国，地位退居其后。

大北方战争也被称为第二次北方战争，是俄国为了夺取波罗的海的出海口与瑞典之间爆发的战争。俄国最终称霸波罗的海，瑞典则从此走向衰落。图为俄国军队在波尔塔瓦取得决定性胜利

帝国荣光
奥斯曼土耳其

奥斯曼土耳其帝国的光荣与梦想。

土耳其人最初从属于罗姆苏丹国，后独立建国，日渐兴盛。极盛时势力横跨亚欧非三大洲，占有东南欧、巴尔干半岛的大部分领土，北及匈牙利和斯洛文尼亚。自消灭了东罗马帝国后，定都于君士坦丁堡，将其改名为伊斯坦布尔，以东罗马帝国的继承人自居。故土耳其的君主视自己为天下之主，继承了东罗马帝国的文化和荣光。

土耳其的发展

16 世纪，奥斯曼帝国皇帝苏莱曼一世（1520—1566 年在位）在位之时，帝国日趋鼎盛，其领土范围达到顶峰。在海雷丁的带领下，其海军曾压过西班牙，取得地中海地区的优势。15—19 世纪时期，土耳其成为地中海地区的重要强国，并在 16—17 世纪时期，与西班牙、法国、奥地利同为该地区最强大的国家。在第一次世界大战中土耳其败于协约国之手，国家因而分裂。之后凯末尔领导起义，击退希腊，建立了土耳其共和国。

在塞利姆一世及苏莱曼一世时期，土耳其拥有强大的海军力量，控制了地中海东部的大部分地区。

1543 年，土耳其海军占领了德意志民族的神圣罗马帝国的尼斯，这是由法国国王弗朗索瓦一世促成的。法国及土耳其因与哈布斯堡王朝在中欧及南欧的敌对而联合起来，结成了强大联盟。

这是一个军事和经济联盟，土耳其允许法国在帝国内的贸易免于征税。土耳其是欧洲重要的国家，与法国、英格兰、荷兰缔结军事同盟，以对抗西班牙、意大利和奥地利。

土耳其的扩张

16 世纪，土耳其的海军力量受到西欧崛起势力的挑战，特别是在波斯湾、印度洋、马六甲海峡及摩鹿加群岛一带受到葡萄牙的威胁，双方势力此消彼长。土耳其在这一时期总体占据上风，东南亚地区的亚齐国、马六甲苏丹国皆成为土耳其的势力范围。由于土耳其封锁了向南及向东的海路，欧洲各国只得另觅路径。在陆上，土耳其被奥地利和波斯这两条战线困扰，维持战争所需的资源、后勤补给以及通信因距离过远而变得困难，使海军无法继续抵抗。

土耳其对伊斯兰国家的征战，一直持续到塞利姆一世的继承者苏莱曼一世时期。1520 年，土耳其海盗海雷丁（绰号巴巴罗萨），宣称自己是土耳其君主，征服了阿尔及利亚；在苏莱曼一世时期，他作为海军司令带领土耳其海军多次击败基督教国家的海军，征服了西班牙的突尼斯和阿尔及利亚，进一步扩大了版图。

从 1533 年起，土耳其中央政府向阿尔及利亚派遣官员。1534 年，土耳其人第一次试图征服与

一话一说一世一界一

知识链接：伊斯坦布尔

公元前 658 年，伊斯坦布尔始建在金角湾与马尔马拉海之间的地岬上，称拜占庭，扼黑海入口，挡欧亚交通要冲。330 年，改建为东罗马帝国首都，改名为君士坦丁堡。1453 年，成为奥斯曼帝国首都，始称伊斯坦布尔。1923 年，土耳其帝国初建时为首都，伊斯坦布尔成为正式名称，但西方国家仍习惯称之为君士坦丁堡。伊斯坦布尔现在是土耳其经济和文化中心，世界著名的旅游胜地，繁华的国际大都市之一。

海雷丁是奥斯曼帝国著名的海盗。他早年是海盗，后来竟成了阿尔及尔的苏丹，史称"巴巴罗萨二世"。严格说，海雷丁不是一个标准的海盗，他更像是一个海上英雄。海雷丁并不是原名，而是苏莱曼一世赐予的，意为"信任的美德"。图为 1543 年冬季海雷丁的舰队在奥斯曼占领的土伦越冬

阿尔及利亚毗邻的突尼斯，甚至占领了突尼斯，但是次年此地又被西班牙人占有。不过土耳其人很快击败了西班牙人，完全占领了突尼斯。1551 年土耳其侵占的黎波里。

土耳其的扩张还波及了阿拉伯半岛。1547 年，土耳其占领也门，1550 年占领巴林，1557 年在阿曼马斯喀特击败葡萄牙人，并控制了阿曼。不久，土耳其人征服了红海沿岸的厄立特里亚与索马里。接着，摩苏尔成了土耳其向伊拉克推进的新起点。土耳其与波斯争夺伊拉克的百年之争，以土耳其的胜利而告终。继伊拉克之后，土耳其人又征服了波斯湾沿岸的哈萨。在 17 世纪，土耳其帝国版图达到顶峰。

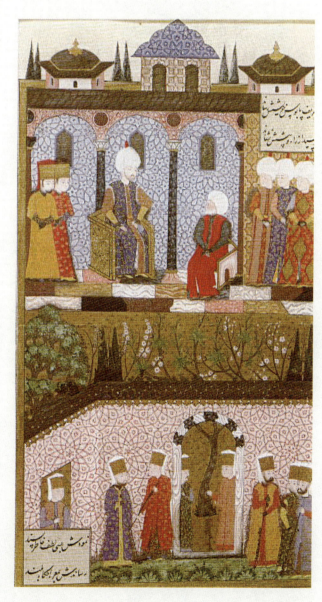

图为苏莱曼一世在伊斯坦布尔接见海雷丁

东欧强国
俄罗斯

这里是东西交汇之地，
这里也是不断奋斗之地，
这就是俄罗斯。

位于黑龙江省绥芬河市大直路上的协达亚·尼古拉东正教教堂，为典型的俄罗斯式建筑，建于 1913 年，占地 396 平方米。门厚窗高，上为拱形，室内壁上绘有油画。上层有钟楼，人们称之为"喇嘛台"。它建立已逾 100 年，仍然比较完整，是当年历史的见证

"俄罗斯"是拉丁语中对罗斯的音译，到 16 世纪在正式文献中频繁出现，便成为俄国的通用称代，之后罗斯这个名称极少被使用。

东欧包括俄罗斯、白俄罗斯、乌克兰、立陶宛等国。俄罗斯是其中最重要的国家，99% 以上人口属于欧罗巴人种，民族多属于斯拉夫人体系。

俄罗斯的地理历史

俄罗斯地处欧洲东部，地貌比较单一。气候以温带大陆性气候为主。自然资源丰富，主要集中分布在东欧平原上。俄罗斯的乌拉尔山和乌拉尔河以西是一片辽阔且起伏平缓的古老陆块，地层十分稳定坚实，全境多属久经侵蚀的准平原，被称为俄罗斯平原。平原中部为瓦尔代丘陵，是河流的分水岭。位于里海和黑海之间的高加索山，是欧亚的界山之一，山势高大，地形崎岖复杂。俄罗斯所处的地理位置非常难找到优良的出海口。可以说俄罗斯是一个大陆型国家。

俄罗斯文明来自对拜占庭文化的学习和吸收，民众大多信奉东正教。伊斯兰教和天主教也在小范围流传。在俄罗斯，宗教往往与政治问题交织在一起，使得问题复杂化。自古以来，俄罗斯是东西向交通的必经之地。

莫斯科、圣彼得堡是俄罗斯的著名城市。它们因为拥有各自的建筑风格和独特的人文景观闻名于世。俄罗斯民族创作的作品成为世界优秀文化的一部分，比如 17 世纪上半叶的《戈列-兹洛恰斯基的故事》和《弗罗尔·斯科别耶夫的故事》，下半叶有《关于谢米亚卡法庭的故事》《棘鲈的故事》等经典作品。

俄罗斯的统一

莫斯科大公伊凡三世于 1478 年消灭诺夫哥罗德共和国，1485 年进占特维尔，初步统一了俄罗斯。他把全国分为弗拉基米尔区、诺夫哥罗德区和梁赞区三个区，另专设以这三个区命名的局管理相关事

波德平原又名中欧平原，地处波兰和德国北部地区，西到莱茵河口，东至波兰东部的狭长地带，总面积约30万平方公里。波德平原大部分地区海拔50—100米，地势南高北低、东高西低，西部有些地区在海平面以下。这与第四纪冰川作用紧密相关，但由于玉木冰川只出现在易北河以东地区，因此，以易北河为界东西两部分的地貌特征相差很大

务。各区地方行政由总督（还是地方的军事长官）管理，享有特权的大贵族握有行政、司法、征收赋税的大权。在司法方面，伊凡三世于1497年颁布法典，从富裕者中选出地方官来审理农民的偷盗、抢劫案件，法典也规范了地方官的权力和诉讼费。

随着普斯科夫与梁赞公国分别于1510年和1517年被伊凡三世之子瓦西里三世兼并，莫斯科公国最终完成了俄罗斯统一大业。

伊凡四世

伊凡四世1530年出生，是莫斯科大公伊凡三世之孙，瓦西里三世之子。他自幼聪慧，博览群书，尤其是神学典籍和史书方面，并且受到宫廷政治的浸染。他感受到权力对人的重要，认识到君主必须主宰一切。

1547年，伊凡17岁，开始亲政。当时封建统治阶级内部除了领主阶级，中小封建主都想加强王权以结束领主贵族争权夺利的混乱局面。伊凡四世是俄国历史上第一个沙皇，他使用血腥手段进行统治，残忍暴戾，令人害怕。他采取一系列措施加强中央集权和沙皇权力。伊凡四世还不择手段提高自己的威望，确立了沙皇专制统治。他留下的专制统

 知识链接：伊凡四世

伊凡四世（1530—1584年）性情狂躁残忍，年仅3岁便继承了莫斯科王位，在位期间君主专制统治达到了顶峰。1547年，他成为俄罗斯沙皇。不久，他便率军向东攻打蒙古帝国，同时派兵掠夺西部城邦的土地。他栽赃波雅尔（boyars）世袭贵族谋杀他的妻子以消灭他们。伊凡四世还派他的爪牙在诺夫哥罗德地区残忍屠杀了5万名反抗者，被称为"恐怖的伊凡"。

治成为俄国扩张时代的重要实践经验。

俄罗斯没有像西欧国家一样，历经文艺复兴、宗教改革、启蒙运动等思想文化革命，但形成了自己独特的发展模式。在扩张时代，俄国步入现代世界之前也在欧洲历史上发挥了重要作用。毫无疑问，俄罗斯的扩张同时带来了东西方文化的深入交流。

大高加索山脉的主轴分水岭是南欧和西亚的分界线。它位于黑海与里海之间，呈西北–东南走向，横贯格鲁吉亚、亚美尼亚和阿塞拜疆3国。大高加索山脉属于阿尔卑斯运动形成的褶皱山系，长约1200公里，宽200公里，山势陡峻，海拔大都在3000—4000米。最高峰厄尔布鲁士山，海拔5642米，是一座死火山。海拔3500米以上终年积雪。主要矿藏有锰、铅、锌，石油和天然气更为丰富。北麓多矿泉，现在多辟为疗养胜地

王者风范 彼得一世

他一个人就是整部历史，
他就是彼得一世，又被称为彼得大帝。

彼得一世是沙皇阿列克谢一世之子、俄罗斯罗曼诺夫王朝第四代沙皇、著名的统帅，1682年即位，1689年掌握了实权并发动改革。作为罗曼诺夫王朝仅有的两位大帝之一，彼得大帝被认为是俄罗斯最杰出的沙皇。在位期间，他在俄国推行政治、经济和军事等改革，制定西方化政策，使俄罗斯变成强国

1613年，米哈伊尔·罗曼诺夫被选为沙皇，结束了俄罗斯混乱的局面。1633年前，与沙皇共同执政的还有他的另一个亲戚菲拉雷特大主教。沙皇米哈伊尔一世在1617—1618年同瑞典和波兰缔结和约，收复了诺夫哥罗德地区。米哈伊尔一世的儿子阿列克谢死于1676年，孙子费奥多尔三世继任为新沙皇，6年后去世。彼得被宣布为沙皇，并与其兄伊凡共享皇位。姐姐索菲娅公主为弱智的亲弟弟伊凡五世和尚未成年的异母兄弟彼得一世担任摄政王。

彼得大帝当政

1686年，索菲娅同波兰结盟，并加入反对奥斯曼帝国的神圣同盟。彼得成年后，索菲娅仍然试图继续掌权并除掉彼得。但是，彼得一世于1689年发动政变夺取权力，将索菲娅囚禁在新圣女修道院。彼得在伊凡死后成为俄罗斯唯一的统治者，并于1698年残酷镇压了支持索菲娅的军队所发动的射击军叛乱。

知识链接：索菲娅

索菲娅（1657—1704年），是沙皇阿列克谢一世的女儿。1682年，沙皇费奥多尔·阿列克谢耶维奇夭折，索菲娅立伊凡五世和彼得一世同为沙皇，自己摄政。同年，由于反对派发动叛乱，索菲娅被迫出逃，她名义上把摄政位子让出，但她仍握有实权。1689年彼得一世准备亲政，但索菲娅不愿意还政，还阴谋成为女沙皇。彼得一世发动政变后，索菲娅被囚禁于新圣女修道院。十年后，索菲娅趁彼得一世在国外之机复辟，但彼得一世很快平息了叛乱。索菲娅被责令到修道院出家，后病死。

彼得一世深深着迷于西欧文化，他于1697—1698年私访普鲁士、英国和荷兰，并扮成一个普

圣彼得堡的圣伊萨大教堂建于1818年，1858年建成，历时40年，动用了超过40万劳力。教堂大约高101.5米，是世界第三高圆拱形建筑物，可容纳14000人。整个教堂装饰用黄金达410公斤，其中穹顶外部的镀金就用了100公斤黄金。自1858年建成后，100多年来没有重新镀金，但大教堂依然光彩夺目

彼得大帝少时就建立了"少年军"，后来这支队伍成为俄国的禁卫部队。他还常常与附近的外国侨民来往，从中学习航海知识和造船技术，引进到本国，推动俄国海上军事力量的进步

通的军械兵和造船技师在那里学习。回国后，他完成了对陆军与海军的扩充准备，接着在俄瑞北方战争中为俄罗斯夺取了通向波罗的海的出海口。在涅瓦河的河口，他依照西欧城市的风格规划建起了自己的新首都圣彼得堡。在国内，他废除大牧首制度并建立教会会议。在经济与社会方面，他也进行了大刀阔斧的改革，建立了早期的工业机构、推动基础建设、征募外国技工、创办教育机构，以及规范贵族与行政部门的职责。

有力的改革措施

彼得大帝首先加强了俄罗斯的军事力量，继续扩张俄罗斯的领土，平息农民起义。相比同一时代其他欧洲国家的军队，俄罗斯的军队与法国和普鲁士不同。这支军队并不是职业性的常备军，它只是依赖服役贵族的支持。

在军事上，彼得大帝效仿欧洲先进军队的组建模式，鼓励运用现代科学创建新式军队。他首先仔细认真地从服役贵族着手培训。彼得要求他们进入军校之前必须先参加5年的军事学习。他从西方广泛引进优秀教师讲解语言、科学、数学、工程和医

学等方面的知识。在军事上，他建立了一支职业化的常备军，人数超过25万，主要由服役贵族担任指挥官，农民担任士兵。他还开始建立俄罗斯海军。

同时，彼得大帝还在国家其他领域推行西方先进的理念。他鼓励俄罗斯人穿着西式服装，甚至要求贵族成员剃掉胡须，鼓励贵族时常举行一些茶话会之类的西式社交活动。他将俄国当时使用的日历改为公历纪年法，而年份计算是从耶稣降生之后算起。他大力发展教育事业，创办了国有报社，对教会体制进行了改革。

尽管彼得大帝采取了各种措施，但俄罗斯政府机关仍有14层繁杂的官僚体制，这对彼得大帝来说简直是一场噩梦。不可否认的是，彼得大帝的改革使俄罗斯成为近代大国。

俄国人把剪胡子视为违背上帝的罪孽，但彼得大帝则深信胡须是落后的标志。彼得大帝对保留胡须的人征收高额税款。图为17世纪"剪须运动"中，给一个俄国人剪胡须

多灾多难的 **非洲**

这是一个多灾多难的地方，
它就是非洲。

非洲，陆地面积为 3020 万平方千米，约占全球陆地总面积的五分之一。非洲是世界第二大洲，同时也是人口第二大洲。非洲人通常指的是撒哈拉沙漠以南的尼格罗人种非洲居民，即非洲黑人。在广阔的撒哈拉以南地区，经过近代的殖民屈辱，形成了独特的黑人历史文化。

非洲概况

非洲是世界古人类和古文明的发祥地之一，早在公元前 4000 年便有最早的文字记载。非洲北部的埃及是世界文明发源地之一。北非沿海也曾是地中海古代文明圈的组成部分。

古罗马人通过三次布匿战争打败迦太基人，继续不断扩张，建立了阿非利加行省，这个地名的含义在不断扩大。最初只限于非洲大陆北部地区，到了 2 世纪，罗马帝国在非洲的疆域扩大到从直布罗陀海峡到埃及的整个东北部的广大地区，人们把居住在这里的罗马人或是本地人称为 African，意为"阿非利加人"。这个地方叫"阿非利加"，后来泛指非洲大陆。非洲的各族人民很早就创造了辉煌灿烂的尼罗河文明。

非洲在迈向现代的过程中，灾难和发展同时伴随而来。

遭受侵略

自 1415 年西班牙占领休达，欧洲列强开始对非洲进行殖民统治。16 世纪，甘蔗种植在加勒比群岛和南美洲活跃起来，欧洲人尝到了甜头。这些种植园需要大批工人，但美洲本土的人口已经大幅减少。为了寻找新的劳动力，1518 年，欧洲人首次把一批非洲奴隶带到美洲。西方对非洲的掠夺在 19 世纪末至 20 世纪初达到巅峰，约有 95% 的非洲领土被欧洲各国占领，列强极尽搜刮掠夺。

非洲交易的奴隶大部分是战争中获得的俘虏，还有少量的阿拉伯商人。葡萄牙和西班牙首先在海边的贸易

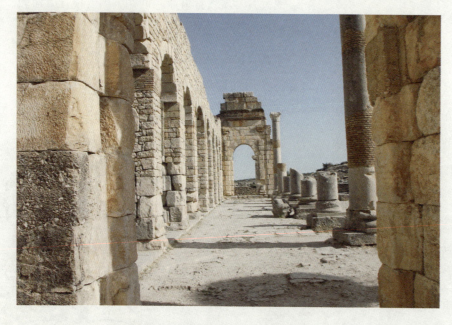

摩洛哥沃吕比利斯的罗马古城遗迹

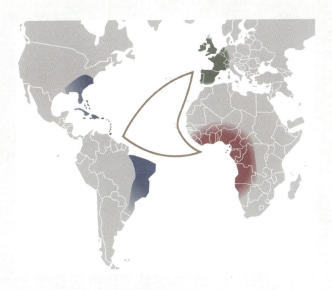

三角贸易是指欧洲奴隶贩子从本国出发装载盐、布匹、朗姆酒等物品，在非洲换成奴隶沿着所谓的"中央航路"通过大西洋，在美洲把黑奴换成糖、烟草和稻米等返航。在欧洲西部、非洲的几内亚湾附近、美洲西印度群岛之间，航线大致构成三角形状

港口小数量购买这些奴隶。随着种植园对奴隶需求的增加，欧洲人便向非洲内陆地区寻求更多的奴隶。16—19 世纪，超过 1000 万名奴隶被卖到美洲。由于船上条件恶劣，加上疾病、饥饿，很多奴隶半路就死亡了，成功到达美洲的只有一半人数。

从非洲到美洲的奴隶贸易只是交易系统的起点。比如，枪和布等制成品在非洲被卖掉，换成奴隶后，奴隶被运送到美洲。在那里他们被换成糖、烟草和棉花等原材料，这些原材料又被运送到欧洲，制成成品后，要么运回殖民地，要么在非洲开始再次交易。因为航线大致构成三角形，故又被称为三角贸易。

古老的桑海帝国势力大大减弱，16 世纪末被摩洛哥王国摧毁。

在扩张时代，非洲地区由于西方殖民侵略，数以千万计的黑人被贩卖到美洲从事苦力，许多人在途中病饿而死，让非洲失去了大量劳动力。遭受殖民侵略后，非洲长期存在种族冲突、热带疾病丛生，环境破坏严重，经济发展非常缓慢。

扩张时代欧洲国家从非洲攫取了巨额财富，为其资本主义发展提供了原始积累。

殖民后果

奴隶贸易对非洲的影响一直持续到现代，它打破了非洲原有的社会状态，在非洲人民之间制造了冲突与战争。奴隶贸易造成非洲大陆人口稀少，非洲内部斗争更为激烈。随着贸易路线转移到海岸，

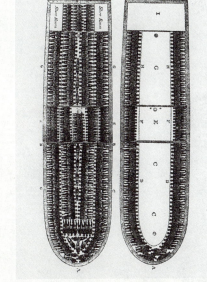

从非洲出发的奴隶运输船将奴隶运送到美洲，然后再把财富运送到欧洲

DAS REGRAS, POVO DE LISBOA E CORTES DA NAÇÁO

A DOM

A CIDADE

蛰伏：海外殖民扩张

　　1490—1520 年，欧洲人在海洋上扬帆起航，不断开拓。随着非洲、美洲的发现，欧洲对整个西半球提出了权力要求，后来又殖民了亚洲，逐渐取得了支配世界的地位。

　　伴随地理大发现的不断拓展，欧洲各国家的足迹踏及非洲、美洲和亚洲各地。欧洲各国纷纷开展殖民扩张，葡萄牙和西班牙向全球扩张，两国瓜分了整个世界，划分了势力范围，相继成为世界霸主。英国积极加入西班牙、葡萄牙和法国的队伍进行航海探险，以寻求更多土地，获取更多财富，并不断加强中央集权。荷兰也积极开拓殖民地，寻求自身发展。它们越洋航海，成为日不落帝国，并在完成资产阶级革命后进入新的社会发展阶段。

半岛双雄
西班牙、葡萄牙航海扩张

它们在欧洲双雄崛起，
它们屹立在欧洲西南角，
它们都成了日不落帝国，
这就是葡萄牙帝国和西班牙帝国。

西班牙和葡萄牙在近代走在时代的前列，在航海和殖民的道路上双双成为世界帝国，拉开了人类全球化的大幕。

葡萄牙征航

1415年，葡萄牙国王若昂一世（1385—1433年在位）亲率19000名陆军、1700名海军，乘200艘战舰，远征北非城市休达。亨利王子以此为据点，组织船队向非洲西海岸探航，这成为葡萄牙执行海外扩张政策的起点。亨利王子对航海极为热衷，他在摄政王佩德罗的鼓励下积极组织海外探险

1969年葡萄牙发行的印有达·伽马头像的邮票

活动。

15世纪80年代，葡萄牙在西非以黄金海岸为代表建立了重要商业港口；1498年，在东非基尔瓦、莫桑比克、索法拉建立了同类据点；1498年，达·伽马抵达印度；1500年，驶进巴西；1506年和1510年，先后占领印度港口城市卡里库特和果阿；1511年，挺进马六甲海峡；1512年，控制了"香料群岛"摩鹿加群岛；1513年，登陆澳门；1515年，封锁索尔木兹海峡。到16世纪上半叶，葡萄牙发展成世界范围内的帝国。

航海探险

从15世纪初起，葡萄牙人开始了长达一个多世纪的海上探险活动。1486年，葡萄牙人迪亚士航行到了非洲最南端的好望角。1497—1499年期间，葡萄牙国王命令航海家达·伽马率5艘船和两百多名水手，沿着迪亚士开辟的航线绕过好望角直抵印度。在印度港口卡里库特，达·伽马的船队引起了轰动。很多印度人跑到船上，成百上千的男男

14世纪，若昂一世在里斯本建造夏天的行宫辛特拉宫，直到16世纪才完工。辛特拉宫在14—18世纪修建多次，融合了哥特式、摩尔式及葡萄牙式多种建筑风格。它坐落在里斯本市中心，并在1755年里斯本地震中幸存

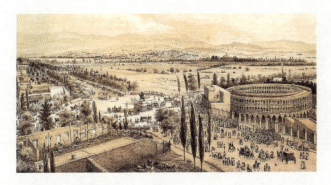

1695 年墨西哥城的主广场素描画。今天的广场在各个方向伸展出很多街区，是拉丁美洲最大的广场之一。它能容纳 10 万人。广场所在区域只有 9 平方公里，却占有 668 个街区，包含有 9000 栋建筑，其中 1550 个属于重要历史建筑，大多建造于 16—20 世纪

女女追随他们。他的船队带回国许多珍贵的宝物，卖出后利润高达 60 倍，前所未有。

葡萄牙人占领、殖民了许多东方的商业口岸。1511 年，占领马六甲；1557 年，占领中国澳门。还包括印度的重要商港果阿。在这些口岸，葡萄牙人热衷于把自己的生活方式和宗教信仰移植到当地。仅在果阿一地，葡萄牙人就建立了 80 座教堂，其中僧侣多达 3 万人。葡萄牙人在当地的殖民统治极其残暴。据说印度人在谈到葡萄牙人时说："幸而葡萄牙人像虎狼一样少，否则他们会消灭所有人。"葡萄牙人数有限，没能把印度纳入其殖民帝国，之后印度大部沦为英国的殖民地。

西班牙征服美洲

西班牙主要征服的是美洲。在 15 世纪末至 16 世纪初，西班牙征服了哥伦布所发现的加勒比海岛屿、海地、多米尼加、巴拿马和古巴在内的所谓西印度群岛。在 16 世纪 20 年代征服了墨西哥。秘鲁、厄瓜多尔、智利、哥伦比亚、委内瑞拉和阿根廷等

中国澳门特别行政区的大三巴牌坊为澳门最具特色的标志性名胜古迹，也是葡萄牙殖民扩张的见证。它是 1580 年竣工的圣保罗大教堂的前壁，糅合了欧洲文艺复兴时期建筑与东方建筑的风格，雕刻精细，蔚为壮观

 知识链接：菲利普二世与荷兰

西班牙国王菲利普二世（1527—1598 年）执政期间不断加强西班牙对荷兰的统治，意图把思想开放的荷兰人全部转变为天主教徒，在荷兰各省份政府中安插自己的亲信，掌控各地的政治和经济。但荷兰人一直希望能够减轻他们的赋税，并提升他们在西班牙皇室的发言权。荷兰人的请求一直都没有得到妥善解决，最终引发了尼德兰革命。

南美国家，在 16 世纪三四十年代相继成为西班牙帝国的组成部分。

到 1549 年，西班牙在美洲的殖民地南北总长 10000 多千米，纵贯 67 个纬度，总面积为 2500 万平方英里。其中，在墨西哥有 12000 座天主教堂，而利马的居民约有十分之一的人信仰基督教。在西欧国家的殖民活动史上，葡萄牙是在海上向东方远航探险最早的国家，建立了庞大的葡属殖民地。西班牙几乎同时也建立了帝国。两国为了争夺殖民地纷争不断，1494 年 6 月 7 日，双方签订了《托尔德西里亚斯条约》，瓜分了世界。

后来，英国、法国和荷兰在海上处处与西班牙争夺，西葡两国在上百年航海殖民中占领的地区大多被他们抢占了去。

灭绝人性行径
黑奴贸易

资本来到世间，
从头到脚，
每个毛孔都滴着血和肮脏的东西。

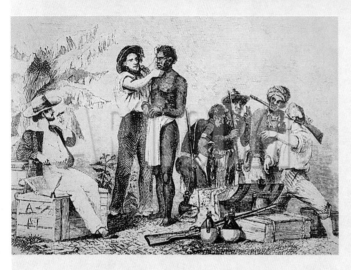

图为检查和售卖奴隶的情景，奴隶贩卖为西方资本主义发展获取了第一桶金

黑奴贸易开始于 15 世纪，广义上的黑奴贸易最早是由阿拉伯人、土耳其人和黑人奴隶贩子进行的；狭义上的黑奴贸易专指欧洲殖民者把非洲的黑人贩卖到美洲充当奴隶。大量的非洲黑人来到了美洲，改变了非洲人的命运和美洲的历史。

黑奴贸易的概况

非洲是近代西方殖民扩张的开端，最早进行殖民的国家是葡萄牙和西班牙，其中葡萄牙最早进行黑奴贸易，而英国是世界上最大的开展黑奴贸易的国家。

在人类近代史上，奴隶贸易写下了最可耻、最卑劣的一页。利欲熏心的西方殖民者把人数众多的非洲黑人当作猎奴对象，据统计，"猎奴战争"中，非洲黑人被杀害了上千万。按照每运至美洲 1 个奴隶，最少要牺牲 10 个非洲黑人的计算方法，奴隶贸易使非洲损失了 1 亿人口，这相当于 1980 年非洲人口的总和。利物浦的船只从事奴隶贩运 900 趟，所贩奴隶卖价 1500 万镑，净赚 1200 万镑。

奴隶在运送过程中往往被塞到船舱。贩奴船的舱板之间的高度不到半米，奴隶们只能席地而坐。奴隶贩子为了赚更多的钱，总是超额一倍或者更多倍地运送奴隶，把奴隶塞进船舱。定员四百人的船只足足塞上千人以上，使得他们像汤匙一样卷曲着身体，人挨人地挤在一起。黑人上船就等于进了活棺材。由于船舱拥挤、潮湿、空气污浊，经常出现传染病。患传染病的奴隶往往被投入海里，活活淹死，惨不忍睹。

黑奴贸易演变过程

1576 年，葡萄牙人在罗安达湾建立了圣米格尔堡作为基地，从此，刚果河口以南的黑奴直接从这里贩运去美洲，而不再经由圣多美岛转运。这里逐步发展成为安哥拉和刚果的奴隶贸易中心之一。到 16 世纪最后 25 年，这里是从非洲直接向西印度诸岛及美洲大陆输出奴隶的基地，南大西洋贸易体系已经确立起来。向欧洲及大西洋诸岛（马德拉、加那利和佛得角诸群岛）输出的奴隶仅占非洲输出总数的 17%。1600 年以后输往欧洲的奴隶，大部分也是转运去西印度的。同时，从 16 世纪末 17 世纪初起，美洲奴隶来源从西非

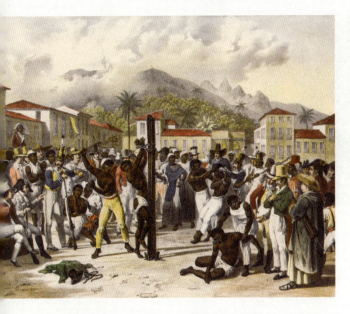

1888 年 5 月 13 日，巴西废除农奴制。自从 1538 年在这片土地上出现了第一批葡萄牙殖民者后，农奴制在延续了 350 年后终于被废除

迅速转向刚果和安哥拉地区。奴隶贸易的发展也会受到一些因素影响，其中至少有两个因素值得提及：第一，圣多美的甘蔗种植园面临巴西的竞争，到 16 世纪末 17 世纪初逐步衰落，这意味着几内亚湾本身对刚果和安哥拉奴隶的需求减少了；第二，从 17 世纪初起，葡萄牙人开始在罗安达内地诉诸军事行动，或通过直接掠夺，或通过同当地非洲人的贸易而获得了新的奴隶来源。由此可见，直至 17 世纪中叶，美洲对非洲黑奴劳动力的需求量以及因此形成的贩奴数量发生了变化。

黑奴贸易持续了 400 多年，非洲损失了 1 亿多人口。一方面它推动了欧洲资

圣米格尔古堡建于 1575 年，坐落于安哥拉市中心的一座小山上，现在是安哥拉军事博物馆

知识链接：三角贸易

欧洲的奴隶贩子从欧洲出发，乘船到达非洲，在非洲通过各种卑鄙的方式俘获黑人之后，把他们运往美洲，卖给美洲的种植园主，然后，再把美洲的黄金和工业原料运回欧洲。这就是被称为一本万利的"三角贸易"。最先进行奴隶贸易的是葡萄牙人，但英国人后来居上，成为三角贸易的主要经营者。据估计，400 年间非洲丧失的精壮人口不下 1 亿。从非洲到美洲的途中只有少数的人能活下来。

本主义的原始积累，为美洲开发提供了大量的劳动力；然而却造成非洲人口锐减、传统文明衰落、经济社会倒退。贩卖黑奴的过程中还滋生出对黑人的种族歧视，一直影响至今。另一方面黑奴们把古老的非洲文化带到了美洲，这对后来美洲文化的形成、发展产生了一定的影响。

白色灾星从东来
西葡对拉美的征服

这里黄金白银遍地，
这里也尸骨遍野，
这就是拉丁美洲。

西葡探险者闯入拉丁美洲的同时，也无意中把天花、麻疹、伤寒和流感病毒等带到了这片土地上。这些疾病侵袭了整个美洲本土的印第安人，毁灭了近半数的土著人。

科尔特斯染指拉丁美洲

1519 年，西班牙殖民者埃尔南·科尔特斯率领他的探险队登陆中美洲。为了激励队伍的斗志，他烧毁了所有船只，所以他们不可能回头。经过侦查，科尔特斯发现他在阿兹特克帝国的中部地区。科尔特斯利用邻近部落的不满，与他们结为盟友。到 1521 年，他和他的士兵征服了整个强大的阿兹特克帝国，并占领了它的首都特诺奇提特兰。到 1550 年，西班牙控制了中美洲大部分地区。几百

个西班牙士兵之所以能征服整个国家，主要取决于他们使用了步枪和马匹，而这些阿兹特克人却使用落后的武器。

哥伦布会见印第安人

哥伦布原籍意大利热那亚，少年时代就当上了水手，坚信从欧洲向西航行就可以到达东方。他的远航计划得到了西班牙国王和王后的资助。1492 年 8 月 3 日，他率 3 艘船从西班牙起锚出航，经过 36 天的航行，他们越过大西洋，到达美洲巴哈马群岛中的一个小岛。

一上岸，哥伦布便碰到了印第安人中性格和善的阿拉瓦克人。他在《航海日志》中这样描写："男人和女人都赤身裸体。他们的身材很好看，体格健美，五官英俊动人。他们的头发又密又硬，就像剪得很短的马的额鬃似的……"这些人坐在独木舟里，用木条作桨，在水中飞快地划着。他们送来了鹦鹉、棉花球和白人从来没有见过的水果。有些土著人鼻子上挂着小金片，这些金饰物最让哥伦

LA BATALLA DE OTUMBA

奥图巴战役爆发于 1520 年 7 月 7 日，由埃尔南·科尔特斯率领的西班牙军队对阵阿兹特克大军。西班牙人凭借装备优势和有利地形，成功击败了实力比自己强大的阿兹特克三边同盟军队，以少胜多，扭转了不利局势

话 说 世 界

这是一张 1992 年智利发行的邮票，以纪念哥伦布航海探险 500 周年

布感兴趣。水手们用金属小铃铛、镜子、盘子这些小玩意，甚至是一些没有价值的东西像玻璃碎片，和土著人换棉花、食品还有零碎金片。土著人不带武器，甚至不知道什么是武器。随着西班牙水手和印第安人之间的交流越来越频繁，语言造成的误解也越来越少。水手们拿出从西班牙带来的东方香料给土著人，土著人说他们这儿也有，实际上根本不是一样的东西。

皮萨罗征服印加王国

16 世纪以前，在今天秘鲁境内是一个由印第安人建立的繁盛的帝国，即印加帝国。西班牙殖民者弗朗西斯科·皮萨罗跟随科尔特斯的脚步，带领他的征服军队于 1531 年从巴拿马出发，向印加帝国进发。这个疆域辽阔的帝国一天之内就几近覆灭。1532 年，皮萨罗率领 200 多名士兵、2 门大炮和 50 匹战马抵达印加帝国。1532 年 11 月 16 日，印加帝国国王阿塔瓦尔帕在大批随从的护卫下，在一个广场上与皮萨罗会面。在阿塔瓦尔帕先与一个西班牙随军神父见面时，这个神父递给他一本《圣经》，劝说他改信天主教并服从西班牙国王。印加国王恼怒地回答："我绝不向任何人称臣！也绝不改变自己的信仰！"这时皮萨罗挥舞

一条白头巾，按照事先约定的信号进攻。一看到信号，埋伏在周围的西班牙士兵立即开枪开炮。当地人没有武器，被突然的袭击吓得呆若木鸡，任人砍杀。印加贵族试图用人墙阻挡西班牙人靠近自己的国王，一人被砍倒，另一人又挺身而出补上。

最终皮萨罗和几名士兵把印加国王从金御辇中拖出来，掳作人质。混战中印加人死了两千多，而西班牙无一人伤亡。

西班牙和葡萄牙对拉美的侵略征服拉开了近代历史序幕。

1896 年秘鲁发行的一张印有弗朗西斯科·皮萨罗肖像的邮票，皮萨罗是西班牙的野蛮冒险家、秘鲁印加帝国的征服者

独立自由的追求
尼德兰革命

独立自由的追求

17世纪，
这是荷兰的黄金时代；
17世纪，
这是荷兰独立的时代。

尼德兰是个地名，意思是低洼的地方，相当于今天的荷兰、比利时、卢森堡和法国东北部地区。西班牙的专制统治阻碍了尼德兰资本主义的发展。新教的传播激起了尼德兰民族独立的群众性斗争。1566年，弗兰德尔爆发了由手工业者、平民和农民参加的起义，声势浩大，揭开了尼德兰革命的序幕。

独立起义

宗教改革时期，包括贵族在内的很多荷兰人都拥护加尔文教义。但西班牙国王菲利普二世则坚信自己是天主教信仰的捍卫者。他大力搜捕荷兰国内的异教分子，目标直指加尔文主义者或其他有名望的荷兰人。当时，他对异教分子进行处决，没收财产。很多荷兰人认为菲利普二世的做法有失公正，便拒绝遵守他颁布的法令。1566年，荷兰民众起义，冲进天主教教堂，捣毁圣像，涂抹教堂玻璃。1567年，荷兰的起义者们占领了一些小城镇。菲利普二世开始镇压起义。

位于荷兰霍伦市的简·皮特斯佐恩·科恩青铜像。他是17世纪的印尼总督，并于1619—1623年和1627—1629年两度担任总督，致力于增强荷兰国力。他被荷兰人视为英雄，但在荷兰殖民的亚非国家却不受待见，被视为推行种族灭绝政策的典型人物

菲利普二世派阿尔瓦公爵费尔南多·阿尔瓦雷斯·德·托莱多（Fernando Alvarez de Toledo）率领一万士兵进驻荷兰镇压起义，西班牙军队在荷兰的各个城镇安营扎寨。他们逮捕了成千上万名起义者，处决了1000多人。此外，阿尔瓦公爵还签署了新法令，制定了新的征税标准。相对于菲利普二世的殖民，阿尔瓦公爵对荷兰人的统治有过之而无不及。起义反抗西班牙的荷兰新教徒们逃离所在城镇，秘密集结军队。他们在遥远的北部省份聚集起来，组成抵抗西班牙的团体。后来，一帮原本漂泊在海外的海盗也加入到这样的抵抗团体中。他们号称"海上乞丐"，一直攻击西班牙的商船和港口。他们还与荷兰政治活动家、荷兰共和国首任执政威廉联合，在他的经济支持下反抗西班牙殖民统治。

阿尔瓦公爵花费不菲，最终说服了荷兰南部的大多数省份，使其归顺于菲利普二世的统治。但是，

荷兰东印度公司简称VOC，成立于1602年，其公司的标志是以V串连O和C，象征VOC的雕塑上方的A为阿姆斯特丹的缩写

西班牙国王菲利普二世是坚定而狂热的天主教徒。他大力支持天主教宗教裁判所，使大批持异端邪说的人（无论是真有其事还是受到陷害）在火刑柱上化为灰烬。他还对1568—1570年被强制迁徙到西班牙内地的摩尔人实施残酷迫害。图为菲利普二世在瓦拉多德受洗图

荷兰北部省份则联合起来（联合省份），在1575年成立抵抗西班牙和南部省份的乌特勒支联盟，并得到英国女王伊丽莎白一世的经济和军事支持。伊丽莎白一世意图把联合省份作为西班牙控制下的荷兰南方省份和英吉利海峡之间的缓冲地带，遂予以支持。

荷兰后续发展

1581年，北方几省宣布脱离西班牙独立，成立联省共和国，即荷兰共和国，而尼德兰仍然完全被西班牙统治。独立之后，荷兰大力发展资本主义工商业，其商业、海洋运输业、金融业非常发达。

1602年，荷兰东印度公司成立，控制了从好望角到麦哲伦海峡的航海特权以及整个太平洋、印度洋和相邻海域。公司同其他国家的殖民者展开了争夺印度尼西亚的激烈竞争。1614年，荷兰从葡萄牙手中夺取了马六甲海峡，后来征服了爪哇岛的大部分领土。他们还把西班牙赶出了加勒比海，垄断了这些岛屿和非洲的贸易。东印度公司采取贸易和暴力占领的方法进行扩张，一度控制了波斯、印度、暹罗、马六甲、中国台湾的部分土地。东印度公司迅速发展，到1669年已经成

知识链接：荷兰东印度公司由来

1595—1602年，荷兰陆续成立了14家以东印度贸易为重点的公司，为了避免过度的商业竞争，14家公司合并，于1602年成立了荷兰东印度公司，总部设在荷兰首都阿姆斯特丹。它是第一个可以自主拥兵、发行货币的公司，也是第一个股份有限公司，并被获准拥有与其他国家订立正式条约、对殖民地进行统治的权力。它还是具有国家职能、向东方进行殖民掠夺和垄断东方贸易的商业公司。公司权力由十七人董事会所控制，1799年解散。

为有史以来世界上最富有的公司，拥有150条商船，40条战舰，50000名员工和10000人的私人武装，公司投资的收益率达40%。

西班牙镇压了尼德兰革命，但损失惨重，于1609年与荷兰签订了《十二年停战协定》。荷兰的北方省份由此脱离了殖民统治，但南方省份仍处于西班牙统治之下。随后英国也逐渐强大起来，觊觎荷兰的世界地位。

1602年1月，约1万名西班牙步兵对荷兰和英国联军驻守的奥斯坦德发动围攻，围攻持续了近3年，超过10万人在围攻中伤亡，史称奥斯坦德之围。在世界历史上，奥斯坦德之围是有史以来持续时间最长且最血腥的大围攻

殖民扩张
西葡挺进
东南亚

西葡对东方的争夺，
正是对世界市场的争夺。

圣保罗教堂建于马六甲河口的升旗山山顶，此山又名西山，满刺加苏丹国国王拜里米苏拉曾将明成祖赠送的金龙文笺在山上勒石树碑，后改名为圣保罗山。1521年，一位葡萄牙将军在此修建天主教堂

哥伦布航行发现美洲新大陆和达·伽马航行到达印度开辟的新航路，使西班牙、葡萄牙开始了殖民征服掠夺，成为近代最早进行海外殖民的国家。两国为了争夺市场和属地进行了长期争执，1494年，双方缔结了《托尔德西里亚斯条约》，划分了势力范围。在佛得角以西2056千米或者西经48度到49度之间，从南极到北极划出一条分界线，线东属葡萄牙势力范围，线西属西班牙势力范围。葡萄牙占领了非洲和亚洲，西班牙几乎独占了除了葡属巴西以外的整个美洲。

葡萄牙对马六甲的侵占

1509年9月，迪奥戈·德·斯奎拉奉葡萄牙国王之命，率领5艘船只从里斯本经过柯钦到达马六甲，要求与马六甲通商，获得了马六甲苏丹马哈茂德的同意。但是马六甲的泰米尔族商人担心葡萄牙人的到来将损害他们的利益，因此极力反对。他们贿赂王国的首席大臣敦·穆塔希尔，要他逮捕葡萄牙人。穆塔希尔派人登上葡萄牙人的船只，准备动手。葡萄牙人早有准备，开炮攻打蜂拥而至的马来水兵。马来人杀死或俘房了滞留在岸上的大约30名葡萄牙人。

经过多次较量，葡萄牙人占领了马六甲，基本未深入马来半岛内地。马来人的社会、经济结构基本没有变化，其政治、文化生活也变化不大。葡萄牙人在马六甲约有驻军200人和文职人员300人。葡萄牙人驻守在马六甲，向当地居民传播天主教，政府鼓励驻军同当地妇女结婚。通过不断融合，到17世纪，居住在马六甲城外的亚洲人约7400人皈依了天主教。葡萄牙人开展对东南亚香料贸易的控制，但始终未能完全控制。

葡萄牙航海成绩辉煌，西班牙也不落后。

西班牙对菲律宾的占领

1519年9月，麦哲伦奉西班牙国王之命，率领船队向西航行，在绕过美洲大陆南端的麦哲伦海

著名传教士圣方济各埋葬于马六甲河口升旗山上的圣保罗教堂，教堂前矗立着圣方济各神父的塑像

1500—1600年是葡萄牙和西班牙对外殖民侵略为主的时期，因而被称为殖民历史的"伊比利亚阶段"。葡、西两国均是中央集权的封建专制国家，商业资产阶级力量薄弱，因而两国的海外探险与殖民活动主要是由国家、王室政府出面组织和推动的。葡、西两国的殖民活动以武力征服为主要手段，掠夺金银财富，屠杀土著居民，争夺对香料产地的控制和垄断海上贸易。

峡后，进入了太平洋。1521年3月，船队在前往马鲁古群岛途中，因航向的偏差而来到亚洲的菲律宾群岛，在菲律宾的麦克坦岛，麦哲伦的船队与当地居民发生冲突，麦哲伦在冲突中被打死。但西班牙航海队伍终于到达了马鲁古群岛中的蒂多雷岛。仅存的维多利亚号满载香料于1522年9月回到西班牙。这次带回的巨大财富激发了西班牙政府更强烈的征服欲望。纵使有葡萄牙人的阻挠，也未能阻挡西班牙的脚步。西班牙巧妙利用菲律宾人对葡萄牙人的厌恶开展殖民征服。1571年，西班牙占领了马尼拉，修筑城堡、街道和教堂，让它成为西班牙统治菲律宾的中心。

西班牙和葡萄牙王室直接控制殖民远航，垄断了商业贸易和对殖民领地的统治。贵族、商人、教士在殖民征服中三位一体，以贵族为主导而互相结合。在西葡两国的殖民领地中，按照宗主国的统治模式，建立了以总督为首的政教合一的殖民专制统治。通过殖民掠夺，西班牙和葡萄牙的宫廷一时成

为欧洲巨富，称霸于世界。

但西班牙和葡萄牙从亚非拉国家掠夺的大量财富，并未转化为资本用来发展资本主义工商业，却花费在王室、贵族们的奢侈享受上。而荷兰和英国却将掠夺来的财富转化为资本进行投资，发展越来越好。

血盟纪念碑位于菲律宾塔比拉兰市中心，为游客呈现出一段西班牙与菲律宾结盟的历史。这个纪念碑由一群生动形象的人物雕像组成。雕像描述了西方人与菲律宾人围坐，共同举杯，歃血为盟，以示友好，代表菲律宾与西方国家签订的第一个友好条约，具有重大的历史意义

东西贸易融通
英国东印度公司

史上最强的"黑社会"，
是东印度公司。

1600 年 12 月 31 日，英格兰女王伊丽莎白一世授予不列颠东印度公司（英国东印度公司）皇家特许状，给予它在印度贸易 15 年特权。这个特许状实际上给予东印度公司贸易的垄断权 21 年。东印度公司共有 125 个持股人，资金为 7.2 万英镑，逐渐发展成英国进行亚洲掠夺的工具。

在东方的掠夺

东印度公司很快在苏拉特、金奈、孟买和加尔各答建立了大本营，超过了葡萄牙人在果阿和孟买建有的基地。1613 年，英国先在印度西部的苏拉特设立贸易站，后来又在印度东南部的马德拉斯建立了商馆。到 1647 年，它在印度已经有 23 个基地，并建立了工厂，有 90 个雇员。其中大的基地有位

加尔各答的地标性建筑，维多利亚纪念馆。加尔各答是由英国殖民者建成的，17 世纪末，殖民者最早来到此处，后来它成为英国东印度公司在印度的主要据点，并于 1772 年成为英属印度的首都，一直到 1911 年被德里取代。维多利亚纪念馆是为纪念英国维多利亚女皇加冕成为印度女皇于 1906 年开始兴建的，于 1921 年完工。这座庄严的纪念馆由白色大理石建造，融汇了欧洲古典主义与莫卧儿帝国建筑的特点

图为位于伦敦的东印度公司大楼，约 1800 年绘画

于孟加拉的威廉堡、金奈的圣乔治堡和孟买城堡。1634 年，莫卧儿帝国皇帝将他对英国商人的优待扩展到孟加拉地区。东印度公司的主要贸易货物是棉花、丝绸、靛青、硝酸钠和茶。同时东印度公司不断对荷兰人通过马六甲海峡对香料贸易的垄断发起挑战。1657 年，奥利弗·克伦威尔更新了 1609 年的特许状，并对公司的股份分配进行了小的调整。1670 年，查理二世发布了五条法律，授予东印度公司自主占领地盘、铸造钱币、指令要塞和军队、结盟和宣战、签订和平条约以及在所占据地区就民事和刑事诉讼进行审判的权利。17 世纪 80 年

代，公司很快就建立了一支有纪律、有经验的武装队伍，其主要人员征募来自当地居民。

1689年，东印度公司拥有了一个"国家"的特性，它自主地控制着孟加拉、金奈和孟买的统治，拥有令人可怕的和有威胁性的军事力量。在1698年，东印度公司向印度莫卧儿政府买下了位于孟加拉湾恒河口岸的加尔各答。加尔各答村庄面积虽小，但平原一望无际，其周围盛产大米、黄麻，河流纵横交错。这里成为东印度公司贸易总部，他们把印度的粮食和工业原料，源源不断地运回英国，获利甚丰。而印度却由此变成了英国的殖民地。

东印度公司的发展

英国东印度公司与荷兰东印度公司相比实力相差悬殊，规模相对较小，船只数量也少。1601—1610年，在英国东印度公司前10年的航行中，出发船只总数量只有18艘，总吨位只有6692吨。英国与荷兰在亚洲的商贸活动产生冲突，但从中仍然获得了很大好处。

东印度公司在印度进行疯狂的殖民掠夺。英国通过东印度公司在印度的一种掠夺手段是垄断鸦片、食盐和烟草贸易。其中，鸦片收入约占公司总收入的七分之一。它强迫孟加拉农民种植鸦片，再走私运到中国销售，从中牟取暴利。

东印度公司除了行政管理，还获得了协助统治和军事职能。东印度公司从政府那里获得贸易独占权，拥有军队和舰队，在殖民地建立政府机构，进行残暴的政治统治、经济掠夺，甚至贩卖奴隶、毒品。东印度公司的敌人包括商业竞争者、敌对国家和国内的敌对势力，因此它需要更多保护权力，拥有军事行动的权力对公司来说非常重要。

 知识链接：鸦片贸易

1773年，东印度公司在孟加拉取得了鸦片贸易的独占权。东印度公司的船只被禁止运送鸦片到中国，所以在孟加拉地区生产的鸦片要先在加尔各答出售，再从那里运到中国。公司仍从孟加拉通过贸易商和中介走私鸦片到中国广州等地，平均每年高达900吨。鸦片不断输入中国，尽管中国输出茶叶、丝绸和瓷器，仍未能阻止白银外流。1838年，鸦片输入中国的数量高达1400吨，中国派出钦差大臣林则徐监督禁烟，1840年中英鸦片战争爆发。

英国东印度公司在亚洲贸易中发挥了重要作用。随着时间的变迁，东印度公司从一个商业贸易企业变成印度的实际主宰者，到1858年被解除行政权力后仍旧发挥着作用。

从1838年11月，道光皇帝派遣林则徐赴广东查办海口事件，至1840年9月，道光皇帝派遣琦善赴粤主持中外交涉，在两年时间里，道光皇帝对林则徐由信任、支持到将其革职、申饬，对英国侵略者从"大张挞伐"到"立意羁縻"，其做法前后判若两人。图为鸦片战争中第二次穿鼻之战的情形，由爱德华杜坎创作

帝国的象征
荷兰东印度公司

这是世界上第一个自组佣兵、发行货币、第一个股份有限公司，这就是荷兰东印度公司。

荷兰东印度公司旗帜

荷兰东印度公司全名联合东印度公司，成立于1602年3月20日，是当时世界上实力最强大的特许公司。它组建初期，启动资本就有650万荷兰盾，英国东印度公司第一次到东方筹集的资金仅有3万英镑，仅为其所需资金的一半。

东印度公司的贸易

荷兰东印度公司在贸易规模和船只数量上位居世界前列。在17世纪前二十年，从欧洲出发的船只约为250艘，其中约1/2是荷兰船只。17世纪五六十年代从欧洲到东方的船只总量有400艘，荷兰至少占了一半。它在17世纪牢牢掌控东亚、南亚等地的贸易市场，为荷兰的强大提供了重要支撑。

在东方，荷兰占领台湾，成为对中国、日本、朝鲜半岛与东南亚商业据点的枢纽，并垄断马尼拉（西班牙殖民地）与中国的贸易。东印度公司的主要输出贸易包括砂糖、鹿皮、鹿肉、鹿角、藤、米，转运贸易主要包括荷兰的金属、药材，巴达维亚的香料、胡椒、琥珀、麻布、棉花、鸦片、锡、铅，中国的丝织品、陶器、黄金、蚕丝。以鹿皮为例，在1634年到1638年短短四年之间，由台湾输出到日本的鹿皮由过去的11万张增长到15万张。1658年，台湾砂糖的输出量已经足够供应日本与波斯的需要，后来输出到了巴达维亚，荷兰东印度公司都为此提供了便利的贸易渠道。

荷兰东印度公司在亚洲约有35个据点，从日本据点的获利最多，排名第一，第二名是台湾，但这些利益主要是荷兰的股东获得，而非回馈当地人或用于当地建设。在台湾经营贸易的国家除了荷兰，还有日本。鉴于日本人的商业竞争，荷兰台湾长官遂对日本商人课征十分之一的关税，引起了对方不满，爆发了滨田弥兵卫事件，1628年双方终止贸易。

东印度公司的发展

1619年，科恩在巴达维亚建立了公司的新总部。为了建立对丁香贸易的垄断权，他将班达群岛上的原住民杀死或赶走。科恩第二次航海成功，建立起亚洲国家贸易体系，将其贸易足迹延展到日

一话一说一世一界一

台湾红毛城最初由西班牙人建立，后来荷属东印度公司统治了台湾，重新修葺。荷兰人被当地人称为红毛，故名"红毛城"。图为台湾红毛城的荷兰"红楼"

本、朝鲜、中国。

1638 年至 1640 年间，荷兰逐渐控制了巴西东北部的地区，1648 年葡萄牙战胜荷兰，夺回了巴西。荷兰在巴西的殖民失败后，开拓了远东的贸易市场，抢夺了锡兰、好望角和东印度群岛一带的土地，还垄断了在日本长崎市的贸易。而葡萄牙在远东的贸易仅限澳门和东帝汶两地。

1640 年，公司获得了斯里兰卡的加勒，赶走了葡萄牙人，从而打破了其肉桂贸易垄断地位。1652 年，公司在好望角建立据点，为公司来往东亚的船员进行补给，这块据点后来成为荷兰的开普殖民地。1658 年，公司围攻斯里兰卡首都科伦坡。1659 年，葡萄牙人在印度的沿岸据点都被荷兰人夺去。

此外，荷兰还在波斯、孟加拉、马六甲、暹罗（今泰国）、中国台湾、印度马拉巴海岸和科罗曼德尔海岸建立据点，开展贸易活动获利。

在扩张时代，荷兰与英国的冲突不断。两国在进口商品上对胡椒和香料严重依赖，经常发生冲突，最终双方在 1619 年达成协议：荷兰占 2/3，英国占 1/3。两国在 1780 年到 1784 年间的战争，使得国内对于亚洲货品的需求量大减，导致荷兰东印度公司出现经济危机，1799 年最终解散了。

荷属东印度公司于 1665 年在孟加拉建立的贸易市场

全力出击：诸雄争霸

　　伴随着殖民扩张，欧洲各国之间互相进行争夺。葡萄牙和西班牙瓜分了世界，先后成为霸主。由于两国实行君主专制制度，殖民掠夺并没有用来进行资本原始积累、发展经济，而是用于统治者购买奢侈品来享受，荷兰、英国则顺势崛起。

　　在西班牙王位继承战争中，为了争夺西班牙王位继承权，法国一方和反法同盟之间不断较量，最后以法国战胜告终。西班牙从此衰落下去。

　　英国与荷兰、西班牙与法国先后进行殖民地的争夺。在英荷战争中，英国逐渐取代荷兰的霸权。在英西战争中，英国开始在欧洲格局中崭露头角。在七年战争中，英国与法国较量，英国获得了优势。

　　俄罗斯也在不断扩张发展。东西之间的交流碰撞更为频繁。

以少胜多之战
英西战争

这是一场以弱胜强的争斗，
这是一场魄力和命运的较量，
这就是著名的以少胜多的英西战争。

英西战争（1585—1604 年）指西班牙帝国与英格兰王国之间未经正式宣战的间歇性冲突，由多场大规模战役组成，缘起于 1585 年英格兰在莱斯特伯爵指挥下远征荷兰、拥护荷兰起义抵抗哈布斯堡王朝，最终双方签订和谈条约告终。

战争的起因

西班牙国王菲利普二世是一位狂热的罗马天主教会拥护者。天主教会拒绝承认信奉新教的伊

> **知识链接：海盗**
>
> 海盗是英国资本主义原始积累的重要途径之一，早在英王爱德华和玛丽统治时期，一部分流民就和水手相结合，在英国西南海域或者爱尔兰港口进行海上掠夺。在伊丽莎白女王的纵容下，英国的海盗活动进一步发展，西南地区的地主、海岸商人、冒险家经常劫掠来到英吉利海峡的船只，夺取船上的贵重金属和货物。

丽莎白一世为合法的英国君主，而女王则出席英国国教会宗教仪式，下令禁止弥撒或诵读其经文。女王还扶持在荷兰的新教势力。西班牙对英国的敌意日益高涨。

苏格兰女王玛丽一世信仰天主教，菲利普二世与天主教会以此认定她为正统英国女王。1567 年，玛丽因贵族叛变而遭到囚禁，并被迫将苏格兰王位让给她的幼子詹姆斯。玛丽迅速逃往英格兰，却又被伊丽莎白一世囚禁。此后，西班牙势力千方百计

苏格兰女王玛丽一世也就是玛丽·斯图亚特，是苏格兰的统治者以及法国王后，是著名的苏格兰君主之一。玛丽拥有惊人的美貌和很深的个人造诣。她能说 6 种语言，能阅读 6 种语言的书；她还天生拥有一副动人的歌喉，会弹奏多种乐器。她在苏格兰还有一间收藏大量意大利文和法文诗词的图书馆。但她最终被囚禁和处死，命运悲惨

图谋扶植玛丽登上了英格兰和苏格兰的王座。

同时，英国在美洲及大西洋的私掠行为严重影响了西班牙王室的收入。1562年，约翰·霍金斯爵士发起英国的跨大西洋奴隶贸易，获得了女王支持，西班牙政府发出控诉。1568年9月，一支由霍金斯与弗朗西斯·德雷克爵士率领的奴隶买卖远征队遭到西班牙突袭，造成数艘船舰在墨西哥韦拉克鲁斯沉没，即圣胡安战役。翌年，作为报复，英国便扣押了数艘西班牙派遣至荷兰支援军队的宝藏舰队。

1585年，战争爆发。德雷克率船队驶往西印度群岛，在圣多明哥、卡塔赫纳、佛罗里达的圣奥古斯丁进行劫掠。英国介入于荷兰独立战争，站在早先就宣布脱离西班牙统治而独立的荷兰新教联邦一方。菲利普二世决意入侵英国，但1587年4月，德雷克率军炸毁37艘在加的斯港口的西班牙舰船后使其计划受阻。同年2月8日，伊丽莎白一世处决苏格兰女王玛丽，并剥夺了菲利普二世的继承权。这一事触怒了欧洲的天主教徒，7月29日菲利普二世获得教皇支持，计划推翻伊丽莎白一世的统治。庇护五世将伊丽莎白女王逐出了教会。

菲利普二世想要控制荷兰的主要原因是以荷兰的港口作为日后攻打英国的基地。伊丽莎白一世支持反抗西班牙的荷兰北方联合行省，并为其海上事业提供支持。因此，西班牙与英国之间的关系愈来愈紧张。随后伊丽莎白一世授权航海军队攻打西班牙的舰船。1588年，西班牙国王决定派遣无敌舰队第一次远征英国。

无敌舰队第一次远征

1588年5月，西班牙"无敌舰队"拥有了130多艘战舰，3万多人，1124门火炮。这支舰队由没有海战经验的西多尼亚公爵统帅出航。7月

知识链接：无敌舰队

无敌舰队，或被称为最幸运的舰队或不可击败的舰队，是西班牙16世纪后期著名的海上舰队。无敌舰队约有150艘以上的大战舰，3000余门大炮、数以万计的士兵，最盛时舰队有千余艘舰船。这支舰队横行于地中海和大西洋，掠夺财富，帮助西班牙成为海上帝国，但也在英西海战中葬送了自己。

到达英吉利海峡，英国舰队跟紧推进，不断骚扰，逐渐耗尽了西班牙军舰的弹药。英舰经过重新补给后于7月28日夜用火船偷袭了在敦刻尔克附近驻泊的"无敌舰队"，西班牙舰队大乱。英舰队全速追击。7月29日，由130多艘军舰组成的西班牙无敌舰队驶入英吉利海峡。上午9时双方交火，英舰以纵队靠近，西班牙舰队利用侧舷炮密集射击，但"无敌舰队"混乱不堪，无法组织有效的抵抗。而英国的大炮已经准备好瞄准他们。由于无敌舰队大多数是那些装载货物用的笨重大船，

弗朗西斯·德雷克爵士是英国著名的私掠船船长、航海家，也是伊丽莎白一世时代的政治家。德雷克在1577年和1580年进行了两次环球航行，形成英国航海时代的高潮，成为英国航海事业的先驱，为英国成为近代殖民帝国奠定了基础

西班牙无敌舰队是16世纪后期著名的海上舰队。这支舰队横行于地中海和大西洋，骄傲地自称为"无敌舰队"。图为1588年夏天英格兰舰队大败西班牙无敌舰队之海战，此役被史学家称为世界历史上著名的四大海战之一

这种船只原本用于公开海域作战，而英国的小型快船便环绕着西班牙无敌舰队的船只进行攻击，战争初期就打乱了无敌舰队的作战秩序。且英国的火炮射程比西班牙更远。最终英国舰船重击了无敌舰队，弹药耗尽之后西班牙舰队逐渐失去了主动权，被彻底击溃。

在西班牙无敌舰队到达法国加莱时，相约前来支援的帕尔玛公爵并没有如期到达荷兰，舰队不得不暂时停靠在荷兰港口。英国派出一些被点燃的火船驶向敌方船只，停靠在荷兰港口的西班牙舰队完全处于毫无防备的状态。当他们看到这些火船开进时，舰上的舰长和水手们纷纷弃船而逃，没有来得及逃脱的士兵则全部被烧死。西班牙舰队不得不朝北海驶去，离开英吉利海峡，返回西班牙的船只仅剩不到一半。

在西班牙第一次远征中，英国取得了主动权。但在1589年科伦纳-里斯本海战中，西班牙舰队重创英格兰与联合省的舰队，西班牙恢复强势地位。1591年弗洛雷斯海战中，西班牙舰队在弗洛雷斯岛附近海域击沉英格兰舰队的旗舰"复仇者号"，再一次控制了北大西洋制海权，长达5年。

无敌舰队的其他远征

1596年10月下旬，乘英国海防空虚之机，菲利普二世发动第二次无敌舰队进攻，但这支舰队在比斯开湾遭到秋季飓风的袭击，损失惨重。1597年，西班牙组织第三次无敌舰队远征，途中因再次

遭遇风暴而使计划搁浅。

菲利普三世登上王位时年仅20岁，他决心继承父王未竟的事业，坚持同英格兰作战，着手编制第四次无敌舰队远征计划。1599年7月，第四次无敌舰队终于凑齐，其舰队拥有38艘盖伦帆船和大型武装航船，23艘加里船，50艘运输船和8000名士兵。身经百战的海军名将贝尔坦多纳、布罗切罗等一同参战。1599年，西班牙发动第四次无敌舰队远征。

伊丽莎白女王得到情报后立即下达紧急动员令，8月上旬英格兰大部分主力舰船已进入临战状态，因为各种原因，第四次远征的无敌舰队没有露面。原来，荷兰方面攻占加那利群岛的阿斯帕尔玛斯后，挥师北上开往亚速尔群岛，无敌舰队总司令帕德拉临时改变进攻英格兰本土的计划，转而保卫亚速尔群岛，无敌舰队做了一次无谓的紧急动员演习。

1601年，西班牙发动第五次无敌舰队远征。这是为了运送4500名西班牙士兵在爱尔兰登陆，同奥尼尔及其他爱尔兰叛军会师，准备解放爱尔兰全境。但无敌舰队再次遇上强烈的暴风雨，整支舰队分崩离析，从此再也无力发起远征。

最后的和谈

菲利普三世与新任英格兰国王詹姆斯一世于1604年8月28日签订伦敦条约，西班牙与英国结束了长达19年的战争。条约的主要内容有：西班牙放弃在英国恢复天主教；英国停止战时禁止西班牙船只跨越大西洋往来以及阻止西班牙扩张殖民地的政策；英国运河向西班牙船只开放；英国停止干涉荷兰的起义；英国撤走给荷兰起义一方的军事上和财政上的支援；两国的船只、商家或战船可以使用对方的海港作整修、避风和整备，少于8只船的船队更无需请求批准。

英国和西班牙分别停止对爱尔兰与西属荷兰的军事介入，英国停止在公海上的劫掠行为。在西班牙占绝对优势的战争面前，英国无疑是赢家。此后，英国在大西洋航海上开始逐渐占据一席之地。但必须承认，整个战争对两国财政都造成很大负担。在海上势力发展方面，西班牙无敌舰队经历五次远征后，渐渐衰落，英国则逐渐崛起。

第112—113页：鹿特丹港

16世纪鹿特丹已经有许多港口，为对外交通和贸易奠定了基础。到19世纪，鹿特丹在转口贸易方面的地位日益重要。今天的鹿特丹是欧洲第一大港和全球最重要的物流中心之一。

欧洲和平之战
意大利战争

你不了解意大利人，他们不喜欢打仗。
——墨索里尼

那不勒斯是意大利南部第一大城市、坎帕尼亚大区以及那不勒斯省的首府。那不勒斯始建于公元前600年，那不勒斯王宫建于17世纪，曾是总督和国王的寓所，现为国立图书馆。那不勒斯以丰富的历史、文化、艺术和美食而著称

意大利战争（哈布斯堡·瓦卢瓦战争），指从1494—1559年神圣罗马帝国、西班牙与法国为争夺意大利的战争，演变成争夺欧洲霸权而进行的一系列战争的总称。

争夺那不勒斯

那不勒斯国王斐迪南一世死后（1494年1月），法王夏尔八世宣布他作为安茹王朝的继承人，有权占有斐迪南一世的领地。1494年8月底，夏尔八世率兵越过阿尔卑斯山脉，向那不勒斯开进。皮埃蒙特大区的军队在阿斯蒂区域与夏尔八世的军队会合。法国舰队保障了陆军作战。意大利北部和中部各国对夏尔八世未作认真抵抗，1494年使其得以穿过罗马全境。1495年1月，夏尔八世接受罗马教皇授职为那不勒斯国王后，于2月进占那不勒斯。意大利各国首脑害怕法国势力的迅猛进攻而发动了全面反抗，于1495年3月建立了"神圣同盟"，威尼斯、米兰和罗马教皇加入同盟。神圣罗马帝国皇帝马克西米利安一世和西班牙国王费尔南多二世也加入了同盟。1496年12月，法国撤出那不勒斯王国。在1499—1500年的几次交战中路易十二获胜，相继占领米兰和伦巴第。1503年，西班牙战胜法国和那不勒斯王国。

1508年12月，罗马教皇、神圣罗马帝国、法国和西班牙建立康布雷同盟，开始对威尼斯共和国发动战争。佛罗伦萨共和国、费拉拉、曼图亚及其他意大利城邦纷纷加入了康布雷同盟。1509年4月，罗马教皇禁止威尼斯做礼拜和举行宗教仪式。1509年春，法国出兵威尼斯，占领了它在

意大利拉韦纳夜晚的人民广场。5世纪时，威尼斯人设计了人民广场，位于拉韦纳的中心地带。拉韦纳曾经是西罗马帝国的首都、哥特王国和东罗马帝国在意大利的统治中心，城市以罗马时代的艺术和文化成就享有盛名。早期基督教和拜占庭风格的镶嵌工艺品是小城的瑰宝，教堂中的马赛克拼贴十分有名，但丁在《神曲》中把它们描述为色彩的交响曲

康布雷同盟，曾在意大利战争中卷入纷争，旨在遏制威尼斯对意大利北部的影响。1508—1516年的意大利战争期间，主要参与方有法国、教皇国、威尼斯共和国。几乎每一个在西欧的重要势力，都在不同的时期加入了这个同盟。1510年同盟解体。图为1515年法国与威尼斯联军在马里尼亚诺战役中取得决定性胜利

伦巴第的领地。1509年5月，阿尼亚代洛一战，法军击败了威尼斯军队。1511年10月，为了把法军逐出意大利，威尼斯、罗马教皇、西班牙、英国和瑞士各州订立神圣同盟。1512年，法国和西班牙在拉韦纳交战，西军被击溃，神圣罗马帝国皇帝急忙从法军中召回德国雇佣兵，而瑞士雇佣兵则投向威尼斯军队。1512年年底法国放弃伦巴第。新任法王弗朗索瓦一世1515年在马里尼亚诺附近击溃米兰公爵的瑞士雇佣兵。法西两国1516年签订《努瓦永和约》，米兰归属法国，那不勒斯归属西班牙。

西班牙纳入囊中

1519年，西班牙国王查理一世当选为德意志民族的神圣罗马帝国皇帝，即查理五世，法西两国爆发了瓜分意大利的战争。查理五世得到了英国、罗马教皇、曼图亚和佛罗伦萨等的支持，意图把法军驱逐出北意大利。威尼斯是法国国王的同盟军。1521年战争爆发，第二年法军在比科卡战役中失利，德国雇佣兵首次打败了担任法军突击力量的瑞士雇佣兵。这次战役并未决定战争的胜负。弗朗索瓦一世率重兵占领了米兰，尔后逼近帕维亚。帕维亚一战，法军失败，弗朗索瓦一世被俘。后获释，他拒不承认在马德里签订的条约。1527年法国再次战败。1536年法国与意大利爆发战争，弗朗索瓦一世占领皮埃蒙特和萨伏依。1538年战争再起，法国和德意志民族的神圣罗马帝国在尼斯签订为期10年的停战协定。但法国出使土耳其苏丹的两位使者在米兰公国境内被杀，成为1542—1544年战争的导火索。法军围攻卡里尼亚诺要塞（都灵以南），大获全胜。而罗马和英国军队攻入法国境内，法国被迫于1544年9月在克雷普签订和约，重申1529年《康布雷条约》中的停战基本条款。

1551年，意大利战争再度爆发，一直到1559年，法西两国被迫签订《卡托-康布雷齐和约》，西班牙控制了意大利。欧洲各国发展形势则更为明朗了。

卡里尼亚诺宫是意大利都灵市中心的一座历史建筑，它以其独特的圆形外观著称，设有国家复兴运动博物馆

一 话 一 说 一 世 一 界 一

世界海战序幕
勒班陀海战

它是影响最为深远的海战，
它是时代的转折点，
它就是勒班陀海战。

奥斯曼帝国的军事力量发展迅猛，拥有由陆军和海军组成的庞大军队。图为一幅 1632 年绘画的奥斯曼帝国海军

1571 年，奥斯曼土耳其帝国派遣强大的海军向欧洲进发，由西班牙、罗马教廷和威尼斯组成的联合舰队与奥斯曼舰队在勒班陀海角发生了一场大战，史称勒班陀海战。

海战初期

1570 年，土耳其人侵犯塞浦路斯，局势紧张，使地中海地区的基督教力量团结在一起。罗马教皇庇护五世倡导创立一个反穆斯林神圣同盟。西班牙和意大利城邦响应教皇的号召，在墨西拿海峡汇集自己的联合舰队。

1571 年 9 月，联合舰队从墨西拿海峡出发，渡海到希腊海岸，在勒班陀附近展开斗争。土耳其人已经调动舰队准备战斗。10 月 7 日早上，联合舰队的监视哨观察到阿里·巴夏的分舰队正在进入帕特拉斯湾。西班牙将军唐·胡安对古老的海战形式进行了改革，专门安排 4 艘准时到达的桨帆战舰行进在分舰队的前面，以便用舷炮猛击敌人。

双方的战阵靠近后，火炮开始射击。但每艘舰上的前炮仅发射两三发炮弹后，战斗就变成了短兵相接的混战。特别是在中路，双方使用撞角互相撞击，用钩爪钩住敌船，强行登上对方舰船，在甲板上进行厮杀。激战很快波及双方的旗舰和后援舰队。土耳其人两次登上唐·胡安的座舰，但均被从邻舰赶来的基督教士兵击退。神圣同盟联军的后备队西班牙指挥官桑塔·克鲁斯带领 200 多名援军及时赶到，他们在敌人侧翼来回游弋，用火绳枪扫射敌甲板。联军中的意大利水兵和西班牙水兵顺势攻占了阿里·巴夏的座舰，杀死了阿里·巴夏。

战线南北两端

在战线的北端，土耳其右翼分舰队的舰只在斯奇洛可的指挥下，试图冲击联合舰队左边的封锁，利用他们良好的浅水航行技艺逃向海岸。但

1571 年在勒班陀海战中使用的联合舰队的旗帜

勒班陀海战从 1571 年 10 月 7 日开始，是欧洲基督教国家联合海军与奥斯曼帝国海军在希腊勒班陀近海展开的一场海战。由西班牙王国、威尼斯共和国、教皇国、萨伏依公国、热那亚共和国及马耳他骑士团组成的神圣同盟舰队在战斗中击溃了奥斯曼海军，令奥斯曼帝国从此失去了在地中海的海上霸权

是，联合舰队的分舰队指挥巴尔巴里格及时推断出那里的水道既然土耳其人可以通过，自己的舰队也可以通过。于是他们靠近海岸，并且命令左翼军队牢固地截住了敌军上岸的通道。与此同时，巴尔巴里格的右翼军舰利用敌军向岸边蜂拥逃窜的有利形势，用"口袋阵"包围了奥斯曼海军指挥官斯奇洛可的左翼，土耳其人只得驶离岸边。巴尔巴里格的舰队对敌军穷追猛打，一个小时后全歼敌军。

在战线南端，土耳其舰队企图包围联军，几乎取得成功。土耳其分舰队司令乌鲁其·阿里对多里亚指挥的联军右翼实施佯攻，多里亚为避免受到包围，于是便向南移动，结果在他的分舰队与联军中央舰队之间形成了一个较宽的缺口。乌鲁其·阿里瞅准机会，立即率舰转向西北前进，冲向缺口，包围了唐·胡安中央舰队的右翼。联军舰船在乌鲁其·阿里的突击下损失惨重，土耳其人乘机对该地区的基督教舰船进行了大屠杀。唐·胡安的舰队已接近全胜，便立即派出增援舰向缺口处进行堵击。多里亚纠正错误迅速重新返回战斗。桑塔·克鲁斯也带领他的后备分舰队先

于多里亚插入缺口与乌鲁其·阿里决战。阿里只能率舰逃走，联合舰队取得胜利。

勒班陀海战开启了风帆战船和舰炮的时代。这场战斗促使欧洲的帆船舰队技术获得了改进，提高了海上作战水平，逐渐形成了以火炮为主力武器的战术，这为海上作战带来了深远的影响。由此，奥斯曼帝国不敢再发动征战。

梵蒂冈地图画廊的一幅壁画描绘了勒班陀海战，神圣同盟军队摧毁了奥斯曼军队。这幅特殊的绘画在罗马梵蒂冈博物馆的地图大厅的一端占据了一个突出位置

一话一说一世一界一

咽喉之战
两次维也纳之围

硝烟中的音乐之都，
这是维也纳。

图为 1530 年的维也纳地图，位于地图中心的是斯蒂芬大教堂

维也纳不仅作为音乐之都为世人所知，它在欧洲历史上也具有举足轻重的地位。在近代的重要表现是两次维也纳之围。这两次战争彰显了奥斯曼帝国的扩张野心，成为中欧历史上的重要战役。

1529 年维也纳之围

维也纳地处欧洲中部，连通东西南北，具有重要的地理位置，在近代激起了各国的争夺。奥斯曼帝国在 16 世纪中期继续扩张，想要控制整个欧洲。1529 年的维也纳之围是奥斯曼帝国第一次侵略中欧。苏丹苏莱曼一世所率领的奥斯曼帝国的穆斯林军队，第一次尝试夺取维也纳，奥斯曼土耳其军队大约 10 万人，由大维齐尔巴加利·易卜拉欣·巴沙带队。奥地利一方有 1.7 万人，由威廉·冯·洛加多夫和力卡拿斯·加拉夫·萨利姆两位指挥官指挥，由于土军没能在前几天强攻占领维也纳，战事拖了下来，冬天的第一场雪下来以后，土耳其人顾

虑已经拉得太长的后勤线，决定撤退。这次维也纳之围是奥斯曼帝国的第一次尝试。这一战使得维也纳首次成为硝烟之地。

之后 150 年里，奥地利和奥斯曼帝国一直在争夺中欧，至 1683 年维也纳之战为止。

1683 年维也纳之围

奥斯曼帝国军队于 1683 年 7 月 14 日开始围困维也纳。波兰国王索别斯基率领的波兰-奥地利-德意志军队获得了胜利，打败了大维齐尔卡拉·穆

斯蒂芬大教堂是维也纳环城景观带上的著名建筑，它坐落在维也纳市中心，故又有"维也纳心脏"之称。斯蒂芬大教堂建于 12 世纪末，高高的塔尖高达 137 米，仅次于德国科隆大教堂。整个教堂的建筑风格呈奇特的混合式，朝西的正门是罗马风格，尖塔是哥特式，而圣坛是巴洛克风格

索别斯基在维也纳战役中为攻击土耳其军队的波兰军队祈祷

斯塔法·帕夏率领的奥斯曼帝国军队，战况非常惨烈。

在这个战争过程中，困守维也纳的军队势单力薄，以施塔海姆贝格伯爵为首的不到13000人的守城部队，加上城中5000余市民、学生组成的民兵，他们装备简陋，准备也不足。而奥斯曼帝国军队多达13万人，粮草充足，准备充分。

1683年9月初，饥饿开始威胁城里的军民。最后，城内的饮用水也难以供给。与此同时，土耳其军队的进攻日益凶猛。此次进军，土耳其军队没有携带攻城重炮，野战用的轻便火炮对城墙的作用不大，所以土耳其军队的主要策略是挖掘地道，通过地雷爆破城墙。地道即将完成前夜被维也纳城内的面包师无意中发现，守军立刻采取破坏行动，将土耳其军队的地道摧毁。由此，索别斯基不得不打起了解围战。

土耳其军队统帅大维齐尔卡拉·穆斯塔法·帕夏为避免被联军包围聚歼，被迫下令全军后退。索别斯基再次抓住战机，命令联军全线出击，趁势穷追猛打，土耳其军队招架不住，很快溃不成军。在维也纳解围战中，联军给土耳其军队带来了毁灭性打击，土耳其首相的红色帐篷被炸毁，但本人逃走了。土军被击毙2万余人，2000余人被俘，联军缴获大炮300余门，大获全胜。9月13日，索别斯基在土耳其统帅遗弃的营帐中，写信向其王妃说道："所有的大炮，所有的营帐，数不清的财富都

知识链接：维也纳

维也纳位于多瑙河畔，是奥地利共和国的首都，同时也是奥地利共和国9个联邦州之一，是奥地利最大的城市和政治中心。它享有"世界音乐之都"的美誉，这里天才涌现，名家辈出，如贝多芬、莫扎特、施特劳斯等音乐大师。维也纳森林、阿尔贝蒂娜博物馆、斯蒂芬大教堂、霍夫堡皇宫、美泉宫、维也纳艺术史博物馆、维也纳国家歌剧院等是著名景点。

落到我的手里，土耳其人遗尸遍野，狼狈溃逃。丢弃的骆驼、驴子、绵羊和其他牲口正等待我们的士兵去收拾……"波兰在战役中获益甚丰。

穆斯塔法·帕夏战败，被苏丹在贝尔格莱德处决了。维也纳之战成为中欧的多个王国与奥斯曼帝国持续300年的争斗的转折点。战役之后，奥地利的哈布斯堡王朝逐渐从奥斯曼帝国手中夺回匈牙利南部和特兰西瓦尼亚，消灭了大量土耳其军队。维也纳战役中，各国力量对比发生了变化，奥斯曼帝国从此开始衰落。

索别斯基与神圣罗马帝国的联军大败土耳其军队，取得维也纳解围战的胜利，这场战役成功阻止了奥斯曼帝国攻入欧洲的行动，并维持了哈布斯堡王朝在中欧的霸权

一话一说一世一界一

为港口而争斗
利沃尼亚战争

利沃尼亚战争为港口而争斗。

利沃尼亚位于芬兰湾南岸，相当于现在的爱沙尼亚、拉脱维亚，是波罗的海东岸地区的交通枢纽，战略地位重要。1237年，德意志封建主在此建立持剑骑士团，又称利沃尼亚骑士团。利沃尼亚从13世纪起处于日耳曼骑士团的统治之下，为骑士团领地。16世纪，利沃尼亚出现了几个主教区和若干独立城市。

利沃尼亚战争是指1558—1583年，俄国沙皇伊凡雷帝与利沃尼亚骑士团、波兰、立陶宛和瑞典、丹麦进行的战争，旨在夺取波罗的海出海口和波罗的海东岸的土地。

1571年，俄国入侵立陶宛期间，由于粮食匮乏，立陶宛出现了人吃人的现象

利沃尼亚战争缘起

早在1503年，莫斯科大公伊凡三世就与利沃尼亚骑士团签订了为期50年的和约。伊凡四世以延长条约期限为由，向利沃尼亚骑士团提出了得寸进尺的要求：俄国和波兰在立陶宛发生战争时，骑士团必须保持中立，并同意让俄军借道通过，骑士团还必须在3年之内付清过去50年应向俄国缴纳的赔款。骑士团的回

图片反映了俄国在利沃尼亚的暴政。1561年在纽伦堡印刷

应却是与立陶宛缔结了军事同盟。

1558年1月，俄国沙皇伊凡四世借口利沃尼亚骑士团与立陶宛结盟反对俄国，出兵4万攻入利沃尼亚，占领纳尔瓦、杰尔普特（今塔尔图）等要塞，主动挑衅。利沃尼亚封建主无力抵御，借机与波兰国王兼立陶宛大公齐格蒙特二世缔结条约，寻求庇护。1560年，俄军再次攻入利沃尼亚，占领大片领土，邻国随之介入其中：瑞典出兵占领爱斯特兰（今爱沙尼亚北部），波兰、立陶宛则乘机控制了利沃尼亚的其余地区。由于抢夺出海口的目的尚未达到，伊凡四世复于1563年初用兵，亲率8万人从南方攻入立陶宛，采用火炮轰击，夺占了军

1579 年，波洛茨克之战，波兰-立陶宛王国夺回被俄国占领的波洛茨克

事重镇波洛茨克。后来，因俄军发生内讧，俄军前线指挥官库尔布斯基倒戈，投向立陶宛，战场形势剧变，于俄国不利，后来签订了临时休战协定。

利沃尼亚战争过程

1564 年，俄军在乌拉河畔和奥尔沙两次战役中相继战败，总指挥库尔布斯基叛归立陶宛。1569 年，波兰和立陶宛合并，组成统一的波兰-立陶宛王国。1571 年，俄波两国签订停战协定。1572 年，齐格蒙特二世病故，波兰暂时退出战争，俄瑞双方交战，到 1577 年底，俄军占领了除列维里和里加以外的利沃尼亚地区。

1576 年，波兰-立陶宛国王斯特凡·巴托里与瑞典、土耳其、克里木汗国结成反对俄国的同盟，对抗俄国的战争有了新变化。1576 年，斯特凡四世·巴托里当选波兰国王，率军攻入俄国腹地。1579 年，巴托里率军集中反击占据利沃尼亚的俄军，不仅夺回军事重镇波洛茨克，而且进入俄国境内，先后占领涅韦尔、大卢基等地，并于 1581 年包围普斯科夫。由此俄国境内形成了一条"波兰走廊"。同时，瑞典也在北方对俄国发动进攻，占领纳尔瓦、科列

拉，并向卡累利阿进军。到 1581 年末，芬兰湾南岸的出海口几乎全在瑞典军队控制之下。

从此，俄国入侵利沃尼亚的战争愈演愈烈，后来发展成为俄国对瑞典、波兰和立陶宛的战争。

战争以俄国失败告终，被迫求和，它夺取出海口的目的未能达到，其扩张势头暂时受挫。1582 年，俄波两国在查波尔·雅姆签订停战协定，利沃尼亚大部分地区和波洛茨克划归波兰。1583 年，俄瑞两国在普柳萨河畔签订停战协定，纳尔瓦和芬兰湾全部海岸归瑞典。历时 25 年的利沃尼亚战争以残酷扩张的俄国的彻底失败而告终。

爱沙尼亚至今还留存利沃尼亚战争的遗迹，图为爱沙尼亚佩德城堡废墟和塔楼

西班牙衰落
英西战争
（克伦威尔）

西班牙承认了英国在加勒比海占领岛屿的主权。

继伊丽莎白一世时期英西战争之后，克伦威尔时期英西双方又爆发了长达5年（1655—1660年）的争夺战争。这次英西战争进一步确立了英国的海上霸主地位。

战争原因

克伦威尔在镇压了平等派之后，又在第一次英荷战争中战胜了荷兰，其声望达到高峰，权势和地位空前增长。随后，克伦威尔领导下的英国将剑锋指向西班牙。

最初，克伦威尔派罗伯特·布莱克指挥一支舰队去地中海执行远航任务，以误导西班牙的判断，顺便打击了北非的巴巴里海盗，加强并巩固英国在这一地区的影响。后在1654年，布莱克强迫葡萄牙签订条约，从葡萄牙手里获取了与荷兰一样的海上贸易特权，为英国向东印度群岛、巴西和非洲西海岸等地航海的活动提供了机会。此时，克伦威尔制定了向西印度群岛进军的计划，根本目的是要打破西班牙对加勒比海商业的垄断。克伦威尔任命海军上将佩恩为远征司令，任命维纳布尔将军为远征司令兼美洲英属殖民地行政首脑。

战争经过

1655年1月，英国舰队主力到达巴巴多斯岛，夺取海地失败，转而夺取了牙买加。西班牙国王腓力四世听到英国进攻海地和牙买加的消息，就没收了英国人在西班牙属地上的所有财产。1655年10月13日，西班牙大使及外交人员索还了他们的护照，10月25日双方正式宣战，11月13日英法两国签订和平贸易条约，战争随即全面展开。

英、法和西班牙的战争在陆上和海上同时进行。英国利用海军优势封锁西班牙海岸，阻止西班

哈布斯堡王朝的西班牙国王费利佩二世（1556—1598年在位）执政时期是西班牙历史上最强盛的时代。在费利佩二世的统治下，西班牙的国力达到巅峰，哈布斯堡王朝称霸欧洲。费利佩二世雄心勃勃，试图维持一个天主教大帝国，但最终没能成功

英国以灵活机动的火攻战术在海战中战胜了西班牙的无敌舰队

牙同西印度群岛的一切商业来往。1656 年、1657 年两次摧毁了西印度群岛的西班牙珍宝船队。1656 年，罗伯特·布莱克司令率领英国舰队第一次截住了西班牙珍宝船队，捕获 2 艘价值 20 万英镑的宝藏船。1657 年 4 月，布莱克获悉西班牙珍宝船队驶向圣克鲁斯-德特内里费港口，立刻全力出击，摧毁了西班牙珍宝船队。布莱克在返程中因伤病缠身在普利茅斯港去世。但是圣克鲁斯-德特内里费海战对西班牙造成巨大损失，为英国赢得了欧洲海上强国的声誉。

尽管英国战果辉煌，但英国的海上航道却遭到毁灭性打击。在整个战争期间，为西班牙和荷兰服务的私掠船频繁袭击英国航运，其中包括敦刻尔克私掠船，这使英国损失了1500—2000 艘商船，让原本困难的英国本土财政雪上加霜。1657 年 3 月，英法通过《巴黎条约》正式建立联盟。

1658 年的沙丘战役和敦刻尔克战役英国与西班牙进行了决战，最终西班牙战败。敦刻尔克由英军占领和管辖，有效制止了敦刻尔克私掠船对英国航运的破坏。

战争结局

斯图亚特王朝复辟后，这场英西战争终于在 1660 年 9 月正式结束。1662 年查理二世不顾本国利益，将敦刻尔克以 20 万英镑的价格卖回给法国。后来法国与英国交恶，敦刻尔克又变成了法国的私掠船基地，再次成为英国海上贸易的绊脚石。1670 年，英国又通过《马德里条约》使西班牙承认英国在加勒比海占领岛屿的主权。

战争使两国经济都遭受了严重损失。但第一次英荷战争和 1655 年的英西战争，表明英国海军已成为欧洲主要海军强国之一。英西战争期间，荷兰趁机恢复了不少原本已被排除在外的贸易领域，成为英西战争的最大赢家。而西班牙帝国进一步衰落，英国则不断发展崛起。

1588 年 9 月，无敌舰队遭遇风暴，近年考古学家在爱尔兰和西班牙西北的拉科鲁尼亚以及安特卫普海岸发现残骸

海上霸权的争夺
英荷战争

英国和荷兰,
谁主沉浮?
鹿死谁手?

一幅反映英荷战争的旧地图

第一次英荷战争

英国和荷兰为争夺海上霸权爆发了多次战争。1651 年,英国颁布《航海条例》,英国与荷兰的海上贸易发生冲突。1652—1654 年爆发了第一次英荷战争,在多个回合的较量中,双方互有胜负,荷军在最后关头溃败了。1652 年 5 月,两国舰队在多佛海峡发生冲突,7 月 8 日双方正式宣战。英国海军封锁了多佛海峡和北海,拦截了荷兰船只,荷兰则组织舰队护航。双方的海战逐渐由封锁与反封锁的贸易战发展为主力舰队间争夺制海权的决战。1653 年 8 月,荷兰集中海军力量与英军决战,最终荷兰被打败,经济贸易陷入瘫痪,英国则控制了制海权。1654 年 4 月,两国签订和约,荷兰承认英国的海上霸主地位。

第二次英荷战争

英国意图占领荷兰殖民地新阿姆斯特丹,引发了第二次英荷战争(1665—1667 年)。第二次英荷战争发生在英国斯图亚特王朝复辟时期。荷兰独立后,经济得到迅速发展,利用西班牙衰落、英国忙于内战之机垄断了世界贸易。英国内战结束后,恢复了扩张路线,大力发展海军。

1664 年,英国与荷兰争夺海外殖民地,英军攻占了北美的新阿姆斯特丹。同年 8 月荷兰攻占了被英军占领的西非据点进行报复反击。1665 年 5 月,经过修整恢复的荷兰舰队击败了英国舰队。1665 年 6 月 22 日两国再次宣战,英国舰队随后在洛斯托夫特海战中重创荷兰舰队,法国、丹麦与荷兰遂结成反英同盟。8 月,荷兰舰队进入泰晤士河攻打伦敦,遭到英国岸炮和海军的联合打击,受到重创,英国重获制海权。同年 9 月 10 日,伦敦发生大火,城市大部分遭焚毁。英国无力恋战,与荷兰和谈。荷兰舰队乘机进入泰晤士河偷袭了伦敦,歼灭了驻泊泰晤士河的英国舰队,破坏了船厂,封锁了泰晤士河口。

1667 年 7 月,英国被迫与荷兰签订《布雷达和约》,在贸易权上做出让步,双方重新划定海外殖民地范围,荷兰略占上风。

第三次英荷战争

法国于 1672 年入侵荷兰,成为荷兰的"灾难年"。1672 年 5 月,英法联合对荷兰宣战,分别从

纽约下曼哈顿区天际线，被誉为世界十佳都市天际线之一，据说日落时最美。曼哈顿天际线是新旧时期风格的组合，这种对比非常吸引人的眼球，激发人们对过去、现在、将来的想象

陆地和海上发动进攻，荷兰无法抵挡法军进攻，被迫掘开海堤淹没国土，并且与西班牙结盟对抗英法联盟。

1673年3月，荷兰海军击退英国舰队，英国被迫停战。8月，法国退出战争。在这次海战后，英荷都无力继续进行战争，战争结束。后来英王在国会的压力下，与荷兰协商签订和约：英国得到荷兰部分的殖民地与贸易特权，但必须补偿荷兰20万英镑。1674年，第三次英荷战争（1672—1674年）最终结束。

原本位居世界第一的荷兰，在三次战争中耗尽了自己的实力。英国则在斗争中渐渐发展起来，积累了优势。英国由此夺取了海上霸主地位，建立了"海权—贸易—殖民地"的帝国主义国家模

知识链接：勤劳的荷兰人

1549年，查理五世国王统一17个中等面积的封地，签署了《国事诏书》，联合17个小省统一为荷兰，由哈布斯堡家族控制。此后，他的儿子菲利普继承了王位。荷兰人崇尚和平与繁荣，擅于经商和贸易。他们辛勤工作，与邻为善，和周边的许多国家结成了友好商贸关系。荷兰人进口原材料，将原材料加工为渔业制品，出口到国外，其中包括鲱鱼。他们还造船，利用船舶将商品运往海外。

式，改变了欧洲格局。

侧舷炮战的海战样式得到巩固和发展，形成了战列舰和巡洋舰的舰种划分，成为海战的重要发展阶段。经过三次英荷战争，英国逐渐代替荷兰成为日不落帝国。

第三次英荷战争爆发后不久，英法联合舰队集结于萨福克以东的索尔湾，但荷兰舰队仍然成功抢占了上风。此战过后，英法联合舰队封锁荷兰海军的计划彻底破产。图为索尔湾海战中燃烧的英法联合舰队

诸侯争雄
西班牙王位继承战

王朝向上勃兴，
还是向下沉沦？

在西班牙国王斐迪南和伊莎贝拉一世统治之后，西班牙哈布斯堡王朝由于近亲结婚导致后代不佳，最终绝嗣，王位空缺。法国的波旁王朝和奥地利哈布斯堡王朝为了争夺王位而爆发了西班牙王位继承战争。这其实是一场欧洲多国参与的激烈争夺领土和殖民地的斗争，矛头直指法国。

法国状况

到18世纪初，欧洲各国疯狂地争夺殖民地。其中法国战胜了传统的海外商贸殖民大国西班牙和荷兰，凭借自身军事优势称霸欧洲。法国在亚洲占据了印度的本地治里等地，在非洲纳入马达加斯加，在美洲，除了巩固了加拿大地区的殖民地外，又在北美密西西比河流域建立了广大的路易斯安那殖民地。

法国波旁王朝国王路易十四自称"太阳王"，

路易十四 (Louis XIV, 1638—1715年)，自称太阳王，1680年接受巴黎市政会献上的"大帝"尊号。他是波旁王朝的法国国王和纳瓦拉国王，在位长达72年3个月18天，是在位时间最长的君主之一，他在位期间，法国成为最强大的国家之一

霍夫堡皇宫是奥地利哈布斯堡王朝的宫苑，坐落在首都维也纳市中心。1275—1913年经过多次修建、重建，最终才形成了现在由18个翼，19个庭院和2500个房间构成的皇宫。皇宫依地势而建，分上宅、下宅两部分，上下两宅各拥有一个花园。上宅是国王办公、迎宾和举行盛大活动的地方，下宅作为起居宿用

统治期间取得了骄人成绩。在国内，他大兴土木，修建金碧辉煌的凡尔赛宫，营造庞大的园林，极尽奢华富贵以彰显他的无上权威。全民信仰天主教，不容许有其他信仰。他制定了《枫丹白露条约》，驱逐国内的胡格诺教徒，宣扬在法国只能有"一个国王，一部法律，一个上帝"的梦想。

对外，太阳王雄心勃勃，力图扩张，夺取尼德兰地区，以便取得易于攻守的天然疆界。他让法国波旁王室的一个王公夺取西班牙的王位，以扩大法国的力量并控制了西班牙海外殖民地。三十年战争后，西班牙渐渐衰落，新兴的英国、法国、荷兰等

1713年4月至1714年9月，法国、西班牙同反法同盟国家为结束西班牙王位继承战争分别签订了一系列条约。因首批条约在荷兰的乌得勒支签订而得名《乌得勒支条约》。这些条约大大增加了英国的殖民地范围，结束了法国称霸欧洲的地位

国对西班牙虎视眈眈。

王位争夺

1700年11月1日，西班牙哈布斯堡王朝国王卡洛斯二世去世，没有子嗣承继王位。按照亲属关系，既可由奥地利哈布斯堡王朝的人继承，也可由法国波旁王朝的人继承。因为卡洛斯二世属于哈布斯堡王朝，和奥地利是宗亲，他还是波旁王朝路易十四的表弟兼小舅子。王位争夺由此开始。

由于法国外交的积极活动，卡洛斯二世的遗嘱要把王位传给路易十四的一个孙子安茹公爵腓力，路易十四非常高兴。这引起了奥地利哈布斯堡王室的不满，他们认为西班牙的王位应该由同是哈布斯堡王室的奥地利大公查理，即后来的神圣罗马帝国皇帝、奥地利大公、波希米亚国王和匈牙利国王查理六世继承，而法国王后玛利亚·特里萨（卡洛斯二世的姐姐）曾宣布放弃西班牙王位。因此他们积极寻找同盟，以期对法宣战，并夺回西班牙的王位。

西班牙除其本土外，还有意大利南部、西属尼德兰，以及遍布美洲、亚洲、非洲的辽阔殖民地。这就是说，法国得到西班牙王位继承权，意味着可以得到更多殖民利益。因此，英国、荷兰、德意志地区的奥地利以及普鲁士结成同盟，决定对法国作战。

这场战争使得敌对双方各自与友好国家结成了同盟，形成了两派：法国与西班牙、巴伐利亚、科隆及数个德意志邦国、萨伏依结成同盟；而德意志地

区最大的邦国奥地利则与普鲁士结盟，英国、荷兰、葡萄牙以及数个德意志小邦国及大部分意大利城邦组成了反法同盟。1702年5月，反法同盟正式对法国宣战。

法国最后取得了胜利，却耗尽了国力，逐渐走向衰落。荷兰和英国开始陆续登场，最终英国成为赢家。

征服巴塞罗那是西班牙王位继承战争中的一次围攻巴塞罗那的战役。1700年，英、法、荷、奥等国围绕西班牙王位继承问题展开了激烈的斗争，实质上是诸列强借王位继承问题进行了一场空前规模的殖民地大掠夺，主要指向法国

七年恩怨
英法战争

英国的政策从来就在于在欧洲寻找肯用
自己的身躯维护英国利益的傻瓜。
——俾斯麦

七年战争是指英国、法国在 1756—1763 年之间的军事冲突。这场战争由欧洲列强之间的矛盾所驱动。英国、法国和西班牙在贸易与殖民地上相互竞争。同时，普鲁士与奥地利正在神圣罗马帝国的体系内外争夺霸权。奥地利王位继承战争后不久，普鲁士与英国建立了联盟，互为对手的法国和奥地利缔结了同盟关系。英普同盟后陆续有德意志小邦以及葡萄牙等国参与，而法奥同盟则包括瑞典、萨克森以及后来加入的西班牙。俄罗斯起初与奥地利结盟，1762 年，沙皇彼得三世同瑞典一起与普鲁士单独缔结了和约。

腓特烈二世是腓特烈·威廉一世之子，在他的统治下，普鲁士强盛起来，并加强了军国主义化建设，腓特烈二世也成为 18 世纪中后期在欧洲产生重要影响的一位君主。图为柏林的腓特烈二世雕塑

腓特烈拉开战幕

奥地利王位继承战争并没有解决欧洲的问题。1756 年 1 月 16 日，普鲁士国王腓特烈二世和英国签订《威斯敏斯特协定》，规定英国和普鲁士将共同抗击入侵德意志的外国军队。他希望通过协定可以防止俄国攻击普鲁士，进而稳住奥地利，英国则希望借助协定能保护汉诺威。这激起了奥地利的玛丽娅·特蕾莎——德意志民族神圣罗马帝国皇后的不满。法王路易十五抱怨普鲁士欺骗了他，而腓特烈辩解说条约完全是防御性的。

1749 年，奥地利的考尼茨·里特贝格亲王将与法国联盟的计划呈献给特蕾莎女王，女王表示同意。特蕾莎女王 1753 年任命考尼茨为首相。考尼茨说服了维也纳宫廷那些德高望重的反对派，使联盟法国的提议成为国策。他给驻法大使下达指令，要求他运用一切资源来争取法王路易十五支持。

奥地利大使以女王的名义向法国提议放弃和普鲁士的盟约，和奥地利结盟，还说明了腓特烈如何狼子野心。路易十五注意到这可能使法国卷入奥地利与普鲁士的战争，而且也不能保证奥地利对抗英国。他指示首相贝尔尼主教回复奥地利大使，说法国没有明显证据证实腓特烈和英国有勾结，所以暂时不打算改变法国和普鲁士的联盟关系。

考尼茨在等待英普签订防御同盟。无论腓特烈怎么解释，路易十五已经不大相信他的诚意。作为回应，1756 年 5 月 1 日《凡尔赛协定》签署，法奥形成了防御同盟。签约国声称，他们只是维持欧

知识链接：奥地利皇后

玛丽娅·特蕾莎是神圣罗马帝国皇帝查理六世的长女。根据卡尔六世 1713 年颁布的《国事遗诏》，1740 年，年轻的特蕾莎成了哈布斯堡德意志神圣罗马帝国的女皇，同时也当上了匈牙利的女王和奥地利大公。她贤明英勇，促进商贸、改良机构、普及教育、发展文化艺术，开创了奥地利的文艺黄金时期。

玛丽娅·特蕾莎女王出生在奥地利的霍夫堡皇宫，是奥地利女大公和国母、匈牙利女王和波希米亚女王、德意志民族的神圣罗马帝国皇帝查理六世之女、德意志民族的神圣罗马帝国皇帝弗朗茨一世的妻子。她凭借尊贵的血统得到了奥地利、匈牙利、波希米亚三项王冠，使她的丈夫和儿子获得了德意志民族的神圣罗马帝国皇冠，使古老的哈布斯堡王朝重现并焕发了活力，奠定了奥地利大公国成为现代国家的基础

洲大陆的均势，奥地利没有承诺反英，法国也没有答应反普，除非普鲁士有明显的侵略行径。

当时，英国相信与腓特烈签署的同盟，足以保卫汉诺威，于是放任一群好战之徒在大洋上四处搜捕法国船只，但并没有宣战。法国也准备攻击英伦三岛作为报复，并派遣一支包括 15 艘战舰的舰队，由黎塞留公爵率领，攻打地中海的梅诺卡岛。这个岛是英国在西班牙王位继承战争中取得的。为了增援岛上的驻军，英国派出海军上将约翰·宾率领的十条战舰进行援助，在直布罗陀又有三艘英舰驻入。

1756 年 5 月 17 日，英国对法宣战。5 月 20 日，双方在梅诺卡岛附近相遇并激战，法军获胜占领了梅诺卡岛，这是法国在地中海获得的最后一个战略据点。

在普鲁士方面，腓特烈依赖机智、财富、一支优良的军队和一群卓越的将领应战。这支军队就是他的一切，他 3/4 的收入都花在维持这支军队上。1756 年 8 月 29 日，腓特烈二世拉开了七年战争的序幕。

海上争霸

七年战争的主要战场在大西洋、北美和印度。大英帝国建立的第一步，是把荷兰人的海上霸权抢

梅诺卡岛是地中海西岸巴利阿里群岛的第二大岛，隶属于西班牙巴利阿里省，总面积 668 平方公里，大部分为干旱台地，中北部有托罗山，北岸多岬角，还有海湾深凸入陆地。它的主要城镇和天然良港马翁是群岛的最优港口，成为重要的商品贸易和交流港口

到手上。第二步是利用西班牙王位继承战争结束后签订的《乌得勒支条约》，垄断大西洋两岸的三角贸易，扩充舰队。到1758年，英国已有156艘外洋军舰，而法国只有77艘。第三步是削弱法国海军，此计划由于法军在梅诺卡岛之战中取胜而受到阻挠。但英国海军上将爱德华·博斯科恩1759年4月在葡萄牙外海摧毁了一支法国舰队，11月20日在基伯龙湾取得击沉法国舰队的另一次胜利。结果是法国和其殖民地的贸易，从1755年的3000万里尔降到1760年的400万里尔。

在大西洋赢得霸权之际，英国打开了征服法属美洲的道路。1758年，杰弗里·阿默斯特爵士奉命远征加拿大。博斯科恩海军上将指挥一支由42艘舰船和1.8万名士兵组成的英国舰队包围了法军要塞路易斯堡。英军的猛烈炮火摧毁了守军的顽强抵抗。7月26日，驻守要塞的法军投降，英国开启了征服加拿大的序幕。但是，法军将领路易斯·约瑟夫·德·蒙卡尔姆凭借英勇和谋略迟滞了英军的进攻。1756年，他攻取奥斯威格要塞，控

知识链接：腓特烈二世

腓特烈二世（Friedrich II von Preußen, der Große, 1712—1786年），亦称腓特烈大帝和弗里德里希二世，普鲁士国王、军事家、政治家、作家、作曲家。1740年即位，欧洲"开明专制"君主的代表人物。他生于柏林，少年时擅长吹笛。曾两次发动西里西亚战争。1756年发动对法国、俄罗斯和奥地利等国的七年战争。1772年同俄罗斯、奥地利乘波兰内政危机第一次瓜分波兰领土，获得西普鲁士。1785年组建由15个德意志邦国组成的诸侯联盟。1786年在波茨坦去世。

制了安大略湖；1757年，他迫降乔治·华盛顿上校，1758年他以3800人打败1.5万人的英国军队，在加拿大取得接二连三的胜利。但因法国的补给断绝，他渐渐难以招架。在他防守魁北克时，詹姆斯·沃尔夫率领9000名英军翻越悬崖，抵达亚伯

美国加利福尼亚的博塞茹尔要塞遗迹是法国在1751年建立的要塞，目的是抵抗英国，却没有派上用场。它后来在美国独立战争和1812年战争中发挥了战斗堡垒的作用。现仍存有石质基座和土木工事，四周自然风景美丽，形象地展示了这个海滨要道曾一度成为两代王朝必争之地的原因

1759 年爆发的英法基伯龙湾海战，使得法国被迫放弃入侵英格兰。1759 年 8 月，法国地中海分舰队在拉古什湾海战中被英国博斯科恩的舰队歼灭，但并未放弃在英格兰登陆的企图。同年 11 月中旬，德孔弗朗元帅率领法国大西洋分舰队驶往卢瓦尔河，霍克海军上将率英国舰队进行追击。11 月 20 日英军在基伯龙湾追上法军，在风暴中双方进行激战，法军战败

拉罕平原。1759 年 11 月 13 日一战，双方的主将都战死在战场上，英国获得最后的胜利。

此外，英法舰队对于印度的争夺进行了三次不分胜负的交战，英国最终独占了印度。

英国成为最大赢家

七年战争，是英法在海上交战和对各殖民地的争夺。初期（1756—1757 年）是法国取得了胜利。在巴利阿里群岛的梅诺卡岛战役中，1756 年 5 月 20 日，法国舰队战胜了英国舰队。但是，随着 1758 年战局的开始，被欧洲战场拖住的法国在海上和各殖民地都遭到了失败，实力受挫。英国只给普鲁士以财力援助，因此逐渐在各殖民地积蓄了力量，掌握了战争的主动权，1760 年，英国占领了加拿大、路易斯安那的一部分、佛罗里达和法国在印度的大部分殖民地。1763 年 2 月 10 日，英法签

订《巴黎和约》，1761 年参战的西班牙和葡萄牙也加入该和约。西班牙支持法国，葡萄牙支持英国。1763 年 2 月 15 日七年战争结束，以普鲁士为一方，以奥地利和萨克森为另一方签订了《胡贝尔图斯堡和约》，确认普鲁士对西里西亚和格拉茨伯爵领地的所有权。

七年战争是法国革命战争前欧洲各主要国家都相继卷入的最后一次大规模战争，由于战场牵涉范围广，也被称为"世界战争"。在远东，俄国为了保证后方安全，于 1755 年唆使准噶尔汗王达瓦齐和阿睦尔撒纳（1723—1757 年）发动叛乱，直到 1760 年才结束战争，战争牵制了清朝的大部分兵力。1763 年，法兰西、西班牙与英国签订《巴黎和约》，萨克森、奥地利与普鲁士签订《胡贝尔图斯堡和约》，战争宣告结束。这次战争在欧洲以攻城战为主，各国损失都很惨重，唯有英国成为最大赢家。

七年战争爆发之初给英国带来巨大的经济损失。1756 年 11 月，威廉·皮特被任命为国务大臣。他上任后，花费了 5 个月的时间来提高英国军队的战斗力。在威廉·皮特的指挥下，英国军队在七年战争中频频获胜，占领了法国领地，还控制了印度

扩张持续推进：向东向南拓展

  欧洲各国在不断进行殖民扩张的过程中，大大增强了国家实力。到17世纪，各国向外扩张殖民争霸，瓜分了世界，欧洲各国现代的版图也逐渐形成。

  在亚洲，中国前有蒙古帝国，后有康熙的文治武功。日本进入了江户时代，印度莫卧儿王朝不断发展。非洲也逐渐从野蛮时代迈入现代社会发展阶段。

  欧洲大陆各国发生的重大事件及欧洲人插足世界其他地区的事件相互作用和影响。世界各国之间的联系变得更为紧密。扩张时代也是发现人和世界的时代，现代国家不断孕育。世界在迈向现代文明的历史进程中不断向前推进。

莫卧儿王朝开国君主
阿克巴大帝

阿克巴曾说，
一个帝王应该专心于征略，
否则，他的邻国就会起兵打他。

阿克巴大帝是印度莫卧儿王朝皇帝（1556—1605年在位）。阿克巴登基时只有14岁，阿克巴继位的前四年，由大臣白拉姆汗辅政。阿克巴时代是莫卧儿王朝的黄金时代，他被认为是莫卧儿帝国的真正奠基人和最伟大的皇帝

莫卧儿即"蒙古"一词的异读。莫卧儿帝国的创建者巴布尔是一个中亚的突厥人，据说有蒙古人的血统。他通过武力征服在印度建立了帝国，并继续开疆拓土。最终统一印度的则是莫卧儿王朝的第三代君王阿克巴（Akbar，1542—1605年）。

阿克巴继位

阿克巴大帝是印度莫卧儿帝国的第三代皇帝，著名的政治家和宗教改革家。他出生于信德的欧麦尔古德村，是胡马雍（1508—1556年）的长子。少年时受教于波斯苏菲派学者米尔·阿卜杜·拉提夫。13岁时任旁遮普总督。1556年初，其父胡马雍去世后，阿克巴在卡拉瑙尔继承皇位，由拜拉木摄政。最初莫卧儿王朝政权不稳定，领土范围只限于旁遮普及德里附近地区。

阿克巴戎马一生，曾说："一个帝王应该专心于征略，否则，他的邻国就会起兵打他。"经过四十多年的征讨，阿克巴控制了印度的北部和中部，印度达到了空前的统一和繁荣。

阿克巴征战

阿克巴大帝一路征战，在征服了兴都库什山脉之后，他将帝国从阿富汗扩张到孟加拉湾，从喜马拉雅山到哥达维利河，建立了一个幅员辽阔的帝国。他一生致力于向外扩张领土。他的主要目标是印度西部拉贾斯坦境内的拉杰普特人。他用怀柔和军事征服的两手政策进行征服。1562年，阿姆培尔（今印度斋普尔）地方的拉杰普特王公比哈里·乌尔不战而降，他和他的两个儿子得到阿克巴的重用，阿克巴还娶了他的女儿，借以维持同拉杰普特人的友好关系。很多拉杰普特酋长归顺了阿克巴。

1585—1587年，阿克巴进军克什米尔。1587年，阿克巴转向西北地区阿富汗部族，骚扰喀布尔，但全军覆没，铩羽而归。阿克巴后来又派了一支部队，才消灭了他们。1591年，阿克巴借口平息内部纠纷，侵入信德南部。1594年与波斯人交战，努力夺回坎大哈，有力地巩固了印度西北部的统治。

1567年，莫卧儿皇帝阿克巴在奇陶加尔攻城期间射杀拉杰普特战士

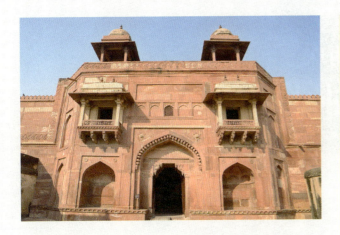

法特普尔·西克里礼拜堂是莫卧儿皇帝阿克巴时代的代表性建筑，位于印度北方邦阿格拉市西南 40 公里处。阿格拉是印度莫卧儿王朝的古都城之一，意为"胜利城"。据说，16 世纪时一个名叫谢赫·沙利姆·奇斯蒂的圣人在此一石屋内讲道，阿克巴大帝闻讯特来朝圣，祈求子嗣，祈求如愿

宗教融合

阿克巴积极推行怀柔宽容的民族宗教政策。1565 年，废除对非伊斯兰教徒征收的人头税，朝廷中任用很多印度教徒。1576 年，阿克巴采纳大臣法齐尔的建议，在法特普尔·西克里修建一座礼拜堂，允许各种宗教思想的代表进行宗教辩论。1579 年，阿克巴宣布自己为伊斯兰法律的最高解释者"苏坦尼·阿迪尔"，即正义之王。1580 年，他召请基督教牧师布道，这引起正统的穆斯林贵族的不满，引发了孟加拉、比哈尔穆斯林贵族的叛乱。为了统一各宗教，特别是印度教和伊斯兰教之间的矛盾，1582 年，阿克巴创立"丁伊-伊拉希"宗教。它糅合了伊斯兰教、印度教、基督教和拜火教的一些内容，提倡一神论，阿克巴为最高僧侣；主张不食肉，对一切人行"善"；崇拜太阳等。教徒是精心挑选的，据说包括阿克巴在内仅 18 名。他称自己是穆斯林和印度教徒共同的君主，允许被迫改信伊斯兰教的印度教徒恢复信仰。

宽容的宗教政策使阿克巴得到大多数印度教徒

的支持，促进了印度各种不同文化的融合发展。他还革除了印度教部分社会陋习，下令允许寡妇改嫁，废除"萨提"（寡妇殉葬）制度。

除用武力统一国家外，阿克巴在管理国家方面也政绩卓著。阿克巴的宗教宽容政策改变了印度当地居民把莫卧儿人当作外来入侵者的成见，有助于巩固帝国统治。

阿克巴大帝陵墓，位于阿格拉北方约 10 公里处，始建于阿克巴大帝逝世前三年，后由其子贾汗吉尔于 1613 年完成。17 世纪末叶，因遭班达尔人侵袭，陵墓内的建筑惨遭破坏，遗留下来的古迹寥寥无几。现在陵墓前是一座巍峨大门，高 22.6 米，门上四角耸立着四个高达 25.9 米的塔楼，边上还有四座鼓楼。此墓是用伊斯兰教及印度教建筑方法混合建成，由红砂岩砌成，四角衬以圆塔和白色的大理石，灵秀完美

重回历史现场

印度明珠
泰姬陵

印度莫卧儿帝国皇帝贾汗吉尔与妻子的爱情故事可歌可泣，而他的儿子沙·贾汗与妻子阿姬曼·芭奴也上演了一场荡气回肠的爱情戏剧。

1607 年，莫卧儿帝国王子库拉姆有一次在集市上遇到了一位非常漂亮的姑娘，由此开始迷恋她。她就是阿姬曼·芭奴，是贵族阿沙夫·汗的女儿。于是库拉姆便向她求婚。5 年飞逝而过，直到库拉姆满 20 岁才与姑娘结婚。1628 年，库拉姆即位后，封号"沙·贾汗"。阿姬曼·芭奴也获得荣耀的头衔——

泰姬和沙·贾汗。1631 年，泰姬死于他们的第 14 个孩子出生之后，时年 39 岁。沙·贾汗极度伤心。泰姬陵就是沙·贾汗为纪念泰姬·玛哈尔修建的

泰姬·玛哈尔，意为宫中最高尚的人。

沙·贾汗用自己所有的时间陪伴着泰姬。更为难能可贵的是，泰姬不干涉政治，却总是能够为丈夫排解忧愁，在他最需要安慰的时候帮助他。甚至在沙·贾汗打仗的时候，都要带上她，这样才有足够的勇气面对敌人。在沙·贾汗成为皇帝之前，曾经屡次因为争位问题被迫流亡到外地，泰姬总是默默地跟随着丈夫，为他分忧，从不抱怨。

他们的爱从不担心别人的议论，甚至还把享乐主义发展到了极致，以至于莫卧儿的宫廷艺术家从不避讳利用皇帝和皇后作为主题，来创作艺术作品。

在古代印度，夫妇之间关系是否密切，主要看他们生多少孩子。结婚的 19 年中，泰姬一共为沙·贾汗生下了 14 个孩子。他们的婚姻中，泰姬有一多半的时间是在怀孕中度过的。

这 14 个孩子存活了一半。即便是身处皇家，也面临生育所带来的风险。每次孩子死亡时，泰姬非常悲伤，沙·贾汗都能够安慰她、宠爱她，和她一起度过人生最难过的时刻。承受失去孩子的风险的时候，身为母亲也同样承担风险。

沙·贾汗的一生喜欢征战，并继续在西部和南部开疆拓土，花费掉了大量的金钱。1631 年，他出征南方，泰姬追随着他，此时她正怀着他们的第 14 个孩子。她遇上了难产，最终未能逃过此劫。沙·贾汗悲痛欲绝，将妻子暂时葬在了布尔汉布尔的河边。他不想见人，只想一个人待着默默地哀悼，足足悼念了一年。当他再次出现在人们面前时，须发尽白，弯腰驼背，脸上全是皱纹，在 40 岁的年纪却仿佛已经步入了耄耋之年。

沙·贾汗下决心，要为妻子建一座世界上独一无二的陵墓。这个计划花了他 22 年时间，从 1631 年一直到 1653 年。

沙·贾汗从世界各地找来最好的设计师和工匠，动用数万名工人，从拉贾斯坦拉来最洁白的大理石，用宫廷最美的珠宝来镶饰，图案之细致令人惊叹。沙·贾汗为妻子修建的陵墓，即泰姬陵，是一座由白色大理石建成的巨大陵墓清真寺。所在地阿格拉，位于今印度新德里北部 200 多公里处，在亚穆纳河右侧。由殿堂、钟楼、尖塔、水池等构成，全部用纯白色大理石建筑，用玻璃、玛瑙镶嵌，具有极高的艺术价值。泰姬陵花费了巨额资金，几乎耗空了帝国的国库。

泰姬陵是印度知名度最高的古迹之一、世界文化遗产，被评选为"世界新七大奇迹之一"

沙·贾汗统治时期达到了帝国的巅峰，而建设雄伟建筑也使得帝国走向衰落，某种意义上他就是印度的唐明皇。他喜欢建设雄伟的建筑，除了泰姬陵之外，还建造了德里的红堡，后来又在德里建造了一座雄伟的贾玛清真寺。据说 22 年后，衰老的沙·贾汗抚摸着妻子洁白的陵墓时，还想在河对岸为自己建造一座黑色大理石的陵墓，等他死后，可以日日对着妻子长相厮守。可惜，帝国的财政已经不堪重负。

他的儿子也没有给他留下时间去建造。年老的沙·贾汗沉浸在对过去的怀念里，而王子奥朗则布用武力将父亲赶下了台，将他关在了阿格拉堡的一座宫殿里。

阿格拉堡也在亚穆纳河的河边，距离泰姬陵只有一两公里。阿格拉堡是莫卧儿帝国几代皇帝的结晶。阿克巴大帝时就开始兴建阿格拉堡，他死后，皇帝贾汗吉尔继续建造阿格拉堡的工作。到了沙·贾汗时期，又在堡垒上进行了大量增建工作，使得阿格拉堡成了莫卧儿帝国时期最雄伟的城堡。

沙·贾汗被关进阿格拉堡之后，再没有机会去看望他的妻子，只能在城堡的窗户里默默地望着远处的泰姬陵，怀念和妻子曾经共度的时光。他就这样静静地守候着。一直到死去，儿子才将他与泰姬葬在了一起，他们才再次相聚。

阿格拉堡全部采用红砂岩建造而成，故又称红堡，与德里的红堡齐名。宫堡的外形非常雄伟壮观，城内的宫殿，虽经历漫长的岁月，多已失修，但画梁和墙壁上精巧的雕刻与设计，仍隐约保存着昔日富丽堂皇的风貌

繁盛前的曙光
日本江户时代

这个善于学习他国文明的国度，日本最后一个封建统治时代，就是江户时代。

江户时代日本金泽市山顶城堡上的瞭望塔楼，现在它坐落在兼六园公园附近

知识链接：战国大名

战国大名是日本历史上的大封建诸侯。战国时期（1467—1615 年），各守护大名之间混战不已，一些在地方上拥有实权的幕府中、下级武士和国人领主，乘机扩充力量，形成了独立于幕府体制之外的大封建主，即战国大名。战国大名由守护大名、国人领主和守护大名的家臣转化而来，采取富国强兵的政策，励精图治，积极发展经济，渐渐发展成为一股统一的力量。

3 世纪中叶，日本境内出现较大的国家"大和国"。645 年日本向中国唐朝学习，推行大化改新。12 世纪后期天皇皇权旁落，进入了幕府统治时代。江户时代是德川幕府统治日本的年代，又称德川时代，从 1603 年创立到 1867 年的大政奉还，成为日本封建统治的最后一个时代。

江户时代

在日本，1603—1867 年被称为江户时代，开始于德川家康在江户设置了江户幕府。江户时代是德川幕府统治的一个重要阶段。日本在德川幕府统治期间取得了长足发展。丰臣秀吉死后，德川家康在关原合战中获胜，被委任为征夷大将军，于大阪之战中消灭了丰臣氏，实力大大增强。

幕府借由《禁中并公家诸法度》与《武家诸法度》两部法规驾驭朝廷和大名，各大名因参觐交代制度被要求定期往返江户与其领国。江户幕府经历岛原之乱并完成了锁国政策，只在长崎出岛一处与荷兰和清朝进行少量的贸易。政治一旦

德川家康是日本 1598—1616 年的实际领导人。在日本历史上，德川家康创建了幕藩体制，其所建立的江户幕府统治日本达 264 年，史称"江户时代"

上野东照宫地处东京都台东区，位于上野恩赐公园内，主祭神为德川家康、德川吉宗、德川庆喜。1651 年由江户幕府第三代将军德川家光进行大规模改建，形成现今的神殿。由于大量使用金箔，富丽堂皇，因此也被称为"金色殿"

 知识链接：兰学

兰学是指在江户时代时，经荷兰人传入日本的学术、文化、技术的总称，字面意思为荷兰学术，引申可解释为西洋学术。兰学是一种通过与出岛的荷兰人交流而由日本人发展而成的学问，兰学让日本人在江户幕府锁国政策时期（1633—1854 年）得以了解西方的科技与医学等。借着兰学，日本得以学习当时欧洲科学革命的大致成果，奠定了日本早期的科学根基。

安定，经济也跟着发展，在德川纲吉时代，日本经济良好。江户时代中叶，幕府财政陷入困境，德川吉宗实行享保改革，暂时恢复了财政收入，后来情形再度恶化。此后，实行了天保改革，但却未解决发展的根本问题。幕府末年，日本被欧美各国逼迫开放国门，经由黑船事件而签下了《日美神奈川条约》等不平等条约，使得锁国政策崩裂。随着国门打开，尊王攘夷思想不断兴盛，德川庆喜先后把政权与领地交还朝廷。

德川家康

德川家康（1546—1616 年）是日本战国时代末期大名，1603 年被封为江户幕府第一代征夷大将军。他是日本战国三英杰之一，是日本杰出的政治家和军事家。

德川家康年轻时做过人质，接受织田信长的求和达成清洲之盟之后，统一三河国，巩固权力，合战武田后势力渐渐扩大。在织田信长门下积蓄力量，德川家康先后把三河、远江、骏河、甲斐及信浓南部地区纳入自己的势力范围，成为拥有一百万石实力的大名，最终战胜了丰臣秀吉取得政权。丰臣秀吉死后，德川家康在关原合战中率领东军战胜西军，确立了霸权。自此一步步摧毁丰臣家势力。1614—1615 年，经大阪夏、冬之阵灭丰臣氏，江户幕府统治体制从此坚如磐石。德川家康建立江户

幕府后，日本进入暂时的和平时期。

德川家康府领地约占全国土地的 1/4，其余由大名领有，称为藩国。将军是全国的最高统治者，下设老中，决定政策，统辖政务，负责控制朝廷、大名与外交。大名是各藩国的统治者，下设家老、年寄等，直接统治人民，拥有领地的行政、司法和年贡征收权等。幕府设巡见使及被称为幕府的监察官监督各藩国，并采取大名参觐交代和大名改易等办法控制大名，但各藩国仍具有相对独立性。这样形成了在德川将军控制下的各藩国分割统治的政治体制。日本由此逐渐步入现代。

滨松城堡位于日本静冈县滨松市，别称曳马城、出世城，江户时代为滨松藩藩主居城。这座城堡虽说城楼是后来重新修复的，但城墙的那些石头却是历经了几百年。拾级而上，轻轻抚摸那些承载着岁月的古老石块，仿佛也在触摸着一段历史

非洲帝国
奥约帝国

奥约帝国曾是最大的北非帝国。

伊费国王的铜头像是13世纪尼日利亚艺术鼎盛时期的代表作，是用一种被称为"失蜡法"的浇铸工艺制作的。雕像的面部形象和装饰着珍珠的王冠塑造得十分精致。作品脸部的结构十分准确，耳朵、眼睛和嘴唇的造型优美协调，神态端庄、安详，非常富有个性。面部还覆盖着纤细的刺花纵纹，表现了当时的非洲艺术家们写实的艺术思想

 知识链接：约鲁巴人

历史上约鲁巴人一直是尼日尔河西岸一侧土地的统治民族。约鲁巴人的起源比较复杂，是历史上不同时期多次种族迁移后形成的民族。在语言上和约鲁巴人较为接近的是生活在尼日尔河对岸的奥加拉人。两个民族大约在两千年前分开，约鲁巴人后来进入父系制下的农业社会。伴随着制陶、象牙雕刻和金属铸造工艺的发展，约鲁巴社会逐渐开始城市化。其中古城出产的精美的金属铸像最为著名。

奥约帝国是北非的帝国，其中约鲁巴人对于这个帝国的创立发挥了重要作用，这是非洲历史上的一个重要时期。这个时期非洲在各个方面都获得了长足发展，奥约帝国推进了北非的发展，对北非的历史产生了深远影响。

约鲁巴民族

古代约鲁巴人崇拜女神奥卢龙（Olorun），奥卢龙下辖诸神，分掌世间万事万物。奥度杜瓦（Oduduwa）是古代约鲁巴人信仰中的造物主，他创造了地球，也创建了伊费（Ife）古城。他还派他的儿子们去建设和管理这座城市，由此，他们后来成了约鲁巴人的国王。

约鲁巴民族拥有共同的语言和共同的文化，但从未成为一个国家，由此他们渐渐发展成了一个

联系更为紧密的部族群体。一千多年以前，他们从非洲东部迁移到现在居住的尼日尔河下游以西的这片土地，开始了耕耘生活。在16世纪之前也就是前殖民地时期，他们就已经成为最为城市化的非洲人。他们建立过很多大大小小的王国，各以其首都或首邑为中心，由一名世袭的国王或奥巴（Oba）进行统

约鲁巴国王佩戴的珠饰王冠

旧奥约宫殿群的勘测图

治。他们的城镇人口稠密，慢慢发展成为现今的奥约（Oyo）、伊莱-伊费（Ile-Ife）、伊莱沙（Ilesha）、伊巴丹（Ibadan）、伊洛林（Ilorin）、伊杰布·奥德（Ijebu-Ode）、伊凯雷·埃基蒂（Ikere-Ekiti）等城市。17 世纪时，奥约发展成为约鲁巴诸王国中最大的一个，而伊莱-伊费则始终是一座具有浓厚宗教意义的城镇，按照约鲁巴神话的说法，那里是大地生成的地方。在这个地方，人们朴素朴实，有着同样的信仰，还能够收获归属感。

奥约帝国

奥约帝国（1400—1905 年），形成于 14 世纪，地处今尼日利亚的西南部。在全盛时期（1650—1750 年），奥约帝国统治着沃尔特河和尼日尔河之间的大部分国家。奥约帝国的起源是个谜。据说，奥约帝国是由约鲁巴的英雄人物奥杜杜瓦创始，他从东方来到伊费定居。他的儿子成为奥约帝国的第一个统治者。奥约帝国曾两度征服西面的达荷美王国，并通过阿贾塞港同欧洲商人进行贸易，获得了大量的财富。他们自身拥有强大的军队。奥约人尤其以骑兵著名，他们的邻邦也使用骑兵。骑兵有利于高效快速地作战，增强战斗力。骑兵由奥约人领导，巴申荣人当副将。到了 17 世纪 50 年代的时候开始扩张，它向西扩张到沃尔塔河的大多数部落，到达贝宁，往东扩张到尼日尔河。帝国的扩张军队主要由精锐的骑兵和来自部落的雇佣军队组成。此外，奥约帝国还要镇压内部的帮派叛乱，维持了

知识链接：桑海帝国

桑海帝国是西非的一个古国，15—16 世纪最盛，为萨赫勒地区最后一个黑人土著大帝国。桑海人 7 世纪时在登迪建立小王国，后迁至加奥，先后臣属于加纳帝国和马里帝国，逐渐皈依伊斯兰教。15 世纪后期，桑尼·阿里即位后，沿尼日尔河大力扩张，占领马里帝国中心城市通布图，正式建立桑海帝国。桑海帝国最盛时期领土西至大西洋，东至豪萨人区域，北至摩洛哥南境。桑尼·阿里死后，国家陷入内乱。1590 年，摩洛哥军队入侵，占领加奥、通布图等地，桑海帝国瓦解。

帝国的局面。

帝国后期的统治者阿比奥敦（约 1770—1789 年在位）只重视经济发展，而忽视了军队和行政管理能力提升，这引起了政治不稳定，加剧了帝国衰落。20 世纪初，奥约帝国被富拉尼人所灭。

来源于尼日利亚奥约地区的 16 世纪约鲁巴人象牙盔甲，现藏于美国华盛顿特区的非洲艺术国家博物馆

战士国度
埃及马穆鲁克帝国

从未见过开罗的人，
就等于没有见过世界的人。

16 世纪早期的
马穆鲁克轻骑兵

马穆鲁克王朝，又称马木留克王朝（1250—1517 年），是一个实行伊克塔制的封建国家。它分为二期：第一期名为伯海里王朝，由钦察突厥奴隶主掌权统治。第二期始于 1382 年，名布尔吉王朝，由切尔克斯人和高加索人共同主导政权。

马穆鲁克与十字军东征

13 世纪的北非，阿尤布王朝以及取代它的马穆鲁克王朝成功击退了十字军的五次东侵，并使蒙古大军在第三次西征后终止西进，是伊斯兰世界最大的骄傲。

阿尤布王朝虽定都于埃及，但无论是萨拉丁还是其他国王，都一直延续着重用中亚突厥雇佣兵的传统。由于雇佣兵没有部族背景且身份低微，只能通过

对雇主忠诚才能生存，马穆鲁克逐渐成为阿拉伯统治者完美的战士。10 世纪，阿拉伯人认为马穆鲁克天生就是打仗的料，熟悉拼杀、狩猎、骑射和战斗。后来，马穆鲁克成为对埃及奴隶雇佣兵的专称。

1202 年，十字军的第四次东侵并未对阿迪勒（萨拉丁兄弟）时期的阿尤布王朝构成直接威胁。但 1218 年阿迪勒死后，阿尤布王朝迅速分裂，其子卡米勒成为埃及苏丹，叙利亚大马士革一带被他另一个儿子统治；萨拉丁的后裔控制霍姆斯和也门等地，贝鲁特等一些地中海东岸城市则在混乱中被十字军夺取。埃及苏丹卡米勒虽然在 1219 年成功击退了十字军的第五次东侵，却在 1229 年面对神

苏丹·哈桑清真寺是埃及著名清真寺，位于开罗东南方穆罕默德·阿里大街尽头，占地 7906 平方米，充满伊斯兰教建筑艺术色彩，庄严肃穆。该寺始建于 1356 年，完成于 1363 年，包括大清真寺和经学院，其高 86 米的宣礼塔是开罗最高的宣礼塔

一话一说一世一界一

图为在大马士革发现的1382—1389年马穆鲁克王朝时期的铜锣

圣罗马帝国皇帝腓特烈二世的第六次十字军东侵时，选择让出耶路撒冷，因为对他来说内部争夺更重要。卡米勒之子萨利赫1240年成为埃及苏丹，与逃亡中的花剌子模王子扎兰丁组成联盟，试图吞并叙利亚。1250年萨利赫去世后，其子虽然取得了抗击第七次东侵的胜利，但却失去了领导权，最终被杀害。

马穆鲁克王朝

1250—1517年，埃及进入马穆鲁克王朝时代。其后，尽管王朝在雇佣兵首领极其残酷的相互残杀中不断更换着苏丹，由于不断有新的雇佣兵加入而一直保持了相当强的战斗力。1260年，马穆鲁克王朝联合阿尤布王朝的残余势力，共同击败了留守在叙利亚的蒙古军队，并趁机从阿尤布王朝和十字军残余势力手中夺回了叙利亚大部。1281年，马穆鲁克军队再次击退了蒙古伊尔汗国的入侵。1291年，马穆鲁克军队最终攻克阿克城，彻底灭亡了耶路撒冷王国，全部清除了地中海沿岸十字军的残余势力。

马穆鲁克王朝实行军事分封制，把大批土地以"伊克塔"分封给贵族和将领，作为他们平时任职、战时服役的报酬，成为世袭领地。王朝建有庞大的正规军和近卫军维护强有力的统治。马穆鲁克军官担任各地长官，掌管地方行政、军事和税收大权。

马穆鲁克王朝时期，兴修水利，改进了耕作技术，农业水平相当发达。埃及和叙利亚的铜器、玻璃、纸张、地毯等传统手工业，达到了很高水平。埃及开罗、亚历山大港、大马士革等地商业发达，店铺林立，商贾云集，非常便捷地同东、西方国家进行转口贸易。政府从中收取巨额关税，用来支付行政、军事和城市建筑费用。

1517年，最后一位埃及马穆鲁克国王图曼贝伊在里达尼亚战役中不愿投降，顽强抵抗，被奥斯曼帝国苏丹塞利姆一世杀死，王朝灭亡。奥斯曼帝国又进一步强大。

14世纪一幅描写伊尔汗国与马穆鲁克军队在叙利亚作战的绘画

英明大帝 苏莱曼一世

他是真主在大地上的影子，
他是众苏丹之苏丹，
他是众君主之君主，
他就是苏莱曼一世。

苏莱曼一世是 16 世纪一位杰出的君主，在他的统治下，奥斯曼帝国在政治、经济、军事和文化等诸多方面都进入极盛时期

苏莱曼一世（Sulayman I，1494—1566 年）是奥斯曼帝国第 10 位苏丹，在位时间最长。有一位公使曾经如此描述年轻的苏丹："他 25 岁左右时，身材高挑而硬朗，外表柔弱。颈部稍长，面容瘦削，鹰钩鼻，留着一簇小胡子和少许胡须，尽管略显苍白，却依然神采奕奕。他被誉为英明之主，好学之士，所有人都想受益于他的统治。"他兼任伊斯兰教最高精神领袖哈里发，被称为"立法者"，号称苏莱曼大帝。

苏莱曼一世征战

苏莱曼一世受到亚历山大大帝的影响，想要建立一个跨亚欧非三洲的大帝国。1520 年 9 月即苏丹位，曾 13 次亲自率军征战沙场以扩张疆土，对中欧和地中海地区的基督教国家征战多次。1521 年攻占贝尔格莱德，第二年从圣约翰骑士团手中夺取小亚细亚沿岸的罗得岛。1526 年 8 月在莫哈奇战役中击溃匈牙利和捷克联军，占领了匈牙利大部分地区。苏莱曼一世 1529 年率军穿过多瑙河河谷，于当年秋天兵临维也纳城下。维也纳之围标志着对西方的军事威胁达到了顶点。苏莱曼一世不断向外扩张。在 1533 年，苏莱曼一世命大维齐尔帕尔加勒·易卜拉欣帕夏率部队向亚洲进军。奥斯曼军队攻克了比特利斯，并乘胜占领毫无抵抗的波斯故都大不里士。

1534 年，苏莱曼一世与易卜拉欣帕夏会合，赢得了伊斯兰世界的认可。苏莱曼一世前后发动三次攻打波斯的战争，于 1554 年与波斯签订协议结束了在亚洲的征伐。根据协议，奥斯曼帝国将大不里士交还波斯，但获得了巴格达、幼发拉底河与底格里斯河流域下游、入海口以及波斯湾的部分地区。波斯萨法维帝国国王塔赫玛斯普一世也保证停

1529 年的维也纳围城战，是苏莱曼一世所率领的奥斯曼帝国军队，第一次尝试夺取维也纳，但是以失败告终

图为描绘苏莱曼一世1554年夏天在纳希切万进军的波斯彩绘。在巩固欧洲边境后，苏莱曼把目光转移到受到波斯（今伊朗）萨法维王朝威胁的东方帝国

 知识链接：苏莱曼一世和许蕾姆

许蕾姆是一位东正教神父的女儿，后被俘虏入宫，很快受宠。苏莱曼一世破坏了奥斯曼帝国延续两个多世纪的不得娶外国姬妾为妻的传统，迎娶她为合法的妻子。苏莱曼一世违背了母随子的传统，让许蕾姆陪伴他在宫中度过余生。

止所有对奥斯曼帝国的袭击。苏莱曼一世于1566年9月再次出征匈牙利时，在锡格特瓦尔军营中病逝，终年72岁。

此外，苏莱曼一世还征战北非。

苏莱曼一世功勋

苏莱曼一世打破奥斯曼人的传统，迎娶了一位乌克兰奴隶出身的女子罗克塞拉娜为皇后，即许蕾姆苏丹。许蕾姆苏丹不仅在帝国后宫有很大的影响力，还积极参与苏莱曼一世的政治生活。他们的孩子塞利姆皇子在苏莱曼一世去世后继任苏丹之位。

苏莱曼一世在位期间，奥斯曼帝国舰队称霸地中海、红海和波斯湾。奥斯曼帝国在苏莱曼统治下，打败主要对手哈布斯堡王朝，成为欧洲政治舞台上的一个强有力的重要角色。作为一个庞大帝国的舵手，苏莱曼一世亲自进行了社会、教育、税收和刑律等方面的改革。他主持编撰的权威法典，奠

定了在他逝世后帝国数世纪的法律制度基础。

苏莱曼一世亲自统帅奥斯曼军队，征服了东正教重镇贝尔格莱德、罗得岛和匈牙利的大部分，奥斯曼人的扩张态势一直到1529年的维也纳之围才被暂时遏制。苏莱曼一世在与波斯萨法维帝国的战争中占领了大半个中东地区，并将西至阿尔及利亚的北非大部地区纳入奥斯曼帝国版图。

苏莱曼一世通过不懈的努力，成为一名出色的诗人和金匠，他还能说五种语言，是文化的大资助人，造就了奥斯曼帝国艺术、文学和建筑发展的黄金时代。

苏莱曼一世的文治武功让他成为伊斯兰发展史上与阿拔斯大帝、阿克巴大帝齐名的大帝，拉开了奥斯曼帝国黄金时代的序幕。

16世纪油画许蕾姆。她的乌克兰语名字是罗克塞拉娜（Roxelana，1510？—1558年），土耳其语称许蕾姆（意为"高兴者"），奥斯曼帝国苏丹苏莱曼一世的皇后。因为在政治上权势很大，所以在奥斯曼帝国的历史上被称为许蕾姆苏丹

萨法维帝国建立
阿拔斯一世

东部波斯与西部波斯首次完成统一，
建立了萨法维帝国。

伊斯玛仪一世率军进入大不里士，声称自己为"沙阿"
（意为"国王""皇帝"）

萨珊王朝之后，东部波斯与西部波斯首次实现统一。这实现了波斯的复兴，以伊斯兰教什叶派为国教，国民团结一致，波斯特色的伊斯兰教和民族精神逐渐融合。

萨法维帝国由波斯人建立，从 1501—1736 年统治伊朗，是伊朗从中世纪向现代时期过渡的中间时期。

萨法维王朝的扩张

攻克大不里士标志着萨法维王朝的开始。1501年 5 月，伊斯玛仪一世设大不里士为首都，自称为阿塞拜疆沙阿。此后，他继续向波斯西北部扩张他的统治领域。1502 年，他自称波斯沙阿。他又击退了奥斯曼帝国的进攻，消灭了白羊王朝的余党，并继续扩张。1503 年，占领哈马丹；1504 年，占领设拉子和克尔曼；1507 年，占领纳贾夫和卡尔巴拉、1509 年，占领巴格达；1510 年，占领霍拉桑

和赫拉特。1511 年，乌兹别克人被逐到阿姆河以北，他们在那里占领了撒马尔罕，建立了自己的王朝。在伊斯玛仪一世统治时期使用阿塞拜疆语。由于海军实力不够强大，1507 年萨法维王朝将霍尔木兹海峡上的岛屿让给了葡萄牙人。

1514 年，奥斯曼帝国皇帝塞利姆一世突袭萨法维帝国，萨法维的军队被迫撤退。萨法维军队使用的是刀剑和弓箭，而奥斯曼军队则装备有火枪和火炮。1514 年 8 月 23 日，在大不里士以西两军交锋，萨法维军队大败。他们在撤退时采取了焦土政策，使得奥斯曼军队被迫撤退。

萨法维由此认识到他们的军队已不适应新时代战争的需要了。

1510 年，伊斯玛仪一世与穆罕默德·昔班尼之间的战斗。昔班尼是乌兹别克国家的奠基人，是蒙古帝国大汗成吉思汗的长子术赤的后裔。昔班尼不仅骁勇善战，而且崇尚文化，注重经济建设。他与伊斯玛仪一世因领土纠纷和宗教分歧而发生冲突。1510 年，双方军队激战于谋夫城下，昔班尼战败身亡

阿拔斯一世（右方席毯而坐者）是波斯萨法维王朝中兴的君主。在他的统治时期，萨法维王朝国力达到巅峰。阿拔斯一世特别重视巩固中央集权和发展经济，为此长期同有分裂倾向的土库曼游牧部落进行斗争，而这些部落曾是萨法维王朝得以建立的武力支柱。阿拔斯一世将格鲁吉亚人、亚美尼亚人、阿塞拜疆人强行迁至伊朗内地，以发展当地经济

阿拔斯一世的统治

阿拔斯一世（即阿拔斯大帝，1587—1629年在位），幸存于宫廷阴谋暗杀，于1587年登基。他在位期间，奥斯曼帝国多次击败波斯军队，占领了格鲁吉亚和亚美尼亚，而乌兹别克人则占领了东部的马什哈德和锡斯坦。1590年，阿拔斯一世与奥斯曼帝国达成和平协议，将西北地区让给奥斯曼帝国。后来，他雇佣了一位英国将军来重组他的军队，使它变为一支受薪的、训练良好的、类似于欧洲正规军的军队。他还购买了大批火药。

阿拔斯一世首创常备军，常备军绝对效忠于国王。骑兵主要由格鲁吉亚、亚美尼亚等地改宗伊斯兰教的战俘和他们的后裔组成，成为王室的古拉姆（奴隶），实即亲兵。另有从农民中招募的步枪兵和炮兵。阿拔斯一世依靠常备军诛除阴谋叛乱和不听命的基泽勒巴什的首领。他首先向乌兹别克人开战，1598年大败乌兹别克人于赫拉特，

重占赫拉特和马什哈德，收复呼罗珊，遂将首都从加兹温迁至伊斯法罕。然后，他开始对奥斯曼帝国回击。

1603—1612年，对奥斯曼帝国作战，收复了北起阿塞拜疆南至巴格达的失地；1602年，他将葡萄牙人逐出巴林，在英国海军的帮助下，于1622年收复了葡萄牙人强占的波斯湾上的霍尔木兹岛。同年，大败莫卧儿帝国，占领坎大哈。他扩大了与不列颠东印度公司和荷兰东印度公司之间的贸易，加强了中央政府职能。他在伊斯法罕建清真寺、神学院、公共浴室、广场和林荫大道，各国使节和商人云集于此，都城空前繁荣。

阿拔斯一世统治英明，成为萨法维帝国的中兴之主，但阿拔斯一世疑心很重，总是担心有人刺杀他，甚至怀疑家人，并对他们非常残忍。他的一个儿子被他处死，两个被弄瞎。他的另两个儿子先于他死去，1629年1月19日阿拔斯一世去世，最终一生没有男性继承人。

在他之后，王朝不断衰落。

宗教改革——对天主教的质疑

这是一个宗教改革的时代。在这个时代里，地理大发现、新航路开辟，带来了资本主义的萌芽和发展。文艺复兴运动在欧洲各国蓬勃发展，给欧洲人带来了思想解放。这些孕育了宗教改革的发生。宗教改革首先开始于马丁·路德领导的德国宗教改革，随后各国宗教改革如火如荼。宗教改革在意大利、法国和英国等国爆发，掀起了欧洲宗教改革的浪潮。

1517 年，路德在威腾堡贴出了九十五条论纲，引起了人们对《圣经》的广泛讨论，拉开了欧洲宗教改革的序幕。信徒们对当时基督教自身的状况非常不满，教廷腐败，教士堕落，法国胡格诺派以及瑞士加尔文教派都对基督教进行改革。这促使基督教在各国获得发展和传播。瑞士、瑞典等国的宗教改革也陆续展开。亨利八世拉开了英国宗教改革的序幕。他确立了至尊王权，国王成为教会的最高领袖。他的子女爱德华六世继续实行新教革命。虽然有玛丽女王复辟天主教，但是伊丽莎白一世上台后又实行了宗教宽容政策，由此确立了英国国教制度。

与宗教改革运动相对的是反宗教改革。天主教面对各国的宗教改革运动，开始自省和自我改革。宗教改革后，基督教分裂为东正教、基督教，并不断向世界各地传播开来。

意大利宗教改革家
萨沃纳罗拉

欧洲宗教改革的先驱，
他就是萨沃纳罗拉。

萨沃纳罗拉（Fra Girolamo Savonarola，1452—1498年）是意大利的著名宗教改革家。他最后遭受了火刑，后世对他的评价却越来越高。他创建的"三千人大会议"制度保留了下来，成为佛罗伦萨共和国的重要制度。

两次来到佛罗伦萨

萨沃纳罗拉生于费拉拉，是多明我会修士，佛罗伦萨的著名宗教改革家。他幼年就开始研读《圣经》和圣托马斯·阿奎那和亚里士多德的著作。他最初就读法莱拉大学，学业优秀，获得了文学类学

萨沃纳罗拉从1494年到1498年担任佛罗伦萨的精神和世俗领袖。他的布道往往直接针对当权者

位。在这个时期，他的创作就表现出了反对宗教腐败和世俗享乐的立场。萨沃纳罗拉在1475年成为了多明我会修士，并加入了博洛尼亚的圣多米尼克修道院。1482年，他被派往佛罗伦萨。他的第一次佛罗伦萨之行没有记载，5年之后他回到博洛尼亚继续研修神学。

1490年，萨沃纳罗拉受到乔瓦尼皮科·德拉·米兰多拉伯爵邀请，重返佛罗伦萨。这一次他着重于末世的布道渐渐受到重视，除了宣扬《圣经》内容，他还声称自己得到上帝的神谕，可以跟上帝或者圣人直接交谈。他曾预言中了意大利战争、美第奇家族的衰落、瘟疫暴发等。文艺复兴时期，佛罗伦萨的富商和贵族在古董和艺术上花费大笔金钱，造成严重的贫富不均。萨沃纳罗拉宣扬摒弃人世间财富追求上主的精神救赎，也赢得了很多中下层平民的支持。

担任领袖

1494年，法国国王夏尔八世入侵佛罗伦萨，推翻了掌权的美第奇家族。萨沃纳罗拉则成为佛罗伦萨的精神和世俗领袖，建立了佛罗伦萨共和国。

他反对文艺复兴艺术和哲学，焚烧艺术品和非宗教类书籍，以及毁灭他认为不道德的奢侈品，直指教皇亚历山大六世以及美第奇家族。1497年，他和一群跟随者们在佛罗伦萨市政大楼韦奇奥宫广场点起一堆熊熊大火，萨沃纳罗拉称之为"虚

萨沃纳罗拉的传道在当时一度引起轰动，教堂里挤满听众

知识链接：多明我会

多明我会，亦称"布道兄弟会"，天主教托钵修会的主要派别之一。1215 年，多明我会由西班牙贵族多明我创立于法国图卢兹，1217 年获教皇洪诺留三世批准。会士均披黑色斗篷，因此称为"黑衣修士"。多明我会建会不久就参与了对阿尔比派的攻击，并受教皇委托，主持异端裁判所，职掌教会法庭及教徒诉讼事宜。至今罗马教廷的信理部及教会最高法庭仍由其会士掌握着。

荣之火"。他派遣儿童逐家逐户搜集"世俗享乐物品"，包括镜子、化妆品、画像、异教书籍、非天主教主题雕塑、赌博游戏器具、象棋、鲁特琴和其他乐器，做工精细的衣着、女人的帽子，以及所有古典诗作，然后把它们一并扔进火里烧掉。很多文艺复兴时期伟大的艺术品都被这堆火永远地烧掉了。曾经热爱异教主题的著名文艺复兴画家桑德罗·波提切利，晚年也沉溺于萨沃纳罗拉的那种布道，亲自把很多晚期作品也烧掉了，非常可惜。

不久，佛罗伦萨人厌倦了萨沃纳罗拉的严厉说教。由于他反对商业经营，使得以商业为主的佛罗伦萨一度陷于贫困之中。1497 年 5 月 4 日，一群人在萨沃纳罗拉布道时起哄生事，很快演变成一场民变。他的跟随者也渐渐离他而去。1497 年 5 月 13 日，教皇亚历山大六世把萨沃纳罗拉开除教籍。1498 年，教皇公开要求佛罗伦萨逮捕并处死萨沃纳罗拉。4 月 8 日，一群人袭击了佛罗伦萨圣玛尔谷大殿，在血腥厮杀之后，萨沃纳罗拉带领两位跟随者多米尼克·达·帕奇亚修士和萨尔维斯特罗修士投降。

几个星期后，萨沃纳罗拉和两名跟随者经受了严酷残忍的折磨，最终三人都签下认罪书。与此同时，萨沃纳罗拉利用行刑人故意留下了他的右手，完成两篇承认罪行的文章。1498 年 5 月 23 日，他在韦奇奥宫广场被烧成灰烬。他的骨灰被撒入佛罗伦萨的阿尔诺河，以免有人收起来当圣物崇拜。

萨沃纳罗拉被处死在韦奇奥宫广场

宗教改革的开端
马丁·路德

我的话就是上帝的话。
——马丁·路德墓志铭

马丁·路德（Martin Luther，1483—1546年）是16世纪欧洲宗教改革的倡导者，基督教新教——路德教的创始人。

路德

路德出生于中产阶级家庭，父母希望他成为律师，但他想要成为一名修道士。据说有一天晚上路德回去晚了，途中遇到一场暴风雨，他差点儿被闪电击死，便决定进入修道院。1505年，他加入奥古斯丁修会。1512年，在维登堡大学担任《圣经》教授，成为一名宗教教师，经历了很多次灵魂斗争，以寻求救赎之道。

奥古斯丁的神学思想启发他领悟因信称义的教义。教廷为了扩建圣彼得大教堂，大肆销售赎罪券。这促使路德在维登堡大学教堂门口贴出《九十五条论纲》，最初并非为了宗教改革，而是希望与教廷深入地讨论教义，却遭到了教会反对。

由于德国诸侯的保护，路德可以自由地翻译德

图为1521年印刷的小册子上赎罪券售卖者的雕刻画。在天主教教堂里，教徒能够通过购买赎罪券来获得精神上的拯救，他们将不再因罪在地狱中受到永恒的惩罚

文《圣经》，并且出版了许多神学著作。他的书籍和小册子借助印刷术风行欧洲，宗教改革的风潮势不可当。虽然德意志民族的神圣罗马帝国的皇帝查理五世想以武力逼他就范，但德国的诸侯却支持和保护他。他们群起的抗议行动，使得宗教改革运动被称为抗罗宗（Protestant），即新教徒。

路德是德国最早用德文对照新旧约原文授课的教授之一。他曾依照教会律法潜心苦修，但始终未能心安。有一天他研读《圣经》，看到了"义人必因信得生"时，顿悟到得救只是因为对上帝的信仰及上帝的恩赐，其他一切律法都不能保证使人得以"称义"。保罗在他的信中讲只因信仰进入天堂。简单和真正地相信神是进入天堂所需要做的全部。路德接受了他的观点，并向学生传授，烦琐的教学礼节、圣礼和其他行为的仪式对于个人的拯救是无意义的。

马丁·路德出身于德意志东部的一个小山村，大学毕业后进入爱尔福特奥古斯丁修道院当教士，并学习神学。面对教会的日益腐化，他愈加坚定自己的信念，在德国领导了宗教改革。他成为德国16世纪宗教改革家，是新教路德教的奠基人

《九十五条论纲》中痛斥赎罪券的做法，提出了信仰耶稣即可得救的原则，是第一次公开对教堂和教会开战，广为社会各阶层接受

维登堡的《九十五条论纲》

路德放弃在教会内部的改革，完全从罗马天主教会脱离出来，形成了路德教教义。他认为通过信仰而不是各种仪式便可以得到救赎；宗教真理和权威只存在于《圣经》中；教会不应该只是层层神职人员的体系，而是由所有信徒组成的一个团体。祭师、修士或修女的工作都是重要的，祭拜服务应该用通俗易懂的语言，只有洗礼和婚姻两种圣礼。

他的信念也获得了同校一些教授的支持，他们亲眼看到人们受骗购买赎罪券的情形，又耳闻教会主教买卖圣职的丑事。路德坚定地抨击教会出售赎罪券的行为。1517 年 10 月 31 日，他将对赎罪券的看法和罗马天主教的所有错误，写成《九十五条论纲》张贴在维登堡大学的教堂门口。时逢万圣节，很多信徒看到了张贴的内容。文章两周后便传遍全德国，一个月后被翻译成多种语言传遍全西欧，掀起了巨大反响。他原本只是想改革教会的一部分制度，可教皇下令把他革除教籍。他不再承认教皇的权威，唯以《圣经》为权威。他从理论上阐明了因信称义的教义，这种义全凭耶稣，而不在于

履行教会的礼仪、规条和善功。1519 年，他在维登堡当众烧毁教皇的敕令，与罗马教廷公开决裂。后来，他被逐出教会。

路德在维登堡大学的行为引起轩然大波，这是对教会进行挑战，引起了人们对教会教义的诸多质疑。许多人开始追随他的脚步。当教会开始被质疑时，多种神学教义便出现了，热心于宗教的改革者发展了新教义，欧洲各地的宗教革命如火如荼地开展起来。

19 世纪的画家朱利叶斯·许伯纳创作的一幅图画，夸张地表现了路德在人群前面张贴《九十五条论纲》。事实上，张贴论文来讨论是一种惯例

瑞士宗教改革
茨温利

凡《圣经》没说的都不要去做。
——茨温利

乌尔里希·茨温利（Huldrych Zwingli，1484—1531年）是瑞士宗教改革著名领袖，与路德同一时期的改革家。

茨温利生平

茨温利出生于圣加伦州塔根堡山区威尔德豪斯村一个富裕农家。父亲是村长。他曾在巴塞尔、维也纳、伯尔尼求学，学习音乐、经院哲学和人文学科。他后来成了一个格拉鲁斯牧师（1506—1516年）。

1506年，茨温利完成硕士学业，被封为格拉鲁斯教堂神父，并在意大利的瑞士雇佣军部队中做牧师。1513—1515年，他曾数次作为教皇雇佣军的随军神父到意大利作战。他受到《圣经》的强烈影响，赞成改革教会。他任职牧师的10年间，潜心钻研希腊文、希伯来文、《圣经》和古教父著作，与伊拉斯谟建立通信联系，并受到威克里夫和胡斯等人的影响。1519年，茨温利开始在苏黎世担任人民的祭司大部长，他谴责雇佣军贸易，并攻击教会的腐败，主张《圣经》为最高权威。在

1502年重返巴塞尔大学，在人文主义学者韦登巴哈门下深造，开始树立以《圣经》为最高权威的思想，反对天主教教会出售赎罪券

日内瓦"宗教改革者墙"（又称宗教改革国际纪念碑），1909年为纪念宗教改革家约翰·加尔文400周年诞辰修建，纪念他对宗教所作的贡献。四尊全身雕像，是约翰·加尔文和他的三位弟子

1522年，康斯坦茨和茨温利等人吃了一天的肉，打破了宗教戒律。此外，茨温利结婚打破了他作为神父的独身誓言。1523年，茨温利的《六十七条论纲》成为改革教会教义的文件。1524年，他反对敬拜圣像，把弥撒礼改为圣餐礼，主张解散隐修院和没收其财产，兴办学校，停止节期斋禁。

茨温利宗教改革

茨温利早年作为瑞士随军牧师，与瑞士的雇佣军一起踏上征程。1519年1月1日，他担任苏黎世著名的大敏斯特教堂的牧师，宣布抛弃传统的读经课本，而直接讲《马太福音》。直到1525年他讲完了全部的《圣经》新约，又开始讲授旧约。

1522—1525年，他先后提出的各种政治和宗教的改革主张，都得到了苏黎世市民和市议会的

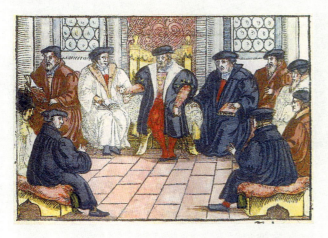

在 1529 年马尔堡会谈中，路德拒绝了各方包括茨温利提出的内部和解、一致对抗罗马教廷的建议，终于同瑞士宗教改革派分裂。图为 1557 年描绘马尔堡会议的木刻画

支持和拥护。他认为，一切均应以《圣经》为依据。他主张：得救唯靠信心；否认罗马教会的权威，反对出售赎罪券；废除教士独身制；解散修道院并没收其财产；取消主教制，教会牧师由信徒选举。他非常重视实践，投身政治事业，努力争取和世俗政权合作并且致力于实施改革。

1525 年起，他受到来自瑞士新教内部和国外路德派两方面的挑战。苏黎世的激进派不满足于茨温利保守的改革方案而与之决裂，形成了再洗礼派。茨温利谴责再洗礼派以及与它有联系的农民战争，主张进行镇压。同时以马丁·路德和布根哈根为一方，茨温利与伊柯兰帕丢为另一方，对圣餐礼的解释发生分歧。前者强调耶稣设立圣餐礼时所说的"这是我的身体"（即后来的同体论）；后者则强调"这表示我的身体"（即后来的纪念论）。两派于 1529 年在马尔堡举行辩论，史称"马尔堡会谈"，结果意见未能达成一致，改革派的思想分裂加深，力量由此削弱。此后，忠于天主教的瑞士西南林区五州联合起来，得到奥地利的支持，向苏黎世等新教各州联盟进攻。茨温利号召新教各州扩大联盟予以抗击，但没有结果。

在茨温利的影响下，瑞士许多州都进行了宗教改革，大部分州都倒向新教。1531 年，瑞士新教各州与天主教各州发生战争，茨温利作为苏黎世军队的随军牧师奔赴战场，他全副武装，挥舞着一把双刃剑，10 月 31 日于战场牺牲，天主教军队将其分尸焚毁，结局悲惨。

茨温利死后，瑞士宗教改革传播到日内瓦，其思想和事业被加尔文所继承，后来发展成了独立的学派。

1531 年 10 月，在卡匹尔战役中改革派战败，茨温利阵亡。图为茨温利之死

社会主义先驱
闵采尔

近代社会主义的先驱之一，马克思如是评价托马斯·闵采尔。

托马斯·闵采尔（Thomas Münzer，1489—1525 年）衣着十分朴素，其貌不扬，身材中等，面部粗犷，颧骨突出。他知识渊博，平易近人，毅力顽强，却很有个性。他从大学时候起，就酷爱买书和读书。闵采尔还是一个狂热的藏书者，他常常买书以致欠书商的债务。

闵采尔生平

闵采尔生于德国施托尔堡的一个铸造钱币的小手工业者的家庭。他少年时，父亲被贵族阶级绞死。家庭曾先后迁居埃斯勒本、豪尔勃塔特。

闵采尔，德意志平民宗教改革家、农民战争领袖、空想社会主义的先驱者之一。他还精通古典文学和人文主义文学

1503 年闵采尔 14 岁时，全家移住到克维德林堡。在克维德林堡，闵采尔在拉丁文学校学习。同时他喜欢到处游历，结交了很多贫苦农民、平民、矿工、纺织工以及印刷工人为挚友。年轻的闵采尔常替穷苦人家出力办事，代不识字的人写书信，照料病人。

1506 年，17 岁的闵采尔在莱比锡大学读书。之后他在法兰克福大学和美因茨大学专修哲学和神学。闵采尔通晓拉丁语、希腊语和希伯来语。因成绩优异，毕业后获得了神学学士和文科硕士学位。闵采尔在大学期间酷爱文学。他一方面接受了当时正在流行的人文主义思想；另一方面，他不满于人文主义者对劳动人民的冷漠态度，坚决反对胡斯的只依靠骑士去改革教会的观点。

闵采尔宗教改革

闵采尔大学毕业后，1513 年在哈勒的教区学校任教。他 1514—1515 年在埃斯勒本任教师兼教士。这段时间，闵采尔组织了一个秘密团体改革教会，反对马格德堡大主教恩斯特二世。1516 年，闵采尔在埃斯勒本附近的弗罗泽任女修道院院长。闵采尔决定，在他主持的修道院中作弥撒，不再沿用天主教教义的规定。

路德只比他大 6 岁，闵采尔却尊路德为老师。他在维登堡、尤特博格等地，积极支持路德的宗教改革主张。1519 年，他公开反对圣芳济教派，谴责罗马天主教的教阶制度和圣徒崇拜，人们曾把他

茨威考的圣凯瑟琳教堂，闵采尔曾在此布道

称为路德分子。后来路德还介绍闵采尔去当教师。1520 年 7 月 13 日，闵采尔在致路德的信中，把路德称为尊敬的朋友中的榜样和灯塔。闵采尔由于接受了神秘主义的影响，他的宗教改革理论进一步得到了发展。

后来，在同茨威考的矿工、贫苦农民的密切接触中，闵采尔的思想观点发生急剧变化。他同再洗礼派建立了密切联系，思想却愈来愈激进。他积极帮助再洗礼派提出革命主张。路德对他指责，闵采尔则回击路德。他认为路德是一个蹩脚的改革家。1521 年春，闵采尔在茨威考建立了"基督徒同盟"，广泛吸收城市市民和农民加入。在他的大力宣传和鼓动下，农民们开始组成各种秘密团体，积极策划反抗封建贵族和教会的斗争。1521 年 6 月 23 日，闵采尔在布拉格作了一次盛大的布道。随后，他还在伯利恒小教堂用拉丁语进行传教。闵采尔尊扬·胡斯为导师和伟大的斗士。1521 年 11 月，他在布拉格发表的《告捷克人民书》中，号召人民起来进行暴力革命，后来被驱逐出布拉格。闵采尔总

在前线亲自指挥起义军，还参加了德国农民战争。1525 年 5 月 16 日，他率领的部队与前来围攻的诸侯部队在弗兰肯豪森进行决战，终因寡不敌众，起义军最终惨败。

1525 年 5 月 27 日清晨，闵采尔面对行刑的刽子手视死如归，他领导的宗教改革解放了人们的思想。

1525 年 3 月，德国农民战争期间，武装的农民手持各种各样的武器

反宗教改革运动
自我改革

反宗教改革运动对于天主教徒来说，就是天主教会的改革。

1779 年绘画，图为耶稣使团的成员

16 世纪蔓延全欧的宗教改革运动使得天主教会面临空前危机。依纳爵·罗耀拉（1491—1556年），西班牙贵族，一个默默无闻的退役士兵，在 1534 年创立了一个强有力的反宗教改革团体——耶稣会，有效地抵制了新教势力的扩张，后来他被封为圣徒。

耶稣会

1540 年 9 月 27 日，"耶稣会"作为一个僧团，正式为教皇批准。耶稣会的组织原则、目的和手段可从《耶稣会章程》以及罗耀拉撰写的《精神训练》和《组织》两本书中看到。罗耀拉不满罗马教会原有各僧团的腐朽无能，恨它们保卫教皇不力。为了重振罗马教会，重树教皇的绝对权威，罗耀拉按照军事组织原则建立自己的僧团。他认为，只要是为了天主教会的利益，任何手段，甚至暗杀、放毒、收买、背信弃义等都可采用，任何丑恶罪行都可赦免；教皇应高踞一切世俗君主之上，教皇是牧人，世俗君主是牧犬。

为了确立教皇的权威，罗耀拉依照军队组织进行管理。按照他的设想，修会成员对教会绝对服从，《精神训练》中规定："耶稣会会士必须与教会保持一致，如果教会把白的东西说成黑的，我们也应该把它说成黑的。"教会成员都要经过严格的训练。在训练期间，每人都要戴着腰箍和铁链进行自我折磨，经常鞭打直到出血的程度，锻炼出超人毅力。

罗耀拉还通过办教育扩大天主教会影响。在耶稣会办的学校，除讲授神学外，还讲授数学、天文学和其他世俗学问，内容也具有较高学术水平，培养出不少学识渊博的教士。

图为罗耀拉接受教皇诏书的情形

图为在大圣玛利亚教堂召开的特伦托宗教会议

反宗教改革运动

1520年，教皇利奥十世对路德发出的限期敕令是天主教对新教的第一个正式反应，标志着反宗教改革运动的开始。

罗马教廷在特伦托宗教会议上的暂时胜利和耶稣会的活动分不开。耶稣会的协助创办人，罗耀拉的得力助手拉内兹、萨尔麦伦和勒费夫尔都出席了特伦托宗教会议。他们遵照罗耀拉的主张，在会上积极宣扬教皇无谬误的观点，利用宗教会议的机会，不但抬高了教皇的宗教地位，也扩大了自身的影响。

教廷依靠的不是旧式的隐修会，而是耶稣会。它的宗旨是重振天主教会，重树教皇权威。耶稣会士不住修道院，不穿僧衣，而以各种身份渗透到社会各处，通过与俗人往来进行传教。他们的做法非常成功，不少耶稣会士跻身社会上层，成为各国家宫廷的忏悔牧师或宗教顾问，巩固了天主教在该国的地位。

同时，耶稣会培养的传教士做了改革宗教的努力。他们在欧洲的新教地区极力主张恢复天主教信仰，这主要指德意志南部。在巴伐利亚，耶稣会士彼德·卡尼苏斯说服阿伯特五世改信天主教，驱逐新教徒，把持科隆大学的教育。耶稣会打击新教更直接的手段是暗杀新教的领导人和有新教倾向或者主张宗教宽容的君主，如法王亨利四世、英王詹姆士一世、荷兰统治者威廉·奥兰治、葡萄牙国王乔治一世和瑞典国王古斯塔夫·阿道夫等。

从本质上讲，宗教改革实际上是欧洲民族国家兴起在意识形态领域的反映，即使没有新教的变革，各民族国家王权的加强仍不可避免地会打破教廷的神权统治。反宗教改革运动有效地维护了天主教的信仰，涌现的圣徒有力地维护了天主教的权威。

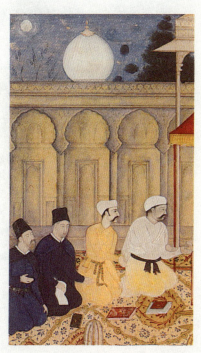

图为耶稣会会士在印度的阿克巴宫廷，1605年绘制

法国宗教改革
胡格诺战争

天主教与新教的百年战争史，
这就是法国宗教战争。

《卡托-康布雷齐和约》签署后不久，1559年法王亨利二世就去世了。亨利的儿子继承皇位。但由于其年龄尚小，母亲凯瑟琳·美第奇便成为摄政王太后，把持朝政。法国从1562年开始卷入了一系列争斗中，这便是著名的胡格诺战争。这场宗教战争前后持续了32年。

胡格诺战争

16世纪，法国信仰新教的信徒被称为胡格诺教徒。"胡格诺"这个词源自德文，意为"宣誓联合的同盟者"。1562年，凯瑟琳作为摄政王太后，签署了一项法令，给予胡格诺派一定的合法空间，允许他们公开举行集会。凯瑟琳领导瓦卢瓦家族，此意在赢得该派的支持，以抗衡其讨厌的吉斯家族。吉斯家族成员都是天主教教徒。作为回应，吉

图为1562年加尔文教徒对里昂教会掠夺的情景

1562年3月1日，法国的瓦西镇发生了一起天主教徒大肆屠杀新教徒的惨案。它是法国历史上第一次宗教战争（胡格诺战争）的导火线

斯公爵焚烧了胡格诺派教徒聚集的房屋。当时屋内数千名教徒全部被烧死。胡格诺派开始集体反抗这种野蛮行为。

凯瑟琳与吉斯家族进行抗争。与此同时，波旁家族在纳瓦拉国王安托万·德·波旁的带领下，也加入到宗教战争中。安托万反对新教徒，但他的妻子和子女们却都支持胡格诺派。因此，凯瑟琳就处于十分尴尬的境地。凯瑟琳不得不权衡这两方面，以便她的儿子能顺利地继承法国王位。

1570年，胡格诺派在和天主教之间的战争中占据了优势，取得暂时的胜利。之后双方冲突一直不断，交战多次。这场杀戮持续了十年之后，双方表示愿意和解。作为表示和解的诚意，由法国宫廷掌实权的王太后凯瑟琳做主，让信天主教的王妹玛格丽特·德·瓦卢瓦与胡格诺教徒的首领、那瓦尔诸侯国君主亨利订婚，并定于1572年

圣巴托罗缪大屠杀是法国天主教暴徒对国内新教徒胡格诺派的恐怖暴行，开始于 1572 年 8 月 24 日，持续了几个月

约翰·加尔文（Jean Calvin，1509—1564 年）是一个来自法国的著名改革派新教神学家。16 世纪中叶，他在瑞士建立了一个改革的教会。1533年，加尔文接触到路德的教义，信仰开始有了改变。1536 年，他出版了《基督教要义》。这是第一本完整介绍宗教改革思想的神学作品，后来曾修订过三次，其地位有如阿奎那的《神学总论》在天主教里的地位一样。

8 月在法国巴黎完婚。凯瑟琳将自己的女儿许配给亨利，希望此举能够赢得一个对抗吉斯家族的同盟者。

婚礼在 8 月 18 日举行，国王的妹妹并不满意这桩婚姻。此时，有许多胡格诺教徒滞留巴黎，他们打算集结更多胡格诺教徒，准备从这出发援助尼德兰新教徒反抗西班牙人的殖民统治。这时爆发了大屠杀。

圣巴托罗缪大屠杀

1572 年，亨利与玛格丽特举行婚礼期间，天主教派和胡格诺教派分别派出军队来巴黎，以防止天主教教徒和胡格诺教徒在婚礼当天爆发冲突。婚礼过后不久，凯瑟琳成功说服儿子夏尔九世处死胡格诺派领袖加斯帕德·德·科利尼。吉斯家族与胡格诺派本身就有冲突，于是胡格诺派强烈谴责吉斯家族，要求吉斯家族给出公正的说法。

1578 年 8 月 24 日凌晨，巴黎几万名信仰天主教的市民伙同士兵对城内的胡格诺教徒进行了血腥大屠杀。他们按照事先画在胡格诺教徒住处门前的白十字记号闯进屋去，乱杀还在睡梦中的胡格诺教徒。这一夜，包括许多重要胡格诺教徒在内

的 3000 人成了祭品。继巴黎大屠杀后，法国许多外省城镇也发生了屠杀胡格诺教徒的事件，至少有一万多人被杀。这是胡格诺教徒的灾难，历史上称为"圣巴托罗缪大屠杀"。

天主教暴徒对胡格诺派的恐怖暴行持续了几个月，正如法国历史学家米什莱所写："圣巴罗缪节不是一天，而是整整一个季节。"这给民众带来了极大恐慌，法国再次出现了分崩离析的局面。

宗教改革由此再起，胡格诺战争一直到 1598 年法国国王亨利四世颁布宗教和解的南特敕令后才告停息。

约翰·加尔文，法国著名的宗教改革家、神学家、基督教新教的重要派别加尔文教派（在法国称胡格诺派）创始人，人称日内瓦的教皇

英国宗教改革
世俗之战

亨利八世拉开了英国宗教改革的序幕。

《至尊法案》是 1534 年英国国王亨利八世促使国会通过的有关宗教改革的法令。宣布国王为英国教会的最高首领，拥有任命教会各种神职和决定教义的权力，拒绝接受这一法案者以叛国罪处死

英格兰人重现实、重实际，不像德意志人那般热衷于内心的信仰或体验，并深深卷入欧洲和教皇政治的旋涡中。英国亨利八世推行宗教改革时，主要是出于现实政治和国家利益的需要。英国宗教改革运动受到欧洲新教改革的影响，其中主要是受到加尔文教的影响。英国宗教改革运动的导火线则是亨利八世的离婚案。

亨利八世宗教改革

西班牙阿拉贡公主、德意志民族的神圣罗马帝国皇帝查理五世的姨母凯瑟琳成为亨利八世的妻子，为他生了 6 个孩子，但只有玛丽·都铎长大成人。亨利八世为王位继承人非常伤神，于是，向罗马教皇提出与凯瑟琳离婚。教皇慑于查理五世的压力，拒绝了亨利八世的离婚请求。结果，愤怒的亨利八世便开始谋划对抗教廷的活动。在马丁·路德宗教改革的影响下，欧洲反教皇的情绪已经颇为普遍。亨利八世决定利用人们对教会的不满，推行宗教改革，加强自己的统治权力。

亨利八世并不是一个天生的宗教改革者。起初他对英格兰的宗教改革运动态度坚决，把这些异教徒送上火刑柱。他还亲自撰文抨击路德的异端邪说，教皇利奥十世授予他"信仰捍卫者"的称号，路德则将他斥为"戴着王冠的蠢参谋长"。

1527 年，亨利八世声称爱上了王后的侍女安妮·博林，要求与王后凯瑟琳离婚，公开的理

知识链接：约克郡喷泉修道院

英国中世纪最大的修道院是约克郡喷泉修道院。传说 1132 年由 13 位流亡的本笃会修士所建，当年他们受到约克大主教瑟斯顿的保护，得到了这样一处小河边的容身之地。后来，这些修士成了西多会的成员。他们吃的只需维持生命即可，披着本色羊毛僧衣，过着苦行僧的生活。亨利八世解散了这个修道院，此处遗迹几易其主，如今已成残破的废墟。

INDVLGENTIA · PLENARIA · PERPETVA ·
QVOTIDIANA · TOTIES · QVOTIES ·
PRO · VIVIS · ET · DEFVNCTIS

赎罪券亦称"赦罪符",拉丁文意为"仁慈"或"宽免",后被引申为免除赋税或债务,1313年天主教会开始在欧洲兜售此券。教皇宣称教徒购买这种券后可赦免"罪罚"。图为罗马圣约翰拉坦大教堂的赎罪券铭文:大赦生者和死者

由是没有男性继承人。亨利八世向教皇提出申请,要求离婚。但教会迫于罗马教廷的压力,6年都没有批准。1533年,亨利自己宣布与王后离婚,与安妮结婚。1534年,英国公然与罗马教廷决裂。

教皇决定将他开除教籍,双方由战友变为敌人。亨利八世宣布国王是英国教会的最高首脑,亨利的宗教改革就这样收场了。1553年,信奉天主教的玛丽(1553—1558年)继位。她立即恢复了天主教,残酷迫害新教徒,烧死异端达300多人,被称为"血腥玛丽"。

伊丽莎白宗教改革

1558年,信奉新教的伊丽莎白(1558—1603年)成为女王,并恢复了国教,在"血腥玛丽"时代逃亡欧洲大陆的新教徒纷纷回国。伊丽莎白一世主张宗教宽容政策,得到人民的支持。她修改了教义教规:反对罗马教会对各国教会的控制;反对教会占有土地,出售赎罪券;不承认教会有解释《圣经》的绝对权威;不承认教士具有沟通神与人的中介作用;承认《圣经》是信仰的最高准则,教徒能够与上帝直接相通;要求用民族语言举行宗教仪式,简化形式,主张教士可以婚娶。

从16世纪60年代起,英国出现了反对国教会的"非国教徒"。他们主张依照加尔文教来"纯洁教会",要求清除国教会中的天主教教义和教规仪式,清教徒由此而得名。

方廷斯修道院位于英国北约克郡里彭市西南大约3英里,建立于1132年,使用了逾400年,直到1539年亨利八世解散修道院风波中才停止使用

瑞典宗教改革
奥拉夫

瑞典在宗教改革后，
就成了一个新教的坚固堡垒。

德国路德城维滕贝格大学广场

在皮埃特蒙的山岭间，在法兰西平原和荷兰的沿海一带，伴随着信徒的血迹传播着福音。而在北欧国家里，福音却得以平平安安地传入。维滕贝格大学的学生在返乡之后，曾把宗教改革的信仰带到斯堪的纳维亚各国。路德著作的印刷品传播了真理之光。于是北欧俭朴勤劳的居民摒弃了罗马天主教的腐败、奢侈和迷信，而欢迎《圣经》中纯正、简明和赐人生命的真理。

瑞典宗教改革

丹麦在宗教改革家汉斯·塔夫森（Hans Tausen，1494—1561年）的影响下，国王宣布接受新教信仰。在瑞典也是如此情形，青年学生从维滕贝格饱饮了生命之水后，就把这水带给他们的同胞。瑞典宗教改革运动的两位领袖奥拉夫·彼得里和劳伦蒂乌斯·彼得里，是厄勒布鲁的一个铁匠尼尔斯·彼得里的两个儿子。他们曾在马丁·路德和菲利普·梅兰西通的门下受教，后来

就殷切地用所学得的真理教导别人。奥拉夫像大改革家路德一样，用他的热情和口才鼓舞众人；而劳伦蒂乌斯底斯则像梅兰希通一样，好学、审慎、镇静。弟兄二人都是热心虔诚的，他们在神学研究上都有很高的造诣，都以勇敢不屈的精神传播真理。同时，天主教的反对活动也不断发生，神父们煽动了无知和迷信的民众。奥拉夫多次被暴徒袭击，有几次险些丧命。尽管如此，这些改革家却得到国王的支持和保护。

那时，瑞典人民在罗马教会的统治之下一贫如洗，受尽了折磨。他们没有《圣经》，只有一些象征性的记号和礼节所组成的宗教，这样的宗教不能使人得到启迪和指引。因此，他们便逐渐回到他们祖先邪教的迷信和罪恶的生活之中去了。那时国内分成若干敌对的党派，不断的纷争使人民陷入水深火热之中。于是国王决意要在政治和教会方面进行改革，非常欢迎这些能干的助手来与罗马作战。

圣布里吉特女修道院是一座典型的瑞典中古教堂,教堂的中间是青铜尖塔,前面则是瑞典圣人圣布里吉特的雕像。教堂内还有一个博物馆。图为教堂的回廊

奥拉夫

奥拉夫在瑞典国王和许多大臣面前,用他非凡的才能与天主教的神父们对抗,为宗教改革的信仰辩护。他认为古代教父的著作必须与《圣经》吻合方可接受;他指出《圣经》所提供的教义非常清楚简明,人人都能够明白,这有利于百姓理解《圣经》的含义。

奥拉夫不是没有知识、固执偏见、无理取闹的争辩者;他是研究过上帝圣言的人,深知如何运用《圣经》所供给他的武器,并不比路德等人逊色。奥拉夫和劳伦蒂乌斯是学者和神学家,他们精通福音真理体系,非常简单地就能够打败烦琐哲学家和罗马权贵们的诡辩。

通过辩论,瑞典国王接受了新教的信仰,不久之后,全国会议也声明拥护。奥拉夫已将《圣经·新约》译成瑞典文,他们弟兄二人遵照国王的旨意从事翻译整部《圣经》的工作。这样,瑞典人就可以借助本国的文字领受上帝的圣言了。议会通令全国,要求传教士们都应当解释《圣经》,各地学校也应当教导儿童诵读《圣经》。

敬虔主义是1648年三十年战争结束之后在欧洲(特别是德国)兴起的灵性复兴运动,目的是纠正基督教国家教会死板的形式主义。德国神学家施佩纳(Philip Jakob Spener)是敬虔派的代表性人物,他强调信徒应有重生的经历、灵命的培养以及宣教的热诚。敬虔派的另一位代表性人物是弗兰克,他曾在哈勒大学任教。哈勒也因此成为敬虔运动的重要基地。

福音的真光驱散了无知和迷信的黑暗,瑞典由此成为新教的一座坚固堡垒。一百年后,在一个紧急关头,这个向来弱小的国家,在三十年战争的艰难处境中支援了德国,而且它是欧洲唯一出力相助的国家。

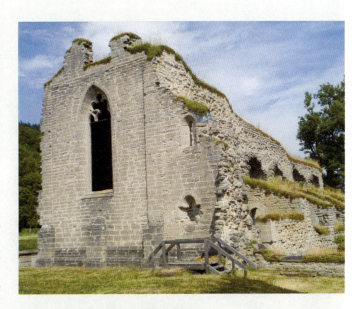

中世纪天主教修道院遭到损毁,财产被抢劫。图为奥尔斯特拉修道院遗址,这所修道院就是瑞典新教改革的见证

俄国宗教改革
现代之战

他用野蛮制服了俄国的野蛮，
他就是彼得大帝。

彼得一世 1682 年即位，1689 年掌握实权发动改革

彼得大帝是沙皇阿列克谢一世之子，是俄罗斯罗曼诺夫王朝第四代沙皇，1689 年他推行了宗教改革。

宗教改革过程

17 世纪中叶，俄国的意识形态面临着空前的危机。强势的宗主教尼康决定重振教会的声望和声势，公开宣告宗主教团的权柄高于沙皇。他强迫沙皇阿列克谢·罗曼诺夫为伊凡四世暗杀圣菲力的罪行忏悔，并公开宣示驯服教会的领导。针对俄罗斯教会长期以来存在问题的书籍，尼康下令一并销禁。这些书籍原是从希腊文翻译而成，经过几百年腐败的教会生态后，内容错误百出。俄罗斯与中东地区的历史发展不同，也导致俄罗斯与希腊在敬拜仪式上不同，记载上也有很多不一样。

尼康要完全遵照希腊的典章规范进行，其改革引起非常大的反弹。最后，他受到数百万基层神职人员和教徒的反对，造成所谓"旧礼仪派"的分裂。他遭到了沙皇的罢黜。

随着宗教改革的不断深入，教会内部中上层的僧侣势力持反对意见，极力阻挠后来彼得一世的宗教改革。这些僧侣势力在教会内部都是一些高级知识分子，非常善于利用各种手段和措施抵制改革，并且不遗余力地剥削百姓们的劳动成果。这引起了人们的强烈不满。

宗教改革措施

彼得大帝不顾当时异常强大的教会势力，毅然进行了宗教改革，采取改组宗教管理机构、限制或没收教会财产、积极打击反动僧侣势力等措施。他极力缩减僧侣人数，减少修道院的数量，取消一切优惠，颁布了各种法律法规限制教会神职人员的发展。沙皇的威信进一步提升，逐渐成为世俗和精神世界的领袖。

首先，改组宗教管理机构。从 16 世纪末以来，俄国宗教的管理制度一直是牧首制，牧首是教会最高领导。牧首以个人利益为主控制教会权力，利用手中的教权干预世俗政治，积极提倡教权高于皇权的口号，阻碍中央集权的统治。彼得一世则正是看到了国家落后封闭的一面，不甘心维持现状，极力

尼康出生于一个农民家庭，1635年剃度为修士，1643年当选为某修道院院长。因其观点大胆新颖，引起了沙皇阿列克谢的注意和好感，1652年当上了莫斯科及全俄东正教牧首

引进西方先进技术，促进了俄国的欧化发展，进而推动俄国的现代化进程，但宗教势力持抵制仇视的态度，阻挠改革进行。考虑到神父手中最有力的斗争工具之一就是牧首制，彼得一世就实行了新的宗教委员会制度，由宗教委员会管理，后来宗教委员会又改称宗教事务管理局，取代了大主教的权力，使教权隶属于皇权，成为国家机器的一部分。

其次，限制或没收教会财产。在宗教改革前，教会凭借自己的势力，肆意进行土地兼并，到彼得一世时期，教会的地产已经具有相当规模，拥有雄厚的经济实力，并试图进一步扩大教会权力，谋求世俗政治权力。对此，彼得一世开始限制教会的财产。1701年，政府下令将部分教会的财产没收归国家所有，强制将教产还俗，并由国家支配教会的财产使用，如国家建立修道院，规定修道院的修女

也要学习手艺。教会还在教区建立学校、孤儿院、养老院等一些公益事业，帮助贫困人群。彼得一世实行限制或没收教会财产的政策，使教会失去了独立存在的经济命脉，成为国家管理的一部分，增加了国家收入。

彼得一世通过宗教改革基本上结束了教权与皇权之争，教会权力以后必须服从于世俗政权即沙皇，俄国由此迈入近代。

尼康在成为牧首之后提出了"教权高于君权"的主张，引起沙皇的反感。1666年，沙皇罢免了他的全俄东正教牧首的职务，并将他发配到一所偏远的修道院。图为尼康被解除教职

宗教传播及影响：文化交流

　　对《圣经》的研读从中世纪走向现代社会。《圣经》伴随着宗教改革和文艺复兴运动获得了广泛传播。伴随着欧洲活字印刷术的发明，各国把《圣经》翻译成自己的民族语言。更多老百姓自己可以阅读《圣经》，民智得到开化，基督的福音普及到大众，人们的意识觉醒了。在德国有德语《圣经》出版传播，英语《圣经》在英国得到广泛传播。《圣经》被翻译成各自国家的民族语言，有利于推行宗教改革。

　　《圣经》在基督教传播的过程中发挥了重要作用。美国由英国清教徒来建立，基督教也随之带到了美洲地区。

　　在欧洲殖民扩张的过程中，基督教得到了广泛传播，也带来东西方的文化交流。基督教传到了中国，给中国带来了基督教和西方的科学技术文化，中国文化也传播到了西方。

　　宗教传播也伴随着文化交流，可以说扩张时代也是一个文化交流和发展的时代。

信仰的依托
《圣经》翻译

世界上唯一一本天书，
世界上最宝贵的一部书，
这就是《圣经》。

约 325—350 年的《旧约圣经》希腊文译本

古老的《旧约》经卷是犹太经学家们用古希伯来文抄写在羊皮卷、羊皮纸或莎草纸上的。1947 年发现死海古卷，其中最古老的手卷大约是公元前 4 世纪的抄本。希伯来文《圣经》最早的希腊文译本为《七十子希腊文本》。直到 1454 年欧洲出现印刷术，才开始出现印刷本《圣经》。15 世纪，德国人古登堡发明了活字印刷术，他于 1456 年印刷出版了第一本书——拉丁文版的《圣经》。这本经典便成为世界上第一部印刷本《圣经》，结束了《圣经》手抄本的漫长历史。

德语《圣经》的翻译与传播

路德之前，除了教会出版的《拉丁文通俗译本圣经》外，其余语言的译本都为教会所不容，或被禁止出版、或遭到焚毁，译者也会遭受迫害。

16 世纪初，荷兰学者伊拉斯谟着手编辑希腊文与拉丁文的《新约圣经》，经 16 年之久，终于 1516 年在瑞士巴塞尔印刷出版，创造出世界上第一部希腊文与拉丁文对照的印刷本《圣经》。伊拉斯谟的译经活动，启发并帮助了路德的宗教改革和德译《圣经》之举，对路德的宗教改革产生过积极影响。

德译本《圣经》由路德开始翻译。他在宗教改革中主张"因信称义"，强调《圣经》的绝对权威。随着民族意识的增强，人们日益认识到阅读《圣经》的重要性，路德出色的语言功底，不畏强权的精神和坚持不懈的努力，以及对广大人民的责任感，促使他翻译《圣经》。1522 年，德译《新约》出版发行，1534 年全部德译《圣经》也刊印问世。这一德文译本创造了现代德国散文，促进了德语的统一和德国近代语言文学的发展。

德语版《圣经》方便老百姓自己阅读，形成他们自己的理解。路德翻译了《圣经》德语版，大大鼓舞了其他国家的译者，纷纷把《圣经》译成其民族语言版本进行传播。

传播英语《圣经》

最早的英译《圣经》可追溯到比德在 735 年用古英文翻译的《圣

1541 年马丁·路德翻译的德语版《圣经》

《古登堡圣经》亦称《四十二行圣经》，是《圣经》拉丁文翻译的印刷品，1454—1455 年在德国美因兹采用古登堡活字印刷术印刷。这个《圣经》是最著名的古版书，它的产生标志着西方图书批量生产的开始

知识链接：通俗拉丁文译本

知识链接：通俗拉丁文译本

383 年，基督教僧侣哲罗姆（约 347—420 年）开始在伯利恒修道院翻译拉丁文《圣经》。他根据希伯来文和希腊文版本，并参考当时已有的古拉丁文译本，对《圣经》重新进行了翻译和校订。他花了三十多年工夫，于 420 年完成其通俗拉丁文译本（Vulgata）。拉丁文 Vulgata 原意为"使人们熟知"，故中文译为"拉丁通俗译本"或"拉丁通行本"。通俗拉丁文译本的《旧约》部分译自希伯来经典，《后典》部分译自《七十子希腊文本》，《新约》部分则参照古拉丁文译本而改译。它是中世纪整个欧洲的通用版本，迄今为止仍是天主教拉丁文《圣经》的通行版本，被认为是最权威的《圣经》版本。

经》。后来的版本为通俗拉丁文译本。14 世纪，约翰·威克里夫根据哲罗姆的《通俗拉丁文译本圣经》将《圣经》译成英文。1384 年威克里夫去世，全部翻译尚未完成，仅留有英译本《旧约》。威克里夫死后译稿遭焚，多有失散，未能完善保留下来。其英译本是最后一部根据哲罗姆拉丁文版翻译的作品，也是最后一部以手稿形式问世的《圣经》。威克里夫虽然未能完成译经工作，却为后人英译《圣经》开创了道路。廷代尔《圣经》的翻译受到路德影响，在英国成为思想武器，也为英国宗教改革助力。

1611 年由英王詹姆斯一世主持翻译的《圣经》是《圣经》诸多英文版本之一，被称为英王詹姆斯王译本。这部《圣经》只有 8000 个常用的英文单词，未受教育的普通人也能阅读，并知晓上帝的旨意，被称为钦定版《圣经》。

伴随着宗教改革的推进，《圣经》的传播迅速发展起来。而《圣经》的翻译推动了宗教改革的发展，同时也推动了《圣经》其他语言版本的出现与传播。

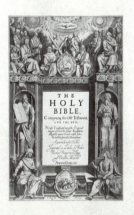

1611 年由英王詹姆斯一世主持翻译的《圣经》的扉页

第 172—173 页：坎特伯雷大教堂

坎特伯雷大教堂位于英国肯特郡郡治坎特伯雷市，建于 324 年，是英国最古老、最著名的基督教建筑之一。1452 年，尼古拉五世下令重建；1506 年由意大利最优秀的建筑师布拉曼特、米开朗基罗、德拉·波尔塔和卡洛·马泰尔相继主持设计和施工，终于在 1626 年建成了现在的模样。它是英国圣公会首席主教坎特伯雷大主教的主教座堂。教堂的正式名称是"坎特伯雷基督座堂和大主教教堂"。教堂已被列为世界文化遗产。由于年代久远，亟待修缮保护。

反抗压迫
德意志
农民战争

反对封建压迫的一次规模最大的起义，
这是德国农民战争；
用战斧把贵族老爷对付，
这是德国农民战争战歌。
。

1989 年民主德国发行的纪念闵采尔的邮票

14—15 世纪，德意志一些地区的经济发展起来，16 世纪初出现了资本主义的工场手工业，资本主义因素逐渐成长。德意志境内小国林立，长期分裂，阻碍了经济发展。教会、诸侯竭力维护封建特权，加强对农民的剥削。农民反封建斗争，最初是以秘密会社的形式在西南部开展，后来爆发大规模起义，推动了宗教改革。

起义前期

托马斯·闵采尔是德国农民战争时期农民和城市平民的杰出领袖，他在缪尔豪森组织成立"上帝永约会"。1524 年 6 月，德国西南部地区首先爆发起义。1525 年 3 月，闵采尔在缪尔豪森城领导人民推翻了城市贵族的统治，建立了民主政权。

1524 年 5 月，士瓦本南部的黑森林地区率先爆发农民起义，后迅速蔓延，1525 年初扩展到士瓦本、弗兰肯、阿尔萨斯、图林根、萨克森、萨尔茨堡和蒂罗尔等地。参加战争的农民人数超过 10 万。农民战争大体经历了发展（1524—1525 年）和衰退（1525—1526 年）两个时期。发展时期，农民战争形成士瓦本、弗兰肯和图林根 3 个中心。在士瓦本地区，继黑森林和图林根起义后，扩展到周边城镇，席卷士瓦本北部。弗兰肯地区的起义集中在诺德林根、安斯巴赫、罗滕堡、维尔茨堡、班贝格和比尔德豪森，图林根为德意志北部农民运动的中心。

起义农民在战争中提出许多纲领性的条款。士瓦本北部起义军在 1525 年 3 月初制定了《梅明根十二条款》。1524 年末，闵采尔门徒制定的《书简》是北德意志农民运动中激进派的纲领。它的核心思想是反对压迫人民的政府和实行暴力革命。

起义高潮

1524 年 5 月—1525 年 7 月，农民战争进入高潮，成千上万的农民成为自己土地的主人，一些贵族和骑士也参加了起义，起义农民焚毁了数以千计的贵族庄园、教会寺院和诸侯府邸，在德国西南部和中部的广阔地区建立起自己的政权。当时德意志领主的军队基本上都在意大利和法国军队进行战斗，无暇掉头来镇压起义军，但是封建主们采取了

德国农民战争是一场 1524 年局部爆发的大规模农民起义，后来扩展到德语区南部（德国南部、奥地利和瑞士）的大部分地区。图为德国农民战争分布图

一边打仗一边和谈的计策，对于实力强大的起义军他们就拉拢收买，而对于实力弱小的起义军他们就进行残酷的镇压和打击。不久，领主们的军队从意大利撤回本土，与此同时，领主们出高价从瑞士雇来的佣兵团也抵达德意志，领主们联合起来向起义军发起进攻。此时封建领主的军队有一万多人，其中较为精锐的巴伐利亚军、士瓦本联军以及萨尔茨堡大主教有精锐骑兵 3000 多人的雇佣军，并且装备有大量火炮，全是装备精良的职业军人；而起义军方面，虽然人数上达到了 10 万人，但是他们驻地分散，缺乏联系，装备十分落后，由此图林根和萨克森、阿尔萨斯、弗兰肯、士瓦本等地的起义军被各个击破。1525 年 5 月 15 日，闵采尔率领的起义军主力在弗兰肯豪森遭遇士瓦本联军的主力时，起义军惨败，闵采尔负伤被俘。

农民战争的衰落时期发生在蒂罗尔茨堡地区。起义由米夏埃尔·盖斯迈尔领导，1526 年 5—6 月

知识链接：《梅明根十二条款》

该文件是德国农民战争期间，士瓦本地区的起义军于 1525 年 3 月制定的斗争纲领，表达了要求自由的愿望。其内容共 12 条：废除农奴制，取消 16 世纪初强加于农民的过重劳役、地租及其他捐税；取消什一税和死亡税，减轻服役负担，承认以现存封建文契为依据的劳役的合法性，农民可以自由使用村社公有的河流、湖泊、土地、山林；取消遗产税，由村社自由进行宗教活动和选举传教士等。纲领带有妥协性，没有要求没收地主的土地。

萨尔茨堡的起义军接连打败前来镇压的巴伐利亚军、士瓦本联军和萨尔茨堡大主教的雇佣军。由于被敌军包围，起义军不得不于 7 月退到威尼斯，最后以失败告终。

1525 年《梅明根十二条款》小册子封面

圣徒
罗耀拉

耶稣会的创始人，
他是罗耀拉。

罗耀拉是家里最小的孩子，在他受伤期间，认真阅读《耶稣传》和《圣人言行》，参悟后决定效作圣人，宣扬基督教

伊格纳修·罗耀拉（Ignatius Loyola，1491—1556年），是天主教耶稣会创始人。罗耀拉1534年创立了耶稣会，1540年获得罗马教皇保罗三世批准担任总会长。他制定了会规，指出会士必须绝对服从会长，无条件地执行罗马教皇委派的一切任务。耶稣会由此成为教皇反对宗教改革、扩张天主教势力的重要工具。

罗耀拉生平

罗耀拉1491年生于西班牙的吉普斯夸省阿斯佩蒂亚城附近的罗耀拉城堡一个贵族家庭。他早年从军，担任过西班牙国王斐迪南五世的宫廷侍从和纳吉拉公爵的军事参谋。他非常勇敢、谨慎并富有政治才能。1521年法国军队攻打纳瓦尔首府潘丕伦纳。他参加了这次保卫潘丕伦纳、反对法国人的战争，身负重伤，最终使他终身跛足。在疗养期间，他阅读了一些宗教书籍，比如鲁多发的《耶稣传》和其他一些人写的有关圣徒们事迹的书籍。这在他的心中留下极为深刻的印象，他决心把自己的

一生献给上帝，决心学习圣徒的苦行，以弥补自己的罪过。

1522年，他的健康恢复之后，栖身于西班牙西北部蒙特塞拉特一个驰名全国的圣母院中，他脱下华贵服装，开始过着乞丐生活。不久，他迁居到附近一个山洞中，每日祈祷并鞭打自己三次。在这段时期内，他萌发了组织耶稣会的想法，并开始撰写他的著作《精神训练》。1523年，他前往耶路撒冷朝圣，幻想把重新征服耶路撒冷作为未来耶稣会的最大目标之一。他在耶路撒冷的活动并不成功。因为在伊斯兰教居民中生活，任何过激的行为都会带来麻烦。1524年，他回到了威尼斯。

罗耀拉修行

从1524年到1528年，他先后在西班牙阿尔卡拉大学和萨拉曼卡大学学习。1528年前往巴黎大学攻读。他在巴黎前后共居住7年，结识了一些青年朋友，如萨伏伊人勒费夫尔和卡斯提尔人拉内兹等。这些人在他的宗教热情影响下加入耶稣会，成为耶稣会的骨干分子。他们之中只有勒费夫尔是教士。在他的引导下，他们几个人宣誓过贫穷、贞洁的生活，保证在读完大学之后，前往耶路撒冷朝圣。

1537年，他们按计划前往威尼斯，准备在那里乘船前往耶路撒冷。在离开巴黎前夕，勒费夫尔又吸收了三位新成员。他们是以耶稣的名义集合起

圣伊格纳修斯洞穴里的曼雷萨教堂，罗耀拉在这里进行精神练习

知识链接：英国差会

差会是指基督教新教差派传教士进行传教活动的组织。由于陆续有英国人到北美洲殖民地，因此英国在 1649 年就成立了新英格兰福音传道会，专门向印第安人传福音，直到美国独立战争后才结束。英国安立甘教会也在 1698 年成立了一个以文字工作为主的宣扬基督教知识差会，主要以英国移民为对象，从事文字与教育工作。另外英国安立甘教会在 1701 年又成立了国外福音差传会，这是英国国教第一个差传会，主要以英国移民和印第安人、黑人为对象，范围包括美国、加拿大及西印度群岛。

来的，故罗耀拉以"耶稣会"为名。

由于土耳其与威尼斯爆发战争，罗耀拉与他的同伴前往圣地的愿望未能实现。他们决心去罗马为教皇服务。1539 年 10 月，罗耀拉等人到达罗马。当时教皇是保罗三世，他对温和的改进教会计划以及罗耀拉等人的忠心十分欣赏，便非常优待他们。勒费夫尔被派往萨本查大学教授《圣经》，拉内兹前往萨本查大学讲授神学，罗耀拉留在罗马投身于耶稣会的筹建工作。

罗耀拉是新文化的死敌，捍卫旧传统的能手，坚决反对任何削弱宗教信仰的文化和学术。1556 年罗耀拉身体日益衰弱，7 月 31 日病死于罗马。由于保卫罗马教廷有功，1609 年，教皇保罗五世祝他灵魂升天。1628 年，教皇格列高列十五世封罗耀拉为圣徒。

耶稣会的第一批成员在教皇面前宣誓绝对服从教皇，将教皇奉为"最高统帅"

残酷迫害
西班牙宗教裁判所

宗教裁判所是中世纪盛行的宗教法庭，西班牙宗教裁判所是异端的地狱。

西班牙宗教裁判所是 1478 年由西班牙卡斯蒂利亚王国的伊莎贝拉女王（Isabella，1451—1504 年）要求教宗西斯笃四世（Sixtus IV，1414—1484 年）准许成立的异端裁判所。

宗教裁判所

宗教裁判所是中世纪罗马教皇和一些欧洲国家设立的用以惩罚被认为是不正统的异端教派的机构。在人们的想象中，它是与恐怖手段、深夜密捕、酷刑折磨连在一起的。早在 1252 年，罗马教皇英诺森四世曾发布一道令人恐惧的教皇通谕《论彻底根除异端》。根据这一通谕，在宗教裁判中可以使用酷刑，可以用火刑处死异教徒，没收其财产。

宗教裁判所在滥施酷刑以获取定罪口供上很有一套。早期使用 6 种刑罚：水刑、火煎刑、倒吊刑、

图为西班牙宗教裁判所折磨"犯人"和使用火刑的木刻画

车轮刑、拉肢刑和夹板刑。水刑是大量灌水；火煎刑是用烤钳烧身体各部位；倒吊刑、车轮刑是把人绑在大车轮上，用锤子、棍棒敲打人身体，直至打烂；拉肢刑则是把受害者的手脚绑在木架上，然后通过转轮拉进木架，把人的身体用力拉伸直至断裂；夹板刑是用厚木板夹腿，用力收紧绳子，严重时会使腿骨碎裂。

西班牙宗教裁判所

在各国宗教裁判所中以西班牙的最为作恶多端，其组织机构严密，效率很高。据记载："如果被告不能证明自己无罪，他将被判受刑。他将穿过黑

马耳他的宗教裁判所

伽利略因他的"日心说"在宗教法庭遭受审判

一话一说一世一界一

知识链接：巫师的历史

巫师始于 14—15 世纪，到 15 世纪人们才有如此多的对巫师的控诉、审判和各种形式的处决。每当某一家的牲畜无故死亡，农作物颗粒无收，或是某个村庄爆发了大规模的流行性疾病，人们总会把注意力转向巫师或巫术。1450—1650 年，遭到逮捕和审判的巫师虽不全是女性，但女性还是占了其中一大部分。1400—1700 年，巫师大搜捕达到了高潮。有十多万欧洲人被认为是巫师，遭受酷刑或处决。

暗的过道进入一个地下室里。那里的气氛特别恐怖，行刑人员身穿黑色长袍，头脸蒙着黑罩，只留两个洞。"一位名叫威廉·利思戈的人曾饱受刑虐而不死，记载了行刑的细节："我被执行者剥光衣服，架到刑架顶上，两根绳子穿过我的双腋绑住我的光膀将我吊起。施刑者又用绳子绑紧我的双踝，而后爬上刑架将绳子向上拉，并使劲把我的双膝顶着两块木板往前弯曲，导致我的肌肉开裂，膝盖骨被压碎。"他后面还遭受水刑："执刑者提来一罐水，往我肚里灌。我闭上嘴，他就用铁钳撬开我的嘴灌水。"

经过刑讯认定某人有罪，就要处以刑罚，火刑是最严厉的处决刑罚。执行火刑也有一套程式，先给刑犯穿上悔罪服，戴上尖顶的小丑帽，再把他押到火堆旁边。为了防止刑犯宣传异端思想，往往会把他的嘴堵起来。当火堆熊熊燃烧时，那些德高望重的教民享有给火堆添柴加草的权利，据说这样可以增加他的德行。捷克的宗教改革家胡斯，就是当众被绑在火刑柱上烧死的，在火熄灭后还把他烧焦的尸体扯碎，敲碎骨头。

在欧洲女巫大搜捕时期，有很多种处决巫师的方式，尽管存在很多被烧死、淹死或肢解的处死方式，但吊死是使用最多的方式。没有被处死的那些巫师通常会遭到断肢、囚禁笼中或者关入

地牢的酷刑，甚至被暴打。人们还错误地认为人死后焚烧尸体可以防止魔鬼从身体中逃出。有时儿童也会成为巫师大搜捕的牺牲品。1629 年德国维尔茨堡一位高官的信中写道："大约有三四百名三四岁大小的孩子被认为与魔鬼撒旦有联系。我曾经看到年龄不等的儿童被处死，7 岁、10 岁、12 岁、14 岁、15 岁，各个年龄的孩子都有。"

宗教裁判所造成了大量无辜者被迫害，导致了社会的恐惧和不稳定，阻碍了科学、文化和思想的自由发展，使欧洲在很长一段时间处于思想禁锢的状态。

宗教法庭和地方司法机构可以任意抓捕"巫师"。图为对巫师的审查情形

珍贵遗迹
巴勒莫嘉布遣会修士的地下墓穴

嘉布遣会修士的地下墓穴，
是世界十大古墓稀世珍宝之一。

嘉布遣会（Capuchin）在1525年创建，最初是一个意大利修道会。它的意大利语名称意为一种长而尖的蒙头斗篷，蒙头斗篷是这一派修士所穿衣服的一部分。

嘉布遣会修士的地下墓穴

巴勒莫嘉布遣会修士的地下墓穴是1599年在意大利西西里岛发现的。这处天主教地下墓穴的墙壁上共悬挂陈列着8000具木乃伊，这些木乃伊的脖颈和脚被吊钩悬挂，衣着价值昂贵，木乃伊的头部耷拉下垂着，似乎是在默默地祈祷着。这些木乃伊摆放姿态各不相同，比如：两个儿童并排地坐在一张摇椅上，男人、女人、少女、儿童、僧侣和天主教徒都分别被陈列在里面。

在这个神秘的天主教地下墓穴，人们步行在铺着碎石地下室中，可与几百年前保存完好的8000具木乃伊近距离接触。这听起来有点儿恐怖，但实际上意大利西西里岛巴勒莫的天主教地下墓穴是这里的独特风光，每年吸引了数以千计的游客。

西西里岛人以这处地下墓穴为骄傲，到访者慕名而来，还为死者进行祈祷。最后一个保存在这儿的尸体是一个小女孩，年龄仅有2岁，名叫罗莎利娅·洛姆芭尔多，尸体保存的时间是1920年。她死于肺炎，由一位名叫阿尔弗雷德·撒拉菲亚的医生进行尸体保存，这位医生是当时唯一一位能够进行尸体防腐处理的天主教徒。小女孩的尸体保存得几乎完整无缺，从她的黑发碧眼到细致的眼睫毛都清晰可见。

木乃伊

1599年，巴勒莫嘉布遣会的修士在一座古老的修道院下发现了一些地下墓穴，在墓穴中发现了一些制作木乃伊的古代工具。于是，他们决定在刚刚去世的一名修士身上尝试这种技术。从那时起，

西西里岛被称为上帝的后花园，巴勒莫嘉布遣会修士的地下墓穴就在美丽的西西里岛上

卡普奇尼地下墓穴是巴勒莫最独特、最恐怖的景点，被称为全球九大阴森建筑之一

直到1880年这种行为被禁止，制作木乃伊的风气一直在西西里岛上盛行。如今，人们还可以在嘉布遣会的墓穴里看到身着各时期服饰的腐烂程度不一的高高悬挂着的尸体。其中一具被称作"睡美人"的木乃伊是保存最为完好的木乃伊，它就是前文提到的两岁女童的尸体。

巴勒莫的地下神秘墓穴以拥有木乃伊数量巨大在世界上"鬼"名昭著。这些木乃伊是当地精英和知名人士：教士、贵族和各行业的代表。经过防腐处理的木乃伊，或站立，或悬挂，形成各种姿态组合。

当地教士将一名死去的修士制成木乃伊，一是为了试验一下古代遗留下来的制作木乃伊的工具，二是要以被制成木乃伊的修士为祈祷对象。由此西西里人也纷纷将死去的亲人制成木乃伊。这也是墓穴内现在会有这么多木乃伊的原因，而且这些木乃伊多半都穿着整齐的衣服，姿态不一。

2016年，巴勒莫嘉布遣会修士的地下墓穴被评为世界十大古墓稀世珍宝之一。据称，这里还保存着西班牙著名画家委拉斯凯兹的尸体，具体位置不知晓。西西里岛的木乃伊传奇继续吸引越来越多的游客。

巴勒莫嘉布遣会修士的地下墓穴

美洲基督教传播
爱德华兹

清教徒们就如阿尔卑斯山脉，
路德和加尔文就好比那喜马拉雅山脉，
但爱德华兹就如珠穆朗玛峰……
没有一个弟兄比他更像保罗。

乔纳森·爱德华兹，至今仍被认为是美国最出色的神学家，是 18 世纪美国大觉醒运动的领导者，同时也被视为美国哲学思想的开拓者

乔纳森·爱德华兹（Jonathan Edwards，1703—1758 年）的先祖于 17 世纪 30 年代到达新大陆，属于最早的一批移民者。这些早期移民是清教徒，他们按照《圣经》指示的方式来信仰，这也正是爱德华兹所承续的传统。不过，在爱德华兹的身上，清教徒的信仰有了完全不同的表现，那就是被属天恩典所充满的生命热情。他对属神的事物有着极深的挚爱，也有着一颗敏感的心。

属天恩典

爱德华兹生命的充沛与丰盛来自他与上帝的亲密交流。圣灵那种超自然的运作在他的生命中极为强烈，以致他有时难以承受这属天的恩典。还不到 13 岁的时候，他已经蒙受天恩，他曾说："我的思想完全被占据了，我把时间都花在阅读和默想基督上。他的荣美、他位格的完美无瑕、他那充满爱的救赎方式、在他其中可以白白得来的恩典……我一次又一次地发现有一种从里面生出来的甜蜜……沉浸在这种甜蜜当中，我不知道该如何表达，只能说有一种超越对这个世界关注的、从灵里涌出来的甘甜……"因为这对属天恩典的渴慕，爱德华兹把大量的时间花在私下与上帝的亲密相交上。爱德华兹特别强调祷告的重要性，他所经历的复兴是真正从心灵深处所涌起来的爱、激情与热忱，也就是说他的热忱是来自心灵内在的复兴。此后，带着这样的热忱，他走上了讲坛宣讲。

复兴之火

在爱德华兹的年代，美洲新大陆最初几代人对清教徒生活方式的热切似乎已丧失殆尽了。就在这时，爱德华兹身披清教主义的战袍，站在了北安普敦教会的讲坛上，用他的讲道点燃了一场复兴之火。

新英格兰的这片地区神职人员和小农场主分

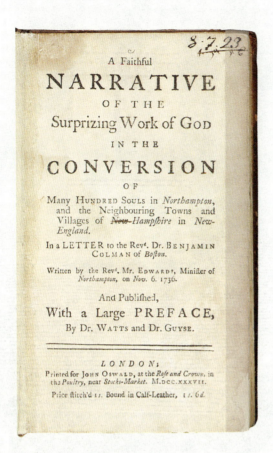

失去了上帝的怜悯并点燃了使人毁灭的上帝义怒之火。人们对具体的罪行产生惧怕和排斥，镇上的人们神经紧张到了极点。他的讲道带出了人们对于罪的认识和惧怕，对罪的惧怕的结果是，点燃了听众心中追求救恩的热望，接受了基督教教义。

爱德华兹具有非凡的平衡能力，在个人特质上，善于平衡教义与经验。他秉持纯正的教义，也拥有丰富的心灵体验。更独特的是，他用活泼的心灵去感受教义中恩典的甘甜。

爱德华兹的《伦敦北安普敦百魂皈依》（1737年版），书中叙说了上帝奇迹的故事

布广泛。面对人们的罪恶，爱德华兹在责备罪恶、谈到生命的短暂时，他的讲道充满了热忱。在他开始教会生涯的第八年，爱德华兹的讲道在教义上开始体现出鲜明的立场。他强调上帝至高无上的主权，以及人与上帝之间无限的鸿沟。因此，他认为人唯有靠信仰上帝所赐下的基督才可以"称义"和达到上帝的要求。爱德华兹所传讲的并不新奇，这是保罗曾经教导过的，也是宗教改革时代马丁·路德和加尔文拼上身家性命所捍卫的。他在教义上不过是回归宗教改革的理念，站稳了改教先辈所确立的立场。而对于宗教改革所宣告的基本真理的回溯，一直是新教复兴的源泉。

爱德华兹凭内在的热情传讲上帝主权的教义，产生了良好反响。他宣告：诸多的罪行使人

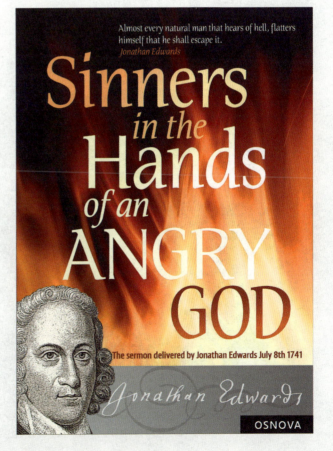

爱德华兹于1741年出版的布道书《上帝尽在掌握》

百花齐放：文史集萃

　　这是一个灿若星辰的时代，这也是一个熠熠生辉的时代。在这个扩张时代，各国文化生活丰富繁荣，表现各有千秋。

　　欧洲的英国产生了莎士比亚的《哈姆雷特》，在东方的中国诞生了曹雪芹的伟大巨著《红楼梦》。在这个时代，欧洲文学达到了一个高峰。英国正处于伊丽莎白一世的黄金时代，大文豪莎士比亚应运而生。他创作的作品还转化成戏剧，得到社会各界人士的高度认可。莎士比亚也是自己忠实的听众。如今，古今中外都在传唱着莎士比亚，最为著名的是莎士比亚的四大悲剧，展现了当时的世俗社会。西班牙塞万提斯的《唐·吉诃德》阐释了没落的骑士以及骑士精神。意大利的切利尼、米兰多拉是对于人的发现和认识的光辉案例。俄罗斯的文学巨匠也正在孕育。

　　美洲虽然成为欧洲征服和殖民的对象，但其文学作品却表达了拉美人民自强不息、追求自身价值的美德和才情。

　　扩张时代是中世纪向近代社会过渡的时期，历史画卷上表现得纷繁复杂，各国在文学上各放异彩。

聪明的豺狼
切利尼

切利尼曾说，
一个人若打算描述自己的生活，至少应该年满 40 岁，
而且还要在某方面取得斐然成就。

图为本韦努托·切利尼的雕像

本韦努托·切利尼（Benvenuto Celini，1500—1571 年）是意大利 16 世纪晚期雕塑家、金银工艺师以及风格主义雕塑的代表人物。他也是战士和音乐家。切利尼不仅能唱会弹，懂拉丁文，还会作诗。他还能自造武器，自制火药，枪法百步穿杨。他为法国王室和意大利统治者制作了大量金银工艺品和雕塑作品，技艺纯熟，富有装饰性手法。

叛逆的切利尼

切利尼出生于佛罗伦萨。父亲乔万尼·切利尼是一名音乐家和乐器工匠，结婚 18 年后才生育，切利尼是他的第二个孩子。父亲希望切利尼和他一起制作乐器，竭力阻挠他对金属制造的爱好。

在切利尼 15 岁时，他的父亲不情愿地同意他成为金匠的学徒。切利尼到了 16 岁时，因和年轻伙伴参与斗殴引起广泛关注。他逃到锡耶纳以躲避处罚，在那里受雇于一名金匠，金匠技术也有所提升。他又从锡耶纳迁往博洛尼亚，成为娴熟的长笛演奏者。他访问比萨，在佛罗伦萨生活过，19 岁时前往罗马。

《致命的百合花》

切利尼自传《致命的百合花》叙述了他从出生到 1562 年的 62 年中经历的精彩事件。他一生多灾多难，经历曲折离奇，却坚强不屈。在这本自传中，不仅能看到他讲述了自己惊险的阅历，还能了解当时极其重要的文艺复兴时期意大利的社会生活，它描述了教皇、公爵、红衣主教等人的内幕以及当时发生的历史事件。切利尼对这些事要么是耳闻目见，要么是亲身参与。

切利尼曾有过十余次死里逃生的经历，走在街上也总是拿着剑或火绳枪，以便随时对付敌人。他曾涉嫌卷入侵占教皇珠宝一案被关入圣安日古堡。

一话一说一世一界一

切利尼在巴黎制作的金制盐罐，部分被瓷釉覆盖，乌木基座，1540—1543 年创作

他用被单拧成绳索吊下逃出。迎面走来一个巡逻的士兵，见他一脸杀气，竟吓得不敢吭声。他爬第二道墙时跌断了腿，一路流血爬到紧闭的城门，并用匕首挖了一个地洞逃出。这时一群野狗扑上来，他当场杀掉了一只，逃到朋友家里。教皇允诺赦免他，可他很快就被抓住扔进地牢。地牢里四处出水，他腿上的伤口难以痊愈，却凭着强壮的体格活了下来。

风格主义

16 世纪二三十年代，切利尼作为珠宝工艺师在教皇宫廷里工作，他出色地掌握了文艺复兴时期小型雕像的制作技艺，16 世纪 40 年代风格主义占了上风。1540 年他应邀去法国，为法国国王弗朗索瓦一世制作的盐罐与珀尔修斯雕像是其最著名的金银工艺品。

1545 年，切利尼回佛罗伦萨后完全献身于雕塑工作，他的创作探索超出了佛罗伦萨风格主义流派追求的范围。他以米开朗基罗的艺术理念作为创作依据，力图解决雕塑在空间中扩大形体动态的问

题，同时考虑到观众在欣赏雕塑时可以采取环形巡视的形式，基于此，他于 1548 年创作了科西莫一世胸像。

当时佛罗伦萨风格主义对英雄形象的塑造不屑一顾，但在他的创作活动中却占有重要地位。他的杰出作品《斩美杜莎的珀尔修斯》成功地解决了对英雄形象不重视的问题。从他预先准备的小构图上可以看出他构思的整个过程，第一个蜡制小构图由于富有诗意而使其他变形构图相形见绌，在这一构图上他成功地赋予人物形象慷慨激昂的气质。

切利尼曲折的人生经历造就了他极强的创作生命力，在艺术上取得了突破和瞩目成就，成为意大利的一颗明珠。

在切利尼众多的雕塑作品中，这尊应科西莫一世委托创作的《斩美杜莎的珀尔修斯》是最杰出的，也是切利尼主义雕塑艺术风格的完美体现

残臂人
塞万提斯

塞万提斯有言：

忍受那不能忍受的苦难，跋涉那不能跋涉的泥泞；

负担那负担不了的重担，探索那探索不及的星空。

西班牙塞万提斯（Cervantes，1547—1616年）是现实主义作家、戏剧家和诗人，欧洲文艺复兴时期的著名代表。他创作了大量的诗歌、戏剧和小说，其中以长篇讽刺小说《唐·吉诃德》最为著名，对欧洲文学产生了重大影响。

塞万提斯

塞万提斯出生于西班牙中部一个没落贵族家庭，父亲是医生。1569年他来到意大利，后来参加西班牙驻意军队。在对土耳其的勒班陀海战中他带病上阵，负了重伤，左手残疾。1575年回国途中，他被土耳其海盗掳去，在阿尔及利亚服苦役5年，1580年由亲友赎回。他以一个英雄的身份回国，但是后半生却贫困潦倒。他曾任军需官、税吏，而他

塞万提斯的小说《唐·吉诃德》是文学史上的第一部现代小说

曾一度因不能上缴公款而入狱。这种种经历使他逐渐看清了西班牙的现实和人民的被压迫地位。

塞万提斯面对当时流行的各种粗制滥造、荒谬庸俗的骑士小说，决定创作新的作品。塞万提斯运用各种流行的体裁进行创作，他写抒情诗、讽刺诗，也模仿田园传奇和骑士传奇写了《伽拉苔亚》（1585年）和《贝尔西雷斯和西希斯蒙达历险记》（1617年），他写过长诗《帕尔纳索斯山之旅》（1614年）和悲剧《努曼西亚》（1584年）；小说方面有短篇小说集《训诫小说集》（1613年）、长篇小说《唐·吉诃德》。其中以悲剧和长短篇小说较为重要。悲剧《努曼西亚》以古代西班牙努曼西亚人民反抗罗马侵略者的历史为题材，剧中出现许多富有寓意性的人物，作品耐人寻味，寓意深远。

《唐·吉诃德》

《唐·吉诃德》共两部。第一部出版于1605年，随即受到欢迎。有人在1614年出版了一部伪造的续篇，歪曲塞万提斯的作品。塞万提斯为了抵制伪作的恶劣影响，着手写第二部，并于1615年出版。当时，西班牙王室为了建立世界霸权，利用骑士的荣誉和骄傲来鼓励贵族们投身其中。而那些美化封建关系、情节离奇虚幻的骑士传奇作品正迎合了王室和贵族们的心理需求。塞万提斯痛恨这种文学作品，他在全书的自序中公开宣布要

唐·吉诃德和桑丘·潘沙

1616 年 4 月 23 日是西班牙伟大文学家塞万提斯的忌日，也是加泰罗尼亚地区大众节日"圣乔治节"。同时，这一天既是英国文学家莎士比亚出生、也是他去世的纪念日，还是美国作家纳博科夫、法国作家莫里斯·德鲁昂、冰岛诺贝尔文学奖得主拉克斯内斯等多位文学家的生日，后来联合国教科文组织就确定这一天为世界读书日。

风车当巨人，把旅店当城堡，把理发师的铜盆当作魔法师的头盔，把羊群当军队，把苦役犯当作受迫害的骑士，把皮酒囊当作巨人头，不顾一切地提矛杀去，结果闹出无数荒唐可笑的事情。他的这些行动不但害了别人，还使自己挨打受苦。他最终从梦幻中醒来，回到了家乡。

塞万提斯成为西班牙文学世界里最伟大的作家。《唐·吉诃德》是西班牙文学史上的第一部现代小说。它出版后一时出现洛阳纸贵的局面，迄今为止已被译成 100 多种文字，达数百种译本。

对骑士小说发起批判。

《唐·吉诃德》故意模仿骑士传奇的写法，描述唐·吉诃德和他的侍从桑丘·潘沙的游侠史。唐·吉诃德是拉曼却地区的一个穷乡绅，本姓吉哈达，他读骑士传奇小说入了迷，想当游侠骑士。他拼凑了一副破烂不全的盔甲，自称为唐·吉诃德，骑上一匹瘦马，而且模仿骑士的做法，物色了邻村一个养猪女郎为自己的意中人，给她取了个贵族名字杜尔西内娅·台尔·托波索，决心终身为她效劳。一切准备就绪，他便离家出走，从事游侠，前后共三次。最初一次，他单枪匹马出游，受伤归来。后来，他找了邻居桑丘·潘沙做侍从一起出发。唐·吉诃德满脑子都是骑士传奇中的古怪念头，以为处处是妖魔鬼怪，是他冒险的机会。他把

唐·吉诃德手持长矛的金属雕像

葡萄牙文学
《卢济塔尼亚人之歌》

它是葡萄牙史诗，
它就是《卢济塔尼亚人之歌》。

《卢济塔尼亚人之歌》从形式上受到荷马史诗和维吉尔史诗的影响，其气势雄伟，包罗万象，是一部著名的葡萄牙文学作品。

路易斯·德·卡蒙斯

路易斯·德·卡蒙斯（Luis de Camões，1524？—1580年）是16世纪葡萄牙诗人、葡萄牙文学的重要代表。他在科因布拉大学接受了良好的教育，精通拉丁文，也会阅读希腊文，同时也懂卡斯蒂利亚语和意大利语。他非常热爱看书，特别喜爱阅读希腊神话。直到晚年，他还能准确回忆起希腊神话。

路易斯·德·卡蒙斯，出生于葡萄牙北部查韦斯地区，被公认为是葡萄牙最伟大的诗人。他的诗能与荷马、维吉尔、但丁和威廉·莎士比亚的作品相媲美

1992年，葡萄牙以诗人的名字为名，成立了隶属外交部、代表葡萄牙从事对外文化推广活动的官方机构"卡蒙斯学院"。

卡蒙斯一生创作诗歌几百首，据说仅文艺复兴式的十四行诗就有350首之多，还有两部喜剧《菲洛德谟》《关于阿姆菲特里奥尼的喜剧》和一部独幕剧《塞琉古王》，然而能够流芳百世为他带来至高荣誉的是那部杰出史诗《卢济塔尼亚人之歌》。

从荷马史诗《伊里亚特》和《奥德赛》开始，欧洲就比较兴作史诗，或者说叙事长诗。中世纪和文艺复兴时期都有杰出的作品问世。但丁的《神曲》就是长达1.4万余行的长诗。这个传统至少保持到18世纪末19世纪初的歌德，他的《浮士德》也长达1.2万余行。史诗大多在民间流传上百年甚至数百年，由无数不知名作者润色加工，再经某大师之手才形成。然而，卡蒙斯的《卢济塔尼亚人之歌》却是仅凭他一己之力完成了整个创作。

《卢济塔尼亚人之歌》

《卢济塔尼亚人之歌》共10章9000余行。它与之前的史诗相比还有一个不同之处，它的素材和主题不是古代希腊罗马的事情，不是宗教故事或者神怪传奇，也不是主观臆造的理想化的人物，而是

卡蒙斯的作品在葡语国家广受喜爱。图为《卢济塔尼亚人之歌》图画书

卡蒙斯的《卢济塔尼亚人之歌》颂扬的英雄是瓦斯科·达·伽马。他们如今面对面地葬在热罗尼姆斯大教堂，进门左手是达·伽马的石棺，右手是卡蒙斯的石棺，两座石棺雕刻同样精美，两人的石雕像同样双手合十平躺在石棺顶部，头向外，脚向内，头顶方向的墙壁上各有一幅巨大的宗教画。1880年卡蒙斯逝世300周年之际，卡蒙斯与达·伽马被共同移葬到这座大教堂，并正式奉为葡萄牙民族英雄。

葡萄牙人勇往直前、探索海洋的真实故事，因此具有重要的史料价值。

《卢济塔尼亚人之歌》中把葡萄牙人说成英雄路苏斯，据说他随奥德修斯到达今天的葡萄牙，并将这个地方命名为卢济塔尼亚。史诗讲的是瓦斯科·达·伽马和其他葡萄牙英雄们绕过好望角开辟了通向印度的新道路的故事。从内容上来说，它是一部人文主义的史诗，它将神话与基督教联系在一起，对战争和帝国表达出了矛盾的感情，表现了诗人对家乡的热爱和对探险的向往，它赞同快乐，又怀有英雄气概，鼓舞人心。

卡蒙斯在写这部史诗的时候，就立志要写出一部可以与荷马和维吉尔相媲美的民族史诗。它的主要内容是记录从航海家亨利开始到1580年葡萄牙被西班牙占领的这段时期的故事。卡蒙斯从1550年开始起稿，到1570年完成创作，其中作品的大部分是在1555年到1558年完成的。1571年10月，他首次发表了这部史诗，1572年又发表了修改稿。卡蒙斯史诗具有鲜明的现实主义、人文主义色彩。尽管希腊诸神也在诗中频频出现，为勇敢的探险者制造了重重险阻。但那正是人类不屈不挠与大自然英勇抗争的写照，也为这部伟大史诗涂上了浪漫主义色彩。

这部史诗是一首对葡萄牙人民的颂歌，是对14—17世纪葡萄牙建立帝国的事迹加以想象而创作的伟大史诗。

卡蒙斯手执《卢济塔尼亚人之歌》，朗诵其中的诗词

时代的灵魂
莎士比亚

莎士比亚，
是人类最伟大的戏剧天才。

威廉·莎士比亚（William Shakespeare，1564—1616年）是近代英国天才的戏剧家和诗人，同荷马、但丁、歌德一起被誉为欧洲划时代的四大作家。莎士比亚的墓碑在英国中部小镇斯特拉福德唯一的教堂旁边，上面镌刻着：以上帝之名，请不要动我的墓，破坏者会遭受诅咒，保护者将获祈福。

莎士比亚生平

莎士比亚出生于英国中部斯特拉福德的一个富裕市民家庭，7岁去当地的文法学校学习古代语

知识链接：莎士比亚四大悲剧和四大喜剧

四大悲剧是《哈姆雷特》《奥赛罗》《李尔王》《麦克白》，故事来源于欧洲的历史传说，表达了人文主义理想与现实社会恶势力之间的悲剧性冲突和理想的破灭。四大喜剧是《威尼斯商人》《仲夏夜之梦》《皆大欢喜》《第十二夜》，它们批判了封建门阀观念、家长专制，批判了中世纪以来的禁欲主义和蒙昧主义，并在对爱情自由和个性解放的赞美中，表现了人文主义的生活理想。

言和文学，在那里学习了6年，从学校被接回家后，帮父亲做了一段时间的生意。后来他去肉店当学徒，还做过乡村教师以及其他各种职业。在伦敦谋生期间，莎士比亚广泛接触到各阶层的生活，加深了他对社会的认知。在1590年左右他参加了剧团，开始舞台和创作生活。他的绝大部分戏剧是利用现成材料加以改编而写成的，在改编过程中给以新的内容和艺术加工。在二十多年的时间里，他写过37部戏剧，其中9部是以英国历史为题材的历史剧，此外还有两首长叙事诗和154首十四行诗。

莎士比亚是欧洲文艺复兴时期最有成就的作家之一。在他的作品中，资产阶级人文主义思想表现得最为充分，艺术性也最高。他的作品为资产阶级的兴起作了有力的舆论准备。

威廉·莎士比亚是西方文艺史上最杰出的作家之一，他在欧洲文学史上占有特殊的地位，被喻为"人类文学奥林匹克山上的宙斯"

莎士比亚出生于英国小镇斯特拉福德的一个富裕的市民家庭，1564 年受洗，其父是经营羊毛、皮革制造及谷物生意的杂货商，1565 年接任镇民政官，三年后被选为镇长。图为莎士比亚故居

莎士比亚的创作

与同时代的人相比，莎士比亚流传下来的作品很多。他在 1597 年完成了《罗密欧与朱丽叶》，这也是他最为人熟知的作品。他创作的黄金时代是 1590—1613 年。他的早期剧本主要是喜剧和历史剧，融合了深度的艺术性，在 16 世纪末期成就达到顶峰。1608 年他开始主要创作悲剧。他的作品主旨明确，结构完整，情节引人入胜，语言丰富凝练，人物个性突出，代表了欧洲文艺复兴时期文学的最高成就，对欧洲现实主义文学的发展产生了深远影响。

莎士比亚注重描述人性的考量和阐释，其中《奥赛罗》《哈姆雷特》《李尔王》和《麦克白》被认为是最经典的四部作品，写作历时五年（1600—1605年）。1602 年莎士比亚创作《哈姆雷特》，1611 年创作《暴风雨》，设计了新世界的发现。他后期开始创作悲喜剧，又称为传奇剧，也获得好评。他的戏剧流传有各种主要语言的译本，表演次数远远超过其他任何戏剧家的作品。莎士比亚还创作了《特洛伊罗斯和克瑞西达》，描述了当建立的秩序被摧毁时会发生的事情，表达的是对旧世界的一种不满。

汤显祖和《牡丹亭》

汤显祖多才多艺，多方面的成就中以戏曲创作最负盛名，其戏剧作品《还魂记》《紫钗记》《南柯记》和《邯郸记》合称"临川四梦"，《牡丹亭》是他的代表作。其剧作深受中国人民欢迎，并且传播到英、日、德、俄等很多国家，被视为世界戏剧艺术的珍品。其专著《宜黄县戏神清源师庙记》是中国戏曲史上论述戏剧表演的一篇重要文献，为导演学起了拓荒开路的作用。汤显祖还是一位杰出的诗人，主要作品有《玉茗堂全集》四卷、《红泉逸草》一卷、《问棘邮草》二卷等。

考古发现，玫瑰剧场是伊丽莎白一世时期伦敦泰晤士南岸第一个专业剧场。伊丽莎白一世时期戏剧发展的盛况由此可见一斑。

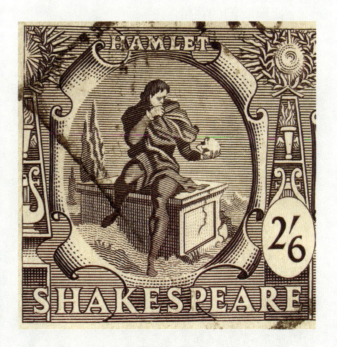

莎士比亚在 1564 年 4 月 23 日出生，凑巧的是在 1616 年 4 月 23 日去世。所以英国人把每年的 4 月 23 日定为"莎士比亚戏剧节"。图为莎士比亚节日纪念邮票，这枚邮票以莎士比亚戏剧《哈姆雷特》为主题

一话一说一世一界一

维罗纳被称作爱之城，是莎士比亚剧作中罗密欧和朱丽叶生活的城市。图为传说中朱丽叶在维罗纳居住过的房屋

莎士比亚戏剧的评价

莎士比亚的戏剧大都取材于旧有剧本、小说、编年史或民间传说，在改写中融入了自己的思想，赋予旧题材新颖、丰富、深刻的内容。在艺术表现上，他继承古代希腊罗马、中世纪英国和文艺复兴时期欧洲戏剧的三大传统并加以发展，从内容到形式进行了创造性革新。他的戏剧不受三一律束缚，突破悲剧、喜剧界限，努力反映生活的本来面目，深入探索人物内心奥秘，从而塑造出众多性格复杂多样、形象真实生动的人物典型，描绘了广阔的、五光十色的社会生活图景。他的戏剧搬到舞台上表演，深受广大百姓喜爱。1613 年左右，他离开伦敦回到家乡，1616 年逝世。

同时代的本·琼森盛赞莎士比亚："他不只属于一个时代，还属于整个世纪。"

朱生豪的莎士比亚译本

1935 年春，朱生豪（1912—1944 年）开始莎士比亚戏剧翻译准备工作。第二年 8 月 8 日译成《暴风雨》第一稿。此后陆续译出《仲夏夜之梦》《威尼斯商人》《第十二夜》等 9 部喜剧。1937 年 8 月 13 日，日军进攻上海，朱生豪逃出寓所，随身只带有牛津版莎翁全集和部分译稿。寓所被焚，世界书局被占为军营，已交付的全部译稿被焚。8 月 26 日从上海避难至嘉兴，后辗转至新滕、新市等地避难，稍得安宁，潜心补译失稿。1938 年夏，重返在上海租界"孤岛"中恢复开业的世界书局。

1939 年冬，应邀入中美日报社任编辑，为国内新闻版撰写了大量鞭笞法西斯、宣传抗战的时政短文《小言》。1941年太平洋战争爆发，《中美日报》被日军查封。12月8日，日军占领上海，冲入中美日报馆，朱生豪混在排字工人中逃出，丢失再次收集的全部资料与译稿，历年来创作的《古梦集》《小溪集》《丁香集》等诗集以及为宋清如整理的诗集两册一并被毁，甚为可惜。

1942年5月1日，朱生豪在上海与宋清如完婚，6月与妻子去常熟岳母家居住，至年底补译出《暴风雨》等9部喜剧，把译稿丢失的莎氏喜剧全部补译完毕。1943年1月，偕夫人回嘉兴定居。朱生豪宁愿贫穷至死，也不愿为敌伪效劳，仅靠微薄稿费维持极困难的生活。他潜心翻译，闭门不出，把全部精力扑在译写工作上，译出了莎士比亚的几部重要悲剧《罗密欧与朱丽叶》《李尔王》《哈姆雷特》等。同年秋，朱生豪身体日衰，但仍笔耕不辍。又次第译出莎氏全部悲剧、杂剧，以及英国史剧4部，连同喜剧在内，共31部。

1944年初带病译出《约翰王》《理查二世》《理查三世》等4部莎士比亚历史剧，4月写完《译者自序》，编《莎翁年谱》。其时他一直忍受着长期的病痛，体力日衰，在勉强支撑着译出《亨利五世》第一、二幕后，延至6月，确诊为肺结核，卧床不起，不得不放下已经开始的《亨利五世》译稿。他悲痛地说，早知一病不起，就是拼命也要把它译完。到12月病情日益严重，终在1944年12月26日抛下年轻的妻子和刚满周岁的儿子，含恨离开人间，年仅32岁。

朱生豪从弟弟朱文振那里听说《莎士比亚全集》的日文译者坪内逍遥鄙夷地说中国是无文化的国家，连莎翁的作品都没有中译本，他便决心把翻译莎士比亚著作当作民族事业。朱生豪的译本在解放初期曾经分成十二卷，由人民文学出版社以《莎士比亚戏剧集》名义出版。后来，又经过诸多专家学者校订，其他翻译家补译了尚缺的5个历史剧和全部诗歌，才在1978年出版了较完整的《莎士比亚全集》。

除了朱生豪的《莎士比亚全集》中译本，还有三个版本的中译本。卞之琳的翻译较生动，不像朱生豪那样押韵。他的翻译跟朱生豪的翻译是主要的两个版本，也是最有名的。第三个版本是梁实秋用散文体译莎剧。第四个版本是施咸荣主持编辑并出版的《莎士比亚全集》。

朱生豪在浙江嘉兴度过了童年与少年时光，1943初新婚后偕夫人宋清如从常熟回到嘉兴，次年12月病逝于此。图为朱生豪嘉兴故居的《暴风雨译者题记》碑刻

瑞典文学
古斯塔夫一世时期

文史合一，
文史融合，
是瑞典古斯塔夫一世时期作品的
普遍特征。

古斯塔夫一世，瑞典国王（1496—1560年），生于大贵族家庭。1523年打败丹麦占领军，被推选为国王，建立了瓦萨王朝，为瑞典封建君主专制的发展和称霸波罗的海地区打下基础

16—17世纪的瑞典民歌集用词广泛繁多，作者通常以第一人称叙述，包括感情描写，没有副歌。它还包括很多纯粹的抒情诗，一部分是宗教的内容，一部分是世俗的内容。世俗的诗几乎都是描写爱情的，表现了恋人们对阻挠他们结合、不怀好意的人们的谴责。

古斯塔夫一世时期的历史作品和文学作品分类还没有完全划分清楚。比如韦斯特罗斯主教佩德·斯瓦特写的有关古斯塔夫一世的编年史同样具有文学价值。

维瓦利乌斯

维瓦利乌斯是瑞典的著名诗人，而且是这个时期唯一的有个性的诗人。他作为一个具有时代特色的人物，非常有意思，特别引人注目。1605年，维瓦利乌斯出生于纳尔盖一个叫维瓦拉的庄园里，他在乌普萨拉读过几年书，后来到德国、荷兰、英国、法国和意大利游历，生活漂泊不定。当他作画和写稿遇到困难的时候，就想出各种办法来行骗。他借钱不还，使用假名或者装成天主教难民。他最后一次的行骗手段最为人所知：冒充埃里克·于连斯迪耶纳的名字，与斯科纳一位贵族妇女叶尔特鲁德·格里普结婚。事情败露后，他在斯德哥尔摩被监禁数年，越狱后再次被捕，最后于1636年被流放到卡亚尼堡。六年以后他被释放，重返斯德哥尔摩，以律师为职业，1669年死于监狱。

维瓦利乌斯的绝大部分诗歌是坐牢期间写成的，企图影响当权者与随声附和的公众。维瓦利乌斯的《啊，自由，你是最高尚的东西》这首自由赞歌抒发了真实的情感。维瓦利乌斯最有名的诗是《怨春寒》，实际上是一首对令人向往的夏天的赞歌，人们对大自然的感情第一次鲜明地出现在

斯德哥尔摩的奥劳斯·佩特里雕像

《北欧人民史》插图：斯堪的纳维亚地图，1539 年绘制

知识链接：埃里克斯·斯基那卢斯

瑞典诗人埃里克斯·斯基那卢斯（Ericus Skinnerus）的六部格诗作《婚曲》是那个时代所能达到的一个文学制高点。该诗是为了祝贺约翰三世（Johan Ⅲ，1537—1592 年）与古尼拉·比尔克（Gunilla Bielke）大婚所创作的。而几乎同时代的著名英国诗人斯宾塞也创作了《婚曲》。

瑞典的抒情诗里。诗人把太阳、庄稼和大地复苏的愉快颂歌，与人们心中希望国家免受歉收之苦的祝福和祈祷结合起来。《怨春寒》一诗既有民歌的特色，又有赞美诗的特色，就诗的温婉、优雅而言，在当时诗坛上也占有特殊地位。维瓦利乌斯使过去一个时期充满感情的民歌达到了完美境地。同时他也熟悉文艺复兴时期诗歌的风格，有时他还创作关于亚历山大的诗。他的诗预示着高雅诗歌创作时代的到来。

了那些不为人所知的民族，例如拉普兰的萨米族。

这部著作对欧洲文化和哲学价值观都产生了重大影响，不仅在瑞典而且在基督教世界的其他地方也占有重要地位。那个时候的北欧国家才刚刚转信各种形式的新教，正在努力巩固它们自身作为主权国家的地位。

除此之外，奥劳斯·佩特里的《瑞典编年史》（约 1540 年）集中叙述的是以一个瑞典宗教改革家的眼光来看待 1450—1520 年的宗教改革。1541 年，《圣经》的完整版本在瑞典第一次出版。

其他作品

约翰尼斯·马格努斯主教的兄弟奥劳斯·马格努斯大概是这个时期最有学养的文学人物。他作为文艺复兴时期的外交官和文学家，献身于历史学和地理学事业，并在 1523 年与哥哥游历了罗马。他绘制的斯堪的纳维亚地图在威尼斯出版，这份地图非常重要，第一次提供了对该地区的地理轮廓相当准确的描绘。然而，最著名的还是他的历史著作《北欧人民史》，出版于 1555 年。这部著作有 500 多幅版画插图，将瑞典理想化为一个主权独立的君主国家，与欧洲其他主要强国处于同等地位。它还强调了瑞典在一个神圣计划中的独特作用，同时还关注

图为 1541 年瑞典文版《圣经》

东欧文学
扬·科哈诺夫斯基

你给了我们这么慷慨的礼物，上帝，你要我们怎样报答你？

——扬·科哈诺夫斯基

文艺复兴时期，波兰宗教改革和人文主义相互交织，共同发展。人文主义者人才辈出，展现了波兰民族文学和语言的竞相发展，涌现出一批杰出的人文主义活动家、思想家和作家。

科哈诺夫斯基生平

伴随着经济的发展和教育水平的提高，越来越多的人会阅读波兰文作品。到了16世纪下半叶，市民文学得到巨大发展，逐渐取得了主导地位。大诗人扬·科哈诺夫斯基（Jan Kochanowski，

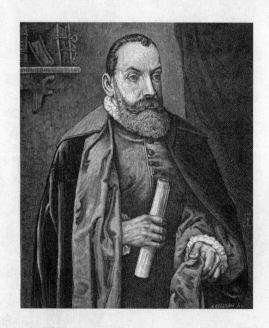

扬·科哈诺夫斯基，波兰诗人。他在诗歌的题材、风格和形式上都突破了中世纪宗教诗的束缚，对波兰17—18世纪诗歌的发展产生了巨大影响

1530—1584年）便是文学领域中的一位杰出代表，直至今日这位伟大的诗人仍享有崇高的声誉，被称为"诗王"。

波兰文艺复兴时期最著名的诗人科哈诺夫斯基，出身于贵族家庭，有兄弟姐妹十一人。1552年去了意大利帕多瓦学习古典语言学，阅读了荷马、忒奥克里托斯、品达等作家的古希腊罗马文学作品，也熟悉意大利文艺复兴时期的文学和艺术。1559年回国后，他住在克拉科夫，这里是波兰的首都和政治文化中心，教会和代表新兴社会阶级的改革派之间斗争十分激烈。科哈诺夫斯基和统治阶级的各个阶层的人都有接触，一度拥护并支持改革派。但他晚年离开了克拉科夫，定居于他的家乡黑林村。

主要作品

科哈诺夫斯基发表的主要作品有长诗《萨梯尔》（1564年）、《团结一致》（1564年）、《旌旗招展》（1569年）、《圣约翰节前夕之歌》、《挽歌》（1580年），诗集《哀诗》和诗剧《拒绝希腊使者》（1428年）等。从题材看这些作品分为三类：

第一类作品主要反映社会中的阶级矛盾。诗人把矛头指向了教会，对教皇、波兰教会僧侣们的伪善、贪财、堕落腐化进行了无情揭露。在诗剧《拒绝希腊使者》中，他借一个人物的独白，抨击了当

198

卢布林的别尔纳特（Biernatz Lublina，约1465—1529年）是第一位只用波兰文写作的作家，波兰市民文学的杰出代表。其作品因长期受到禁止，一直鲜为人知，直到19世纪被发现，其作品已散失不全。别尔纳特的生平不详，仅知道他出身市民家庭，当过牧师和医生，曾参加政治斗争。他的第一部作品是他翻译的祈祷文《灵魂的天堂》。他的主要作品有寓言诗和长诗《伊索的一生》，改编自《伊索寓言》和意大利诗人拉努乔·达雷佐的同名作品。

扬·科哈诺夫斯基创作的悲剧《拒绝希腊使者》借用荷马史诗中的故事以古喻今，是波兰最早出现的一部世俗戏剧。图为1578年版《拒绝希腊使者》书影

时波兰政府和议会中的许多弊端："王国内部一片混乱，它的末日就要降临，这里既没有法律，也没有正义，这里的一切，都靠金钱收买。"

第二类作品描写波兰人民的风俗习惯和祖国的自然风光。如《圣约翰节前夕之歌》写的是在圣约翰节前夕，照例有十二个姑娘手牵手地围在篝火旁跳舞唱歌，气氛热烈，歌词内容大都反映的是农民丰收的喜悦和他们生活中的趣事。科哈诺夫斯基在波兰文学史上首次将这种富于诗意的民间风俗写进作品，表明当时作家对民族文化的关心。

第三类作品主要反映诗人个人和家庭的生活，其中以他在刚满"三十个月"的女儿乌尔舒拉死后创作的长诗《挽歌》最著名。这首诗分十九段，写得缠绵悱恻，真实感人，显示了文艺复兴时期的文学以人和人的思想感情为中心的特点。

科哈诺夫斯基的作品脱离中世纪宗教内容的束缚，重在表现普通人的生活和思想感情。他创作的寓言诗、讽刺诗和颂诗有力地抨击了封建等级制度，揭露了教会和封建贵族统治者的贪婪和自私。

科哈诺夫斯基代表着波兰文艺复兴时期文学发展的高峰。他是波兰第一个用十四行诗形式进行创作的诗人，也是波兰第一个戏剧作家。他的两个兄弟和侄子都是当时有名的文学家。此外，著名诗人西蒙诺维奇（Szymon Szymonowicz，1558—1629年）是波兰文化光辉时代的最后一位代表，以波兰文创作的《田园诗集》是其代表作。

位于波兰波兹南的科哈诺夫斯基纪念碑

美国殖民文学
清教徒的创作

美国最早的文学形式是
清教徒殖民文学。

在新英格兰定居的第一批清教徒殖民者，对基督教改革抱着非常严肃的态度。这群被称为"朝圣者"的信徒在遭到宗教迫害后，于 1608 年从英国移居至荷兰，这里因宗教宽容而闻名于世。在记录普通事件时，清教徒们通常援引《圣经》中的章节或段落以揭示其精神内涵。

新英格兰的殖民时期文学

像大多数清教徒一样，他们完全从字面上去理解《圣经》。他们阅读《哥林多后书》并用以指导自己的行为——"主说，你们务要从他们中间出来，与他们分别。"由于对从内部净化英国国教不再抱有希望，"分离派"组织起地下立约教会，宣誓效忠立约团体，而非国王。他们被视为背叛国王注定会入地狱的异端，因此往往受到迫害。脱离英国国教的运动最终将他们带到了新大陆。

清教徒认为，优秀的文章能够使人充分认识到崇拜上帝的重要性，以及灵魂在人世间面临的精神危险。清教徒们的写作风格极其多样化，从复杂的玄学派诗歌，到普通的日记，再到令人难以忍受的学究式宗教史。无论是什么风格或体裁，某些主题始终不变：人生被看成是一场考验；失败会招致永恒的诅咒和地狱之火，成功则通向天堂。尘世是一个角斗场，在这里上帝与撒旦这个有着许多伪装的劲敌不断较量。清教徒们兴奋地等待着"千禧年"的降临，结束人类苦难，开创千年的和平与繁荣。

清教徒反对舞蹈和打牌等世俗娱乐活动，将它们与不敬畏上帝的贵族和不道德的生活方式联系在一起。阅读或写作让人轻松的书籍也属于此列。清教徒将非凡的心力用于创作纪实文字和表达虔诚信仰的文学体裁作品：诗歌、布道词、神学手册和历史记录等。这些清教徒的个人日记和沉思录都反映了他们内省且严肃丰富的内心生活。

第一个拥有作品的美国作家——约翰·史密斯（John Smith，1580—1631 年）船长，1580 年出生于英国的威洛比，1600 年加入奥地利军队对抗土耳其人，英勇表现使他晋升上尉。1607 年，他踏上了美洲土地进行探索。其著作有《自殖民地第一次在弗吉尼亚垦荒以来发生的各种事件的真实介绍》《弗吉尼亚地图，附：一个乡村的描述》《弗吉尼亚史》

威廉·布拉德福德是《五月花号公约》签署人之一。1620 年参与创立普利茅斯殖民地，并担任普利茅斯总督达 30 余年

威廉·布拉德福德

在分离派到达新大陆不久，威廉·布拉德福德（William Bradford，1590—1657 年）被推举为马萨诸塞湾殖民地普利茅斯总督。他自学成才，掌握了包括希伯来语在内的好几门语言，以便"亲眼目睹上帝的古老圣谕的内在美"。布拉德福德曾与其他分离派成员一道迁徙至荷兰，又搭乘"五月花号"船渡海前往普利茅斯，后来担任该殖民地总督。

他于 1651 年创作的历史著述《普利茅斯垦殖记》，以清晰和生动的笔调记述了殖民地的开拓时期，即"五月花号"航行前后近 40 年（1608—1647 年）的故事，成为那段历史的见证。书中开篇讲述了移民的最初起因，以及移居荷兰并确定定居美洲的经过。随后叙述了到达美洲之后，移民们所经历的诸多重要事件，如疾病、饥饿和死亡；与英国本土冒险家的合作与冲突；农场管理制度以及移民与农场之间的协议；与印第安人、荷兰人的交往、贸易；殖民地教会事务；政治、经济活动；战争与和平；新英格兰殖民地联盟等。

布拉德福德还记录了英国在新大陆的殖民地的第一份自治文献《五月花号公约》。这是朝圣者们在航行途中草拟的文件，它堪称《独立宣言》的先声。

清教主义与资本主义都强调宏大的志向、勤奋工作以及努力获得成功。清教徒最终在新大陆取得了胜利，在地球上建立了自己的"现实天国"。

1900 年出版的《普利茅斯垦殖记》第一页

墨西哥才女 胡安娜·克鲁斯

美洲第一位女权主义者，
她就是胡安娜。

胡安娜·克鲁斯（1651—1695 年），原名胡安娜·德·拉·克鲁斯。她是西班牙殖民时期最著名的诗人，是墨西哥文学史上的传奇人物。直至今日，她的作品与人品仍然具有非凡魅力。

胡安娜生平

胡安娜的母亲伊莎贝尔·拉米雷斯·德·桑地亚娜是一位有独立人格的女性。伊莎贝尔有 6 个私生子女，其中三个是与胡安娜的父亲阿斯巴赫所生。而胡安娜对父亲没有印象，她出生在母亲的农舍，在特拉内潘特拉的果园长大。

胡安娜 3 岁时跟着姐姐去学校读书，8 岁开始作诗，还创作了一部宗教剧。9 岁的时候她来到外祖父家生活，在那里阅读了外祖父的丰富藏书，后来又学习了拉丁文，为此大家称她"小才女"。13 岁时她应召入宫，成了总督夫人的侍从女官。其间，她创作诗歌，撰写剧本，深受大家喜爱。曼塞拉总督为了考核胡安娜，召集了 40 名学者，向她提出各种问题。胡安娜都从容应答，处变不惊。她容貌出众，才华横溢，又深受总督夫妇的喜爱。16 岁时进入修道院学习。

1667 年，胡安娜加入赤脚卡门派的圣何塞修道院，但因其严酷的规定而退出。1669 年，她加入了相对宽松的圣保罗修道院。修行的过程中，胡安娜读书、赋诗、做科学实验，修道院一时间成了墨西哥的文化中心。当时教会的势力非常强大，虽然有总督夫妇保护，她仍承受着宗教和世俗的巨大压力。在她生命的最后几年，她卖掉了 4000 余册图书和实验仪器，以赈济灾民。自己只留下三本关于宗教的小书、苦行衣和戒律。1695 年，修道院暴发瘟疫，胡安娜因为照顾病人而被传染，同年不幸去世。

图为墨西哥女诗人胡安娜·克鲁斯的画像

一话一说一世一界一

图为墨西哥的圣哲罗姆修道院

胡安娜的创作

在胡安娜 44 年的生命旅程中，有 36 年都在进行创作。1689 年，总督曼塞拉在马德里出版了她的全集。第一卷为《缪斯的洪流》，此前人们将她誉为第十位缪斯。到 1725 年，该卷在马德里、巴塞罗那、巴伦西亚再版了 7 次。此后又出版了她的《神圣的纳尔西索》。《缪斯的洪流》第二卷于 1692 年在塞维利亚出版，到 1725 年再版了 5 次。第三卷题为《声誉与遗作》，1700 年在马德里出版，先后在巴塞罗那、里斯本和马德里再版了 5 次。就诗歌而言，胡安娜的作品主要有十四行诗 65 首（其中爱情诗 20 首），谣曲 62 首，民谣 16 首。此外，她还写了两部喜剧给两位总督大人：《家庭的责任》和《爱情更是迷宫》。

胡安娜的代表作《初梦》，是唯一一部描述自己的作品，成为新大陆巴洛克风格的巅峰之作。这首 975 行的长诗具有贡戈拉主义的巴洛克风格。按照帕斯的说法，全诗分为入睡、漫游、醒来三部分。诗人运用无比丰富的想象，用绚丽多彩的象征，浓缩了她一生的渴望与追求，展示了一次探索

胡安娜的作品以处于殖民地时期的墨西哥社会为背景，描绘了各阶层的人物，其中有贵妇、骑士、学生、牧人，还有印第安人和黑人，具有明显的现实主义倾向。图为胡安娜作品中的一部分，1689 年在马德里出版

真知的精神之旅。她的诗旁征博引，气势恢宏，激情跌宕，意象辉煌，具有大家风范。

西班牙历史学家梅嫩德斯·佩拉约指出，胡安娜是卓越和出类拔萃的。墨西哥著名诗人兼学者奥克塔维奥·帕斯对胡安娜十分推崇并做出很高评价，为她写了一部长篇著作《修女胡安娜》，这使后人对她的认识更为深刻和全面。她成为墨西哥文学史上的一颗耀眼的明珠。

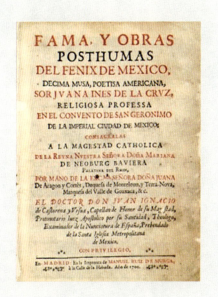

拉丁美洲的"荷马史诗" 《阿劳卡诺人之歌》

它是拉美人的史诗，
它就是《阿劳卡诺人之歌》。

图为西班牙诗人埃尔西利亚的画像

在殖民征服时期，拉丁美洲的文学作品留存下来的并不多。其中阿隆索·德·埃尔西利亚（Alonso De Ercilla，1533—1594年）创作的《阿劳卡诺人之歌》是一部规模宏大、气势磅礴的史诗。

创作背景

埃尔西利亚曾是费利佩王子的随从，学习过拉丁文、意大利文和法文，熟悉希腊史诗以及维吉尔、卢卡诺、但丁、彼特拉克、薄伽丘、维里奥托斯等人的作品。他先后陪同费利佩王子和马利亚公主两次漫游，各历时3年（1548—1551年、1551—1554年）。之后埃尔西利亚还参加了费利佩王子征服阿劳卡诺人的战争。他的冒险生涯历时七年半，其中一年半是与阿劳卡诺人在战斗中度过，获得了很多经历和体验。1563年他回到了西班牙，开始思索并创作《阿劳卡诺人之歌》。

智利北部印第安民族的阿劳卡诺人坚持了3个世纪的斗争，使得西班牙国王在智利耗费的军费比从这个国家掠夺的金银还要多。到1773年，西班牙人被迫承认阿劳卡诺人独立时，后者拥有7万平方公里的自由地。埃尔西利亚与阿劳卡诺人打过仗，他被阿劳卡诺人的顽强精神深深折服，所以《阿劳卡诺人之歌》充满了对这些印第安人的崇敬。他控制不住写作的欲望，利用作战间隙写下诗句，手头没有纸时，就在树皮上记下草稿。通过这种方式，他完成了创作。

主要内容

《阿劳卡诺人之歌》共37章，于1569年、1578年、1589年分3次出版，一出版就引起了轰动。如埃尔西利亚所述，它不仅"歌唱无畏的西班牙武士"，而且赞美"不屈不挠的阿劳卡诺人"。他在前言中写道："如果有人觉得我有些偏向阿劳卡诺人一方，过多地谈及他们的风物及勇

一话一说一世一界一

《阿劳卡诺人之歌》是拉丁美洲殖民地时期最早的一部史诗，在拉丁美洲和西班牙文学史上占有重要的地位。图为《阿劳卡诺人之歌》书影

曾出游欧洲多国，非常熟悉文艺复兴时期的作品，这对他的人文主义思想产生了影响。同时代的另一部作品《被驯服的阿劳科》，为佩德罗·德奥尼亚所著，却极力歌颂门多萨，贬低印第安人。不同文学作品中所反映出社会多元化思想倾向，正是所处时代人们复杂精神的写照。

伏尔泰在《论史诗》中对《阿劳卡诺人之歌》评价很高，他将酋长科洛科洛与《荷马史诗》中特洛伊人的将领赫克托耳相提并论，认为它堪称拉丁美洲的《荷马史诗》。如今，还有以科洛科洛命名的足球队以表纪念。

敢精神，只要看看他们如何教育后代、如何比武、如何作战以及他们的风俗习惯，就会发现我们许多人不比他们高明；像他们那样不屈不挠，坚决保卫自己的乡土，抵抗如此凶恶的敌人的人是不多的。令人钦佩的是，阿劳卡诺人既没有大片土地，也没有坚城壁垒，更无西班牙人所使用的强大武器，而是在西班牙人的三面包围下，仅凭着勇气和决心，为捍卫自由而牺牲。可以说没有一处地方不染着他们和西班牙人的鲜血，很少地方没有他们的遗骨；父辈阵亡，自有儿子拿起武器，他们以父辈的勇敢精神，渴望为死去的父亲复仇；有的孩子未到持刀年龄，便走上了战场；由于伤亡过重，部队急需补充人员，妇女也参战了，她们像男人一样战斗，勇敢迎接死亡。我指出这一切，证明这些人的勇敢精神是值得用诗歌大加赞扬的。"

埃尔西利亚的思想倾向比较明显，表达了他对印第安人的同情。但他在长诗中很少提及西班牙总指挥官门多萨。他的这种特殊态度与其文化修养和崇尚英雄主义的古典主义价值观有关。埃尔西利亚

智利圣地亚哥的埃尔西利亚雕塑

百家争鸣：思想大放异彩

　　这是一个思想进步的时代，这是一个百家争鸣的时代。在这个时代，各国思想家们忧国忧民，著作频出，绽放了思想的光芒。

　　思想的变化缘于历史条件的变化。在这个时代，欧洲各国涌现出一批著名思想家：莫尔、培根、笛卡尔等，他们为后世带来深远影响。在英国，培根提出了对新世界的构想。在欧洲文艺复兴的发源地意大利，有米兰多拉对于"人的尊严"的积极宣传；思想家布鲁诺和彭波那齐的思想也在此时孕育而生，并得到了传播和发展。在法国，笛卡尔的"我思故我在"是对于人的发现和思索。笛卡尔开创了所谓的欧陆理性主义哲学，他的哲学思想影响了之后的几代欧洲人，在哲学史上留下了浓墨重彩的一笔。笛卡尔的哲学自成体系，融唯物主义与唯心主义于一体。他还是一位勇于探索的科学家。他建立的解析几何在数学史上具有划时代的意义。

　　思想家们还致力于探索国家的治理和统治者的教育培养。如培根的《新大西岛》、康帕内拉的《太阳城》、哈林顿的《大洋国》、埃利奥特的《统治者之书》等。这些思想著作在一定程度上反映了当时生产力的发展和社会状况，成为这个时期思想的重要代表作。

　　在东亚，中国和日本的思想家给近代民众的思想也带来了启发。日本思想家对中国的儒家思想进行了深入研究，形成了自己独特的思想文化。

强调人的尊严
皮科·德拉·米兰多拉

人是万物的尺度。

乔瓦尼·皮科·德拉·米兰多拉（Pico della Mirartdola，1463—1494 年）是文艺复兴时期意大利的著名才子。他出身名门望族，是米兰多拉伯爵的儿子，他母亲出身于文艺世家。

米兰多拉生平

米兰多拉曾就读于博洛尼亚大学、费拉拉大学和帕多瓦大学。可惜他英年早逝，著述不多。但他对很多哲学和宗教问题都有思考，在文艺复兴历史

皮科·德拉·米兰多拉肖像，藏于佛罗伦萨乌菲齐美术馆

上发挥了承前启后的作用。他赞美人的尊严，颂扬人的理性，具有鲜明的人文主义色彩。

米兰多拉曾在帕多瓦学习亚里士多德哲学。他受马斯里奥·菲奇诺影响，成为新柏拉图主义者，对希伯来神秘哲学和波斯教产生兴趣，成为以神秘哲学的理论拥护基督教神学的第一位基督教学者。他周游各地，加入了佛罗伦萨柏拉图学园，传播和发展了自己的哲学思想。他精通希腊语、拉丁语等多种欧洲语言和东方语言，熟悉古代文献和各种哲学学说，享有天才美誉。他通过调和柏拉图主义和亚里士多德主义的对立，企图建立一个全人类的世界宗教，把希腊文化、犹太文化和基督教文化统一起来。米兰多拉的深厚功底为他的思想创作奠定了基础。

1486 年米兰多拉 23 岁，他邀请欧洲各地学者到罗马进行公开辩论。他本人亦因此遭到教会迫害，被迫流亡法国。在他去世后，他为这次讨论会所撰写的开幕式讲演稿以《论人的尊严》为名发表，这成为文艺复兴时期人文主义思想的重要文献。

《论人的尊严》

米兰多拉的长篇讲演稿《论人的尊严》，就宗教、哲学等方面提出了 900 个论题，涉及宗教、哲学和巫术，其中多数具有明显的异端性质。他试图在大会上与各种不同观点展开论战，并在罗马大会

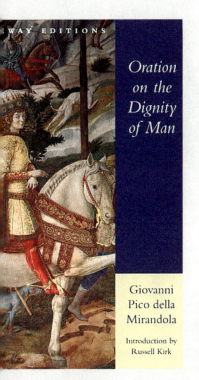

《论人的尊严》是意大利文艺复兴时期米兰多拉的作品。这本书突破了中世纪对神的强调，注重人的重要地位

上进行讨论，最终大会因教皇英诺森八世的反对而搁浅，但这篇为开幕式准备的演讲稿却声名远扬，被后世誉为"文艺复兴的宣言"。

在这本小册子中，米兰多拉赞颂人是自由的造物，能认识并能管理一切存在物。他认为人的尊严来自于人的形象并未被先天地规定下来，而是可以通过道德自律、不断进取而实现自己的完善。在《论人的尊严》中，他强调了人的价值。他的论述无比深刻地体现了文艺复兴的精神底色：人文主义，对人的本性的确信，以及对不同学科、文化、哲学和宗教的开放态度。

《论人的尊严》里说："倘若你看到有人只是口腹之欲的奴隶，在地上爬行，你看到的不是人，而是植物；倘若你看到有人为自己的感觉所奴役，被幻想出的空洞影像（就像卡吕普索这位女神自身）所蒙蔽，耽于其蛊惑人心的咒语，你看到的不是人，而是野兽。"人具有理性是人与动物的重要区别。

意大利博洛尼亚大学的皮尔·博里（Pier

Bori）教授对米兰多拉的著作素有研究，他为《论人的尊严》撰写的中译本导言中写道："本书语言生动优美、情绪饱满，从中我们可以领略到文艺复兴时期的古朴、典雅和涌动的激情。这也有利于人们了解人自身的本质特征和人最可贵的特征。他留下来的这本书是一个重要的宣言。"

《论人的尊严》宣告了人的重要地位，强调人的作用，重视人在历史进程中的价值，而不仅仅关注神。米兰多拉对人的尊严的强调极大地启发了民众，其理念成为文艺复兴时期人文主义思想的重要组成部分。

《论人的尊严》插图

《太阳城》
托马斯·康帕内拉

我降生是为了击破恶习、诡辩、伪善、残暴行为；

我到世界上来是为了击溃无知。

——康帕内拉

康帕内拉是《太阳城》一书的作者，他在书中描绘出一个不同于当时西欧各国社会的新型理想社会。这一设想对后来的空想社会主义者有一定的影响

托马斯·康帕内拉（Tommas Campanella，1568—1639年）是意大利文艺复兴时期的空想社会主义者、哲学家、作家。他忠实地践行自己的誓言：甘愿为真理、正义、自由和解放战斗，直到生命结束。

康帕内拉生平

康帕内拉1568年9月5日生于意大利南部卡拉布里亚省斯提罗城附近斯拉诺村的一个贫苦的鞋匠家庭。他从小就目睹西班牙侵略者在自己祖国横行霸道，剥削人民的行径。他多次被捕和被关押，一生命运坎坷。

康帕内拉13岁时就能写诗，创作了多种题材的十四行诗。他到修道院之后，广泛阅读修道院内的藏书，包括古代希腊罗马和中世纪思想家的各种名著。1582年，康帕内拉加入多米尼克会当修士。1585年，康帕内拉面对由科森萨的圣方济各派僧侣挑起的一场关于宗教教义的争论。他坚定认为自然是真理的标准，神父著作不是真理的标准。16世纪意大利著名哲学家倍尔那狄诺·特勒肖对他的影响很大。特勒肖是敢于发表反对亚里士多德错误言论的哲学家。

1589年，康帕内拉完成了第一部哲学著作《感官哲学》的创作，主张反对经院式的亚里士多德主义。

康帕内拉创作生涯

1591年，康帕内拉因出版《感官哲学》第一次被宗教裁判所逮捕。次年8月28日对他判决：强迫他放弃特勒肖哲学，忠实恪守托马斯·阿奎那的神学唯心主义，并限令他7天之内离开那不勒斯，回到故乡的修道院去。但是康帕内拉对特勒肖哲学的信仰丝毫不变。1593年初，安德烈·居果的《哲学和医学研究》出版，对特勒肖学说进行攻击，康帕内拉便写了《为特勒肖学说辩护》捍卫特勒肖的学说。1593年8月，康帕内拉在帕多瓦再度被宗教裁判所逮捕。次年1月，他被解往罗马，受到残酷的刑讯。1596年12月，康帕内拉被判为严重异教嫌疑分子，被开除教籍。两个月后，他再次被宗教裁判所逮捕，于1597年12月再次获释，被勒令返回故乡。

面对西班牙统治者的残暴统治，他积极组织卡拉布里亚人民反对西班牙统治的武装起义。由于叛徒告密而被西班牙当局逮捕。1601 年 6 月 4—5 日，罗马教廷对康帕内拉施以最惨无人道的酷刑。整个刑讯持续了 36 个小时，他却没有屈服。

在 1601 年，康帕内拉在狱中写成了《太阳城》。1603 年，康帕内拉被判处无期徒刑。次年 7 月，他被转押到圣艾尔摩城堡的一个地牢里，长达三年零八个月。1608 年 3 月，康帕内拉被转解到努奥沃城堡，达 6 年之久。1610 年，他重新写出了 1603 年完成后被宗教裁判所没收的《形而上学》一书。他完成了《论最好的国家》，这被看作是《太阳城》的续篇。1614 年底，康帕内拉又被秘密解回到圣艾尔摩城堡。他不顾个人安危于 1616 年写成《捍卫伽利略》，坚持要为真理发声。

此后，康帕内拉在狱中生活长达 10 年之久，1626 年 5 月 23 日，西班牙总督宣布释放康帕内拉。6 月 27 日，康帕内拉却被宗教裁判所逮捕。后来，

知识链接：狱中书简

康帕内拉 1622 年在狱中写成的《太阳城》一书是著名的空想社会主义著作。他在书中采用对话体裁，描绘出一个根本不同于当时西欧各国社会的新型理想社会。在这个社会里，没有剥削，没有私有财产；人人劳动，产品按需分配；太阳城里实行"哲人政治"，只有大智大慧的"贤哲"才能担任最高管理人及其助手；教育与生产相联系，存在脑力劳动与体力劳动的差别。

因为教皇乌尔班八世对康帕内拉的占星术非常赏识，所以给予他很大帮助。1628 年 7 月 27 日，他最终被释放了。但后来因被人出卖，他逃到了法国。

康帕内拉的晚年在法国度过，1639 年他因旧疾复发去世，享年 71 岁。他一生追求真理的精神值得学习。

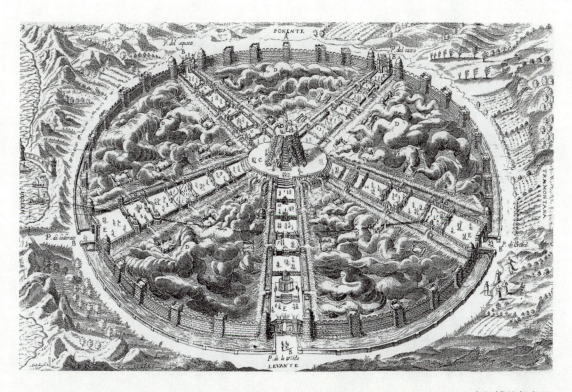

太阳城的想象图

帕多瓦学派先驱
彭波那齐

他是最后一位经院哲学家，
他也是最初一位现代思想家，
他就是彭波那齐。

图为意大利人文主义者彭波那齐的画像

彭波那齐（Pietro Pomponazzi，1462—1525 年）是欧洲文艺复兴时期意大利人文主义者。他是帕多瓦派哲学家，是二重真理说形式的提倡者。

生平和主张

彭波那齐出生于曼图亚，在那里接受了相关教育。后来他去帕多瓦学习哲学和医学，1487 年成为一名医生。1488 年他在帕多瓦大学担任哲学教授，与阿威罗伊主义者亚历山大·阿基利尼（Alexssandro Achillini）成为同事。1509 年他担任自然哲学主席，直到帕多瓦大学关闭。他后来到费拉拉当教授，在学校教授亚里士多德的《论灵魂》。他的主要著作有《论灵魂不朽》(1516 年)、《申辩篇》(1518 年) 以及去世后出版的《论咒法》(1556 年)、《论命运》（1567 年）等。

彭波那齐是意大利文艺复兴时期亚历山大派的主要代表人物。他反对托马斯·阿奎那对亚里士多德主义哲学的注释，主张恢复亚里士多德主义的本来面目，比较倾向于亚里士多德哲学的唯物主义方面。彭波那齐把人的理性分为思辨、实践和生产理性。他论证了思维与物质、感官有着不可分的联系，肯定感觉是周围的物体作用于人的感官而产生的，认为物质世界和上帝无关，它的发展服从于自然规律，而不是想象中的上帝的意志。

驳灵魂不死论

在 15 世纪，经院形式主义在教会和世俗世界中丧失了地位。教会的教义建立在由托马斯·阿奎那解释的亚里士多德主义基础上。谁想要反对亚里士多德的学说，或想要重新展开对亚里士多德问题的讨论研究，就会被教会认为是异端。而彭波那齐认为自己有权利去研究亚里士多德，他开始投身研究《论灵魂》，认为托马斯·阿奎那完全误解了亚里士多德的思想。

彭波那齐驳斥了亚里士多德关于灵魂不死的神学教条。他指出，按照亚里士多德的理论，个人的灵魂并非不死。他认为人的灵魂不能离开人的肉体而单独存在，人的肉体会死，人的灵魂也会死，不存在所有人共有的不死灵魂。灵魂不死无法用理性来证明的。他否定教会所宣扬的人死后灵魂得救或受惩罚的说法，认为人的道德行为

帕多瓦大学成立于1222年，在欧洲仅次于博洛尼亚大学和巴黎大学，是第三座最古老的大学，也是意大利最大的大学之一。悠久的历史使该校在帕多瓦甚至整个意大利都占据了重要的地位

并不需要以灵魂不死来保证。他认为人类存在的最高目的是道德活动；美德的报偿是美德本身，美德就是幸福；恶的惩罚是恶本身，行恶的人一切都是苦恼。彭波那齐驳斥神学教条，为反对中世纪基督教禁欲主义的伦理道德观作出了贡献。他在对基督教的批判中指出：教会是立法者，为了控制人民而设立的，奇迹是神父们的鬼话，是利用了人们的虚妄幻想。

彭波那齐在宣传唯物主义观点时，主张采用二重真理说的形式，他一方面强调人的认识和道德对宗教信仰的独立性，另一方面宣称灵魂不死，可作为信仰被承认。由此可见，彭波那齐哲学思想上有自相矛盾之处，他因其唯物主义和反宗教的倾向而受到天主教会的迫害。

彭波那齐晚年一直生活在波伦亚。他信仰天主教，因此并没有受到教会谴责，他多次确立宗教和哲学、信仰和知识的原则，但由于他的反宗教倾向而遭受到迫害。他是一位重要的哲学家。他的复杂思想是对当时社会问题的反映，不仅激发了人们对

传统的重新审视，也开启了对现实问题的深刻揭示，这对后世思想家产生了重要影响。

斯宾诺莎，哲学家，他接受了拉丁语的训练，正是凭借着拉丁语，斯宾诺莎得以接触笛卡尔等人的著作，他也由此渐渐脱离所谓的正统学说。著有《神学政治论》《伦理学》

我思故我在
笛卡尔

欧洲文艺复兴以来，
第一个为人类争取并保证理性权利的人，
他就是笛卡尔。

笛卡尔被广泛认为是西方现代哲学的奠基人，他最先创立了一套完整的哲学体系

勒内·笛卡尔（Rene Descartes，1596—1650年）是法国著名的哲学家、物理学家、数学家、神学家。他因将几何坐标体系公式化而被认为是解析几何之父。他与弗朗西斯·培根一同推动了近代西方哲学的"认识论"转向。

笛卡尔生平

笛卡尔在1岁多的时候，母亲患肺结核去世。他被传染了肺结核，由此变得体弱多病，也变得敏感。母亲去世后，父亲移居他乡并再婚，把笛卡尔留给了他的外祖母抚养，父子自此很少见面。笛卡尔家境富裕，父亲一直提供金钱方面的帮助，使他

能够接受良好的教育，追求自己的兴趣爱好而不用担心经济问题。笛卡尔也因此养成了安静、思考的习惯，甚至形成了孤僻的性格。父亲见他颇有哲学家的气质，亲昵地称他"小哲学家"。

约1606年，父亲希望笛卡尔能够成为一名神学家，便把笛卡尔送入欧洲最有名的贵族学校——位于拉弗莱什的耶稣会的皇家大亨利学院学习深造。学校方面为照顾他孱弱的身体，特许他不必受到校规的约束，早晨不必到教室去上课，可以在床上读书。他在该校学习了8年，接受了系统的传统文化教育，学习了古典文学、历史、神学、哲学、法学、医学、数学及其他自然科学课程。1616年毕业后，他遵从父亲的愿望，进入普瓦捷大学学习法律和医学。他对各种知识特别是数学尤其感兴趣，后来获得学士学位。笛卡尔毕业后一直对职业选择犹豫不定，决心游历欧洲各地去寻找方向。

笛卡尔的创作

1618年，笛卡尔加入荷兰拿骚的毛里茨的军队。由于荷兰和西班牙之间签订了停战协定，笛卡尔便利用这段空闲时间学习数学，并产生了对数学与物理学相结合的兴趣。在笛卡尔的时代，拉丁文是学者们的通用语言。他也按照当时的习惯，在他的著作上签上他的拉丁化的名字——Renatus Cartesius（瑞那图斯·卡提修斯）。由此，他首创的笛卡尔坐标系也被称作卡提修坐标系。

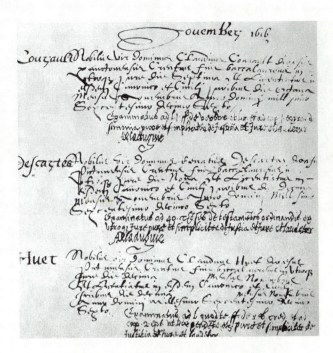

1616 年，笛卡尔在亨利学院的毕业册

知识链接：尼古拉·马勒布朗士

尼古拉·马勒布朗士，法国法兰西科学院院士，法国天主教奥拉多利修会的神父，著名神学家和哲学家，17 世纪笛卡尔学派的代表人物。他是第一个读笛卡尔《论人：关于人体的生理学解读》这本书的人。他从唯心主义方面发展了笛卡尔的学说，试图整合圣奥古斯丁与笛卡尔的思想，代表作有《真理的探索》《论自然和恩赐》《论道德》等。他对光和色的性质、微积分学和幻想心理也有研究。

1621 年，笛卡尔退伍回国。时值国内政局混乱，他便去欧洲各地游学，圆了自己的梦想。1628 年，笛卡尔移居荷兰，在那生活了 20 多年。他的主要著作几乎都是在荷兰完成。1628 年，他写出《指导哲理之原则》。1634 年，他完成了以尼古拉·哥白尼学说为基础的《论世界》。书中总结了他在哲学、数学和许多自然科学问题上的一些看法。1637 年，他用法文写成三篇论文《屈光学》《气象学》和《几何学》，并为此写了一篇序言《科学中正确运用理性和追求真理的方法论》。《哲学原理》在 1644 年出版。1641 年，他发表了《形而上学的沉思》。笛卡尔著作丰富，成为欧洲最有影响力的哲学家之一，在他去世后还有《论光》（1664 年）等遗著出版。1663 年，他的著作在罗马和巴黎被列入梵蒂冈教皇颁布的禁书目录之中。

1650 年，笛卡尔逝世于瑞典斯德哥尔摩，享年 54 岁，他终生未婚，仅有几个友人为他送葬。1789 年，笛卡尔的骨灰和遗物被送进法国历史博物馆。1819 年，其骨灰被移入圣日耳曼德佩教堂中。

笛卡尔是 17 世纪欧洲哲学界和科学界最有影响的巨匠之一。他的哲学与数学思想对现代世界产生了深远影响。

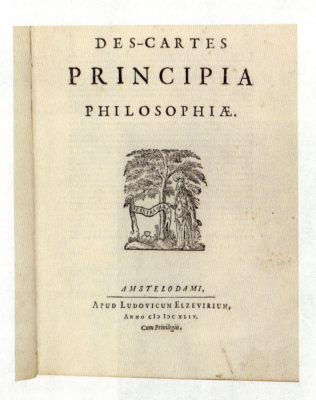

1644 年版《哲学原理》的扉页

《新大西岛》
弗朗西斯·培根

> 知识就是力量。
>
> ——培根

弗朗西斯·培根（Francis Bacon，1561—1626年）在《新大西岛》中关于所罗门宫的设想在历史上独树一帜。他从全面改造人类知识的理想计划出发，根据他拥有的百科全书式的知识体系，建构了一个在"新大西岛"中呈现的理想教育方案。

《新大西岛》

《新大西岛》是培根晚年未完成的一部著作。这部著作在他死后的翌年才出版。全书约3万字，书中的核心内容是对所罗门宫的介绍。

培根的所罗门宫实际上是一所乌托邦式的教学和科研机构，各种专业的学者研究百科全书式的知识。在"新大西岛"这个理想的乌托邦国家里，政府的成员都是些专业人士：地质学家、生物学家、物理学家、化学家、建筑学家、心理学家、社会学家、经济学家、医学家、哲学家等。"所罗门宫"实际上是一个"教团"，是一所规模庞大的科学学校。它的基础是科学研究，主要工作是开展实验，基本研究方法是归纳法。

所罗门宫

所罗门宫备有进行气象研究和试验的建筑物和设施，研究降雪、降雹、降雨、霹雷、闪电等现象。宫内还设有疗养院，可以调节室温，非常适合治疗各种疾病和保持健康。所罗门宫还设有许多清洁而宽敞的浴池，水中放入各种药物，能够治疗疾病，祛除人体疲劳，增强体力和机能，使人精力充沛、肌肉发达。所罗门宫有巨大的果园和花园，还有动物园养着各种鸟兽，一方面因其珍奇而作观赏之用；另一方面也可用于解剖和实验，以便把得到的知识应用到人体研究上去。所罗门宫有各种各样的药草制剂、药材和药品，有新旧不一的和各种长期炮制的药品。为了配制这些药品，他们不仅用微火、各种过滤器和各种物质做最完善的过滤和分析，而且用最准确的配剂方法，使药品配成之后如同天然产品一样。所罗门宫有制造纸张、布匹、丝绸、纱绢、羽毛制品、染料等的制造技术；里面还

弗朗西斯·培根是伊丽莎白一世手下一位高级政府官员的次子，但培根的才能和志趣不在国务活动上，而在探求科学真理上。他在学术研究上取得了巨大的成就，出版了多部流传后世的大作

216

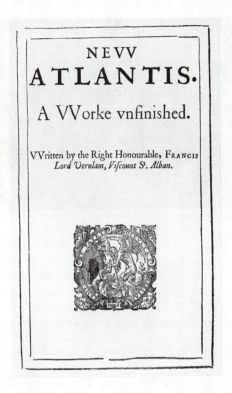

1628 年版《新大西岛》扉页

有各种各样的熔炉，保持着各种不同的热度，有的吹风大，有的吹风小，有的是干热，有的是湿热等。

所罗门宫还有光学馆，可以做各种颜色的光线和辐射的试验。所罗门宫还有音乐馆，可以做各种声音和发声的试验。所罗门宫有制造香味的香料室，可使所有的东西都能发出一种它原来所没有的混合香味、美味。香料室附设有糕点室，制造各种干湿的糖果、可口的酒类、奶制品、肉汤、青菜等。里面的机器馆里备有各式各样的机器装置，能做出各种各样的机器和工具。所罗门宫还有一个数学馆，在那里有制造得非常精致的几何学和天文学的仪器。还有一个幻术室，在那里能演出各种魔术、幻影、魔法和假象，揭露其秘密。所罗门宫有两个长廊，一个陈列着各种特别新奇而有价值的发明的模型和样品；另一个陈列着主要发现者、发明者的雕像。所罗门宫也进行宗教活动，有赞美诗和乐曲，每天歌颂和感谢上帝的奇妙创造。

《新大西岛》描述了所罗门宫的整体状况。完美展现了培根是一个百科全书式的学者。《新大西岛》体现了培根的教育思想。他号召改革经院教育，学校教育要跟上时代的潮流，传授各种各样的知识，注重科学和科学人才的培养，推进科学的进步。然而，《新大西岛》表露出培根的"科学主宰一切"的思想，留待后人继续研究商榷。

培根在建立英国殖民地，尤其是在加拿大东北部和纽芬兰岛等地，发挥了主导作用。图为一张纽芬兰岛邮票，上面写着"培根勋爵——殖民统治时期的精神领袖"

《廷臣论》
卡斯蒂廖内

《廷臣论》
是文艺复兴时期的品德工具书。

图为卡斯蒂廖内的
画像

巴尔达萨尔·卡斯蒂廖内伯爵（Count Baldassare Castiglione，1478—1529 年）是意大利著名政治家和作家。他服务过数位意大利君主，从事外交工作。他的《廷臣论》提出了完美廷臣的概念，享誉欧洲各国。

卡斯蒂廖内

卡斯蒂廖内生于卡萨蒂戈地区显赫的伦巴第家族，离曼图亚很近，并在米兰公爵卢多维克·伊尔·冈萨卡的宫廷中接受教育。卡斯蒂廖内是颇有修养的人文主义者，他不仅精通艺术，同时精通拉丁语和希腊语，以及文学和哲学。1500 年，他进入宫廷，为曼图亚侯爵弗朗切斯科·冈萨卡服务。1504—1516 年，他服务于乌尔比诺公爵古达保度·达·蒙特费尔特罗和弗朗切斯科·马利亚·德

拉·诺维。1520 年，卡斯蒂廖内成为鳏夫，并承担起了小品圣职职位，以此结束了自己作为西班牙查理五世宫廷教皇特使的光辉生涯。此后，他返回曼图亚。1524 年，他受教皇克莱门特七世委托，前往西班牙解决与神圣罗马帝国皇帝查理五世的纠纷。他后来被任命为主教。他在乌尔比诺认识了拉斐尔，两个人成为朋友。1513 年，他们在罗马再次相遇，拉斐尔当时正在罗马，忙于装饰梵蒂冈的皇宫，而卡斯蒂廖内成为乌尔比诺在罗马的大使，处理外交事务。

《廷臣论》

卡斯蒂廖内对于乌尔比诺公爵蒙特费尔特罗的不幸去世感到非常悲痛，遂决定写一部作品悼念这位伟人。他历经 15 载，撰写 5 稿后完成了这部名著。1519 年，《廷臣论》出版，出版后就大受欢迎，传遍了亚平宁半岛，还流传到其他地区，这本书在 16—17 世纪被当作道德规范指导书来阅读。《廷臣论》被认为是当时的一部文学杰作。1534 年，出现了西班牙语版本，之后陆续有法语、英语、拉丁语、德语、荷兰语、匈牙利语、俄语等版本问世，在欧洲各国广泛流传开来。其中英译版是托马斯·霍比爵士在 1561 年完成的，译文精准，流传至今。

《廷臣论》的主要内容是讲廷臣是指哪些人，

乌尔比诺公爵宫殿的生活是《廷臣论》创作的源泉

廷臣应该如何行为，以及廷臣应具备文学、音乐、绘画等方面的人文素养和掌握其他方面技能。廷臣是指出身贵族的人群，追求骑士游侠的遗风，会使用武器，熟悉武器，以及要擅长骑马、决斗、角力、摔跤等其他与军事相关的技能。文艺复兴时期是一个战火纷飞的时代，在亚平宁半岛上，法国和西班牙正在为争夺霸权而斗争不断，身处各个宫廷的廷臣时刻都要准备追随君主杀敌。此外，廷臣还要穿衣得体，仪态端庄，表现谦虚、谨慎和高贵文雅。

《廷臣论》受到了中世纪骑士文学和浪漫诗歌的影响，以对话体形式进行创作。《廷臣论》模仿古希腊罗马时期的写作形式，内容蕴含了中世纪的风格和精神：里面有英勇的骑士、浪漫的爱情。甚至可以说《廷臣论》本身就是一场中世纪式的炉边夜谈的记录。

卡斯蒂廖内的《廷臣论》在 1528 年威尼斯版本发行之后，一个世纪之内就产生了 125 个版本流传于世。它所宣扬的宫廷礼仪、道德，成为近代贵族生活的典范，奠定了近代宫廷礼仪和政治文化的重要模式。

骑士之爱是男性开始无条件地把女人抬到无以复加的高度的一种精神化情感。到了近代早期，演变成为宫廷之爱。典雅爱情即指 11 世纪末以后，在西欧中世纪兴起的一种爱情方式。当时西欧盛行的吟游诗人创作了歌颂典雅爱情的诗歌，并穿梭游走于各个宫廷，对女主人的高贵和骑士的忠诚加以歌颂。而在现实生活中，则要归功于两位妇女——埃莱亚诺和她的女儿玛丽。她们把典雅爱情引进了法兰西和英格兰的宫殿。埃莱亚诺先后作为法王路易七世和英王亨利二世的王后，生了五子三女，有两个儿子做了英国国王，三个女儿嫁给了欧洲君主。

PENGUIN CLASSICS

BALDESAR CASTIGLIONE

The Book of the Courtier

《廷臣论》分别从出身、外表、举止等方面分析了 16 世纪意大利贵族的文化风尚，认为在 16 世纪意大利的上层贵族社会中，普遍存在着一种尊贵的理想和观念，他们服务于宫廷，追求自身的完美。图为《廷臣论》封面

《统治者之书》
托马斯·埃利奥特

埃利奥特的《统治者之书》，
是第一本用英语创作的教育著作。

托马斯·埃利奥特爵士创作了《统治者之书》，这本书成为划时代的指导著作，影响了整个 16 世纪英国的儿童教育

托马斯·埃利奥特爵士（Sir Thomas Elyot，约 1490—1546 年）出生于一个英国法官家庭，自幼在家中接受教育。他从 1522 年开始步入政界，先后担任外交官和枢密院秘书，其间还到意大利去游学。

埃利奥特及其创作

1530 年后，埃利奥特主要从事翻译和著述工作。他先后翻译了伊索克拉底的《君主信条》、普鲁塔克的《儿童的教育》等古典作品。他一生写下许多著作，涉及宗教、道德等方面。《统治者之书》是他最著名的著作。

《统治者之书》全名为《被指定为统治者的书》，简称《统治者之书》，是英国第一部用英文写作的君主教育著作。埃利奥特主张培养有能力帮助继承王权的人，以及把下一级的具有深厚古典文学基础的人称为统治者或者地方长官，即未来的君主以及地方长官。《统治者之书》于 1531 年出版，之后多次重印。

《统治者之书》由三卷组成。第一卷是对政治理论领域的初步探讨，前两章描述了公意如何从一种人的等级秩序发展而来，最高层是国王，国王的权力是无限的。第三章讨论的是治安法官，他们协助国王执政。这些统治阶层的成员与国王一起构成了埃利奥特所定义的"统治者"。第二卷、第三卷具体阐述统治者应该具备的各种德行以及需要学习的技能，以便遵循这些德行成为国家统治者。

《统治者之书》

《统治者之书》集中论述了统治者的培养和教育问题。最理想的国家应当是由拥有至高无上权力的君主统治的国家。在君主之下，贵族阶层尽心竭力地为君主效忠，恪尽自己在等级制度中所处地位和所应尽的职责。《统治者之书》从社会现实出发，指出骄傲、贪婪和对绅士的忽视不利于学习；提出以绅士为培养对象的教育思想，要求绅士不仅需要广博的知识、高尚的品格，还要有强健的体魄。

埃利奥特主张统治者在出生后就应在家庭中接

一话一说一世一界

《统治者之书》的第一页，由托马斯·埃利奥特爵士设计，1537 年印刷

🦉 知识链接：古典教育

古典教育具有以下几个重要特征：1. 古典课程的基础。2. 强调在一个道德范围内训练人物。3. 强调集体生活的重要性并且分享经验，排除家庭的影响。4. 与英国绅士接受的概念相匹配，包括自治和公共服务。5. 等级基础，除非以一个极高的限制的方式不允许社会迁移。6. 本质上是男性特有的：女人被排除出这种典型，正如他们是来自主要的公立学校和普遍的公众生活。

舞、射箭和使用武器。

《统治者之书》在理论层面描绘了理想统治者的形象。在书中，埃利奥特试图打造一个如同柏拉图《理想国》般的 16 世纪英格兰社会图景，这成为写作《统治者之书》的重要目的，也是当时英国政治思想的呈现。

受良好的教育和训练。家庭教育主要由母亲负责，基本内容是养成高雅的风度和言谈举止，避免受到低级和粗俗习惯影响。准统治者 7 岁时被托付给家庭教师，接受古典教育。埃利奥特认为选择教师应非常注重美德。这是培养统治者各种技能的道德基础，也是统治者的必备素质。学识渊博、才华出众和具有良好品行的人，还必须精通音乐、绘画、雕刻艺术和希腊语，这样才能充当未来统治者的家庭教师。他提出儿童在早期教育阶段，首先应当阅读《伊索寓言》、荷马、赫西俄德、维吉尔、贺拉斯以及其他罗马诗人的作品。等儿童成长到十三四岁时，学习难度较大的古典作品，如柏拉图、亚里士多德、西塞罗等人的著作。

此外，埃利奥特认为儿童还应该学习与治理国家直接相关的科目：法律、政治学、历史学。到 18 岁时应该彻底掌握拉丁语，开始系统学习哲学，21 岁之后开始学习法学。除了人文科目之外，埃利奥特主张准统治者应当进行军事体育训练。一个君王或贵族必须具有与其心智发展相应的健康体魄。准统治者要学习角力、跑步、游泳、骑马、打猎、跳

玛格丽特·巴罗的肖像画。玛格丽特·巴罗是埃利奥特的妻子，也是埃利奥特周围的人文主义圈子的一分子

《大洋国》
詹姆斯·哈林顿

好的秩序使坏人变好，
坏的秩序使好人变坏。

詹姆士·哈林顿（James Harrington，1611—1677年）是17世纪英国资产阶级革命时期的著名政治思想家。

哈林顿生平

哈林顿出生于英国土地贵族家庭。他年轻的时候，除潜心学习和研究古希腊、罗马的历史外，还曾游历荷兰、法国、意大利等国，考察这些国家的政治制度。他对贵族商人执政的荷兰和威尼斯的政治制度最感兴趣。他早期希望把英国的专制君主制改变成立宪君主制。在英王查理一世被国会军俘获

詹姆斯·哈林顿是英国古典共和主义的政治理论家，他最著名的著作是有争论的《大洋国》（1656年）。他描写了一个理想的宪法，旨在促进一个乌托邦共和国的诞生

后，哈林顿成为了一个共和主义者。

哈林顿虽为乡绅长子，却反对长子继承制。他赞同共和制，却无碍他追随查理一世。内战开始后，他加入了议会阵营。国王被捕后，他又作为国王侍从官，与议会谈判，试图达成协议，建立君主立宪制，但最终失败了。哈林顿从国外游历回来后，曾做过查理一世的宫廷大臣。两人虽然有很深的私交，但思想上哈林顿却反对君主制。当国会军打败查理一世并把他俘虏后，哈林顿被安排陪伴查理一世直到把他送上断头台。哈林顿积极参加政治活动，在共和国时期担任护国公的奥利弗·克伦威尔却不同意他的观点。《大洋国》从印刷人手中被抄走，由于克伦威尔的女儿伊丽莎白（约翰·克雷普尔夫人）的帮助，本书才得以出版。

《大洋国》

《大洋国》这样论述法治："我们知道，一个共和国之中制定法律的是人。因而主要的问题似乎是：怎样才能使共和国成为法律的国家，而不是人的国家？"他认为，共和国区别于其他政府形式的标准是"法律的统治而不是人的统治"。法治是与政府方面的——特别是执政首领方面的——任何武断行为完全相反的。政府本身不仅应受它所制定的法律的约束，而且更应受它所拥护的较高法律的管治。大洋共和国是一种贵族寡头体制。

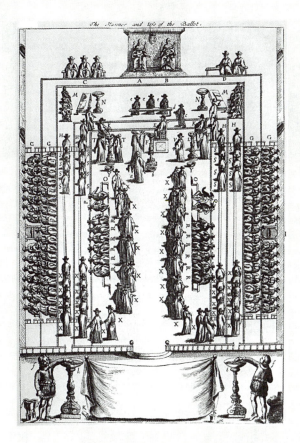

《大洋国》插画：选举和投票

知识链接：君主立宪制

君主立宪制，亦即"有限君主制"，是相对于君主专制的一种国家体制。君主立宪保留君主制，通过立宪，树立人民主权，限制君主权力，实现事务上的共和主义理想，但不采用共和政体，有二元制君主立宪制和议会制君主立宪制两种。君主虽然是国家的元首，但君主的权力与产生的方式，会依各个国家的制度而不同。即使在同一个国家，往往在不同时期，君主的产生方式与权力范围也不同。英国光荣革命为君主立宪制在英国的确立开创了先河。

就与现实政治的关联程度来看，与菲尔默的《"父权制"及其他著作》和弥尔顿的《为英国人民声辩》不同，《大洋国》富于理智而深邃的客观思考，思想具有前瞻性。

《大洋国》采用了文学体裁，不同于《乌托邦》和《新大西岛》。"大洋共和国"是书中的一个理想国度。它虽然用了"大洋共和国"名号，但读者一眼便看出是讲英格兰。书中人名也多有所指，如其中的麦加利托是影射克伦威尔，潘纳古斯是指亨利七世，帕西尼娅是指伊丽莎白女王，被称为"睡神"的摩菲厄斯则暗指斯图亚特王朝的创始人詹姆士一世，等等。由此，从书中可以了解英国当时的统治现状。

哈林顿相信政权不是平白产生的。财产，尤其是土地才是政权的基础。他认为在财产占有上，两者对抗不如多足鼎立，英国应保持多样化的地产占有，形成社会多等级的财产均势。哈林顿所说的"人民"，是一个将贵族、士绅和自耕农都包括在一起的集合概念，而不是特指广大民众或下层阶级。除《大洋国》之外，在1658—1660年间哈林顿还写过一些反对君主复辟的文章，阐明自己的共和倾向。

1660年，哈林顿组织的罗塔俱乐部活动被禁止。次年他被捕入狱。晚年因病被释，1677年去世。他的《大洋国》重述亚里士多德关于政体的稳定和变革的理论，为英国政治思想发展作出了贡献。

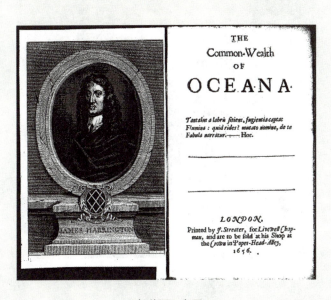

《大洋国》扉页

西班牙思想家 佩雷拉

他被看作是西班牙的笛卡尔，
他就是佩雷拉。

戈麦斯·佩雷拉（Gómez Pereira，1500—1567年）是西班牙著名的哲学家、医生以及自然人文主义者。他还是商人、工程师。

佩雷拉

佩雷拉出生于坎波城（Medina Del Campo），他继承了来自葡萄牙的皈依的犹太家庭血统。他家中有五个兄弟，他排行老二。他的父亲经营着一家小服装店。1515 年，他的母亲去世，五兄弟便被送到姨姥姥那里照顾。佩雷拉结婚的时候与父母居住在城镇上的老犹太街区，这一点也被人当作攻击他的理由。

佩雷拉学习非常勤奋，善于独立思考。他摒弃了中世纪的医学观念，提出运用经验的方法。他的哲学观点被看作是笛卡尔哲学思想的先驱。1554 年，佩雷拉第一个提出著名的"我思故我在"的思想，在笛卡尔之前几乎表达了同样的观点。

在大学学习期间，佩雷拉积极参与实在主义者和唯名论者之间的争论。他后来更倾向于唯名论派，并且拒绝承认老师的权威，支持经验和理性知识。他还经常运用悖论和三段论来阐发那些他质疑的错误。他的哲学思想更为消极，但是考虑到他需要面对宗教权威压制的意识形态背景以及对他的犹太血统控告，也就可以理解他的思想了。

佩雷拉的思想来源于哲学和医学的结合。他学习医学，在 1520 年完成了学业，回到故乡成了一名医生。他结婚后，继承父亲事业，既做医生还经商，积累了一笔财富。他投资教堂、贸易和葡萄酒事业等，还出租房子给参加帝国展览会的商人，获利甚丰。

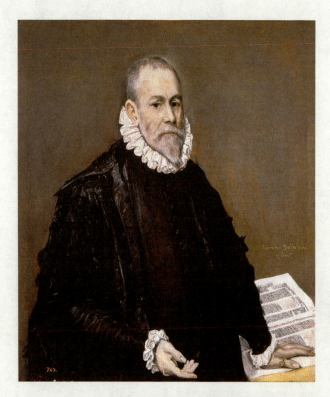

佩雷拉肖像，他戴着一枚象征医生职业的戒指。他的手放在一本书上，常见于 16 世纪西班牙医生的画像惯例

佩雷拉的创作

佩雷拉是文艺复兴时期基督教人文主义的典型代表，否定动物与人类平等，但承认有相似性。人拥有五种感官，可以体验和认知，动物不能产生知识。

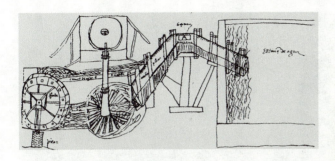

佩雷拉还是一位工程学家，图为他用虹吸原理设计的一个磨坊中的粉碎机

他认为知识通过感官接收，人的心灵能够转化成真正的思想，而动物做不到。心灵能够从身体感受中洞察事物的本质，这样就推理出了他的"我思故我在"的结论。佩雷拉认为，知识是心灵的能力，人能意识到他自身，这要归功于他自身的思想。佩雷拉意识到动物拥有心灵，与它们同生死。他提出了三个新观点：第一，人的潜意识能够独立于人的身体，即使身体死了，心灵还能够存在。第二，人的心灵并不会随着年龄或者死亡而改变。第三，所有人的欲望都指向追求幸福，这些追求推动人们做到更好以达到目标，因为罪恶会导致惩罚和不幸。

他创作了《新医学》，重印很多次，这部作品是献给他的老师和他的父母的。这部作品对于医学、物理学和神学都是有用的和必读的。本书主要探讨了三个重要的哲学问题：动物的无意识行为；人的知识的理论；心灵不朽。这部书很难读懂，因为它没有分章节，还使用了新基督徒用语来探索经验主义和物质主义，努力隐藏可能的争论和亵渎神明的推理方法。由此可见，佩雷拉并不敢充分论证发展其逻辑推论。

"我思故我在"普遍被认为是笛卡尔的哲学成就。后世对于佩雷拉争论最大的问题是抄袭笛卡尔观点的事件，大家各执一端。从文本上来看确有很多疑点，这留待后人继续考证。然而不可

知识链接：佩雷拉和笛卡尔观点异同

佩雷拉和笛卡尔受到后世争论的四个方面：1. 经验的方法：笛卡尔是先验的和归纳的，而佩雷拉是后验的和演绎的。2. 动物的心灵：两者都认为是物质的心灵，有限的和道德的。3. 野兽的自动性：笛卡尔认为动物拥有身体、心灵和记忆，佩雷拉是用不同的语言表达同样的观点，即动物拥有内在的结构、外在的刺激以及有能力学习或记忆。4. 基本的三段论两者是类似的。"我思故我在"，在笛卡尔之前，佩雷拉说出了同样的话。

否认的是，人类的进步总是后人站在前人的肩膀上。

1554 年版《新医学》书影

印第安人的保护官
巴托洛梅·德拉斯·卡萨斯

最有价值的美洲早期殖民活动的著述，它就是《西印度史》。

巴托洛梅·德拉斯·卡萨斯（1474—1566 年）是西班牙天主教多明我会修士。他受到伊拉斯谟的人文主义精神和莫尔《乌托邦》的影响，创作了《西印度史》。

德拉斯·卡萨斯生平

16 世纪初，德拉斯·卡萨斯跟随父亲奔赴美洲。1513—1514 年，德拉斯·卡萨斯目睹了古巴岛大屠杀，思想上深受震撼。这导致他后来走上了反叛之路，开始了长达 50 年的义无反顾的抗争。

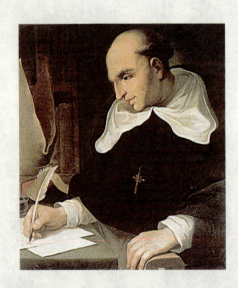

德拉斯·卡萨斯是西班牙天主教神父，在印第安人中宣传宗教，呼吁反对屠杀印第安人，1516 年被授予"印第安人保护官"称号

最初，德拉斯·卡萨斯把改变美洲大陆人道状况的希望寄托在向教廷报告和说服王室上。1516 年，他被任命为印第安人代诉人。在德拉斯·卡萨斯和其他一些宗教人士的争取下，罗马教皇和西班牙王室制定了一些保护法令，一定程度上约束了殖民者对美洲实施暴行。

《西印度史》和《西印度毁灭述略》

德拉斯·卡萨斯毕生致力于创作《西印度史》。全书共 3 卷，介绍了美洲的天文、气象、气候和地理、地质、地貌，以及西印度政治特点和各国、各部族的风土民俗历史。这本书被列入比利亚温布罗萨公爵和卡斯蒂利亚会议主席佩德·罗·德奥斯曼编纂的《论文集》中。德拉斯·卡萨斯认为他们是亚当的后代，不同的是由于上帝的恩惠，欧洲人首先被召唤和引向基督教。但是适用于欧洲的神圣和自然法则以及仁慈的原则应该都适用于印第安人。

1541 年德拉斯·卡萨斯动笔写《西印度毁灭述略》，1542 年完成创作。本书记载了印第安人被西方侵略、压榨的历史。书中记载了这么一个故事：一群印第安人由于无法忍受殖民者的虐待，决定返回自己的村庄自杀。殖民者知道之后，尾随他们，

话 说 世 界

德拉斯·卡萨斯在1542年完成《西印度毁灭述略》。当时中美洲、加勒比地区、南美洲早已被西班牙帝国占有，当地的印第安人遭受西班牙殖民者的暴行，在数十年间有1500万印第安人死亡。他为此向国王菲利普二世呈递此书，揭露西班牙殖民者的残虐行为

知识链接：蒙特西诺斯的呼声

1511年12月11日，在西班牙第一个美洲殖民据点圣多明各，安东·蒙特西诺斯代表岛上全体多明我会修士在布道中公开谴责殖民者对印第安人的残害和奴役，史称"蒙特西诺斯呼声"。他以《圣经》名言为首句："我是沙漠里的一声呼喊。我是这座岛屿上荒凉之中基督的声音……你们全体都犯下了死罪……你们有什么权力这样凶残地奴役印第安人？"这是历史上来自殖民者阵营内部的第一次正式的重要的抗议。

对他们说："给我一根绳子吧，我也跟你们一起去自杀；你们走了，没有人给我弄吃的、挖金子，我该怎么办呢？"印第安人认为在另一个世界也摆脱不了他们的殖民，就放弃了自杀计划，最终被折磨而死。1542年，查理五世参加国务会议，德拉斯·卡萨斯在此会上作了关于西印度情况的发言，国王还阅读了他的著作。1552年，他的著作在塞维利亚正式出版了。

西班牙美洲殖民地印第安人过着奴隶般的生活，他献身为印第安人争取权利的事业。他一个人单枪匹马与整个世界作战，奋斗了半个世纪，维护了西班牙殖民地印第安人的基本权利。

相关创作

德拉斯·卡萨斯在西班牙等候国王期间，撰写了一系列关于印第安人的著作，其中一部是《论西班牙国王为统治西印度所应采取的方法，以及使该地居民皈依宗教的唯一合法方式》，它还以《唯一方式》为书名用拉丁文出版。

他的《关于传播福音的问题》未出版，但著作中的精神已融汇于其他著作中，书中表达了应以和平的、非暴力的方式传播上帝旨意。《论国王的权力》用拉丁文写成，探讨国王是否有权使城乡居民脱离君主政体，把他们变成自己特殊的臣民或其他身份的居民。《论财宝》一书用拉丁文写成，书中论述了埋在印第安人坟墓中的黄金和其他财富。

德拉斯·卡萨斯是最早捍卫人权的斗士，面对

多米尼加修德圣帕布罗教堂，1544年3月30日，德拉斯·卡萨斯在这里被奉为主教

伊斯兰复兴
穆拉·萨德拉

他是波斯伊斯兰文化复兴运动的代表人物，他就是穆拉·萨德拉。

穆拉·萨德拉（Mulla Sadra，约1572—1640年）全名穆拉·萨德鲁丁·穆罕默德·伊本·伊卜拉欣，是波斯萨法维帝国时期的伊斯兰教什叶派教义学家、圣训学家、波斯近代最伟大的哲学家。他还是高级哲学派的创始人。

萨德拉生平

1572年左右，萨德拉出生于设拉子，来自什叶派学者世家。其父是一位虔诚的学者，在萨法维王朝阿巴斯国王时期当大臣。他自幼继承家学，接受了传统的伊斯兰教育。他师从哲学大家米尔·达马德，并在伊斯法罕师从什叶派著名长老巴哈里丁·阿米里。萨德拉精通阿拉伯语等多种语言，学识非常渊博，在《古兰经》经注学、经训学、教义

图为穆拉·萨德拉

学、教法学、哲学、文学等领域都取得了瞩目的成就，特别是在哲学方面造诣很深。他进一步发扬了伊斯兰哲学中照明学派的光照学说和"完人思想"，形成了伊斯法罕哲学派别。

萨德拉的一生分为求学、禁欲修行和授徒三个阶段。他的哲学观是理论知识与灵魂感悟相结合。他一生著述颇丰，主要作品有《在时间内创造》《根源与归宿》《复活》《存在归于本质》《论个性》《宿命论和自由意志》和《超常梦寐时代的偶像书》等。其中，《超常梦寐时代的偶像书》（《旅程》或《真主的见证》）是他最著名的著作，阐述的是一种创始的精神自我实现的旅行，这也是他的哲学思想的概括。他还注释和评论《古兰经》、库莱尼的《宗教学大全》和伊本·西拿的《治疗论》，造诣很深。

萨德拉的思想

萨德拉是伊斯法罕神秘哲学照明学派的代表。他认为自然界和人类社会是真主之光的创造之物，真主之光是万物的永恒源泉，是无限的，世界万物及其变化是真主无限光明的各种表现。在解释自然界的起源时，指出除真主和他的真知（即永恒的灵知）外，地球、星辰、万物等，既有永恒的根源，也有暂时的根源。他认为"自然"是一切事物的质，也是一切运动的因，因此自然是永恒的。他认为，人的灵

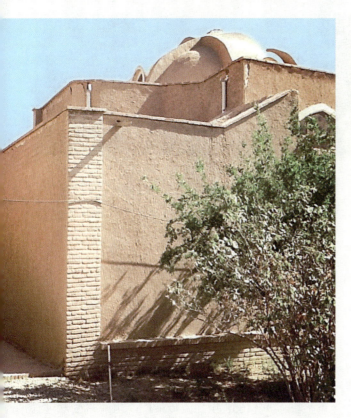

穆拉·萨德拉在伊朗库姆市附近的一个小村庄的房子，他曾被流放到这里

魂借助精神升华，才能达到与安拉的合一。真主之光赋予人以先天的灵知是最高的知识形式，使人得以成为"完人"。在教法上，他认为，除依据《古兰经》、圣训外，还可应用类比、公议等推理方法制定教法律例。但他的学说遭到什叶派正统学者的责难。

萨德拉是伊斯兰哲学史上三大学派之一——智慧学派的创始人。他运用智慧学派的逻辑语言阐述了苏菲哲理的原则，其学说被伊斯兰世界视为神智学派，与其他两大派的学术理论相区别。萨德拉哲学体系综合了新柏拉图主义、照明主义和苏菲主义三个派别的哲学思想，进而将启示、神智、哲学三者和谐地融为一体。此外，他从各个渠道汲取哲学营养，起到了一个哲学代言人和提倡者的作用。在萨德拉生活的时代，西方现代思潮传入伊斯兰世界，传统文化受到挑战，而他将伊斯兰形而上学与

自然哲学分开，在现代科学和文化的冲击下，有利于伊斯兰传统文化的传承和发展。

萨德拉的著作和注释作品，以及其追随者和继承者的学术和活动，证明了自11世纪伊斯兰哲学家加扎利之后，哲学在伊斯兰世界再一次复兴了。

穆拉·萨德拉在卡哈克流亡期间曾住过的房子大门，门上面写着"智者之家，穆拉·萨德拉"

捷克思想家
夸美纽斯

德行的实现是由行为，
不是由文字。

夸美纽斯一生致力于民族独立、消除宗教压迫以及教育改革事业，曾担任捷克兄弟会牧师及兄弟会学校校长

扬·阿莫斯·夸美纽斯（Johannes Amos Comenius，1592—1670 年）是捷克伟大的教育家、哲学家。他在《大教学论》中提出公共教育的理念，成为公共教育最早的支持者和拥护者。

夸美纽斯

夸美纽斯出生于摩拉维亚-斯洛伐克边境一个小镇的磨坊主家庭。12 岁时父母双亡，由兄弟会资助完成中学教育，后被送去国外上大学。毕业后，他在兄弟会当牧师，后来成了兄弟会的最后一个主教。三十年战争爆发后，斐迪南二世皇帝决定让捷克全国信奉天主教。这导致夸美纽斯等兄弟会的一些成员被迫流亡国外。他先后流亡到波兰、英国、瑞典、匈牙利，最后在阿姆斯特丹病逝。

夸美纽斯毕生从事青少年和幼儿教育事业。他历来主张学校应该不问社会地位、不论贫富、不分性别，对所有人一律开放，不加歧视，甚至应施教于身心残障者。他认为，学校是培养一个人的道德、技能、信仰最好的场所，改造社会和医治有病之人是教育的最高目标。这些思想在他1638 年发表的《教学法大全》中都有体现。他的《论幼儿教育》（1630 年）和拥有德文版与拉丁文版的《世界图解》（1658 年）流传最广，也非常受欢迎。他编写的儿童启蒙读物《世界图解》成为有名的经典教材。这本书构思奇特，内容涵盖很广，文图合一，是西方教育史上第一本附有插图的儿童百科全书。

图为夸美纽斯给学生上《世界图解》的拉丁语课的情形

夸美纽斯的创作

夸美纽斯的文学创作致力于提高人的道德和文化水平。其代表作是一部寓意诗体作品、1631

夸美纽斯救济穷人的浮雕

知识链接：约翰·洛克

洛克是 17 世纪英国著名的教育思想家。《教育漫话》是洛克在教育方面的代表作，在这本书中，洛克围绕青年绅士的培养，讨论了范围广泛的教育问题，他提出了体育教育、道德教育和智识教育的理念，推崇自由。他非常注重教育的作用，他的观点对后世的教育发展产生了重大影响。他从唯物主义经验论出发，高度评价教育在人的发展中的巨大作用，指出教育带来了人的千差万别。

年出版的《世界的迷宫和心灵的天国》，书中讲述了一个游人（实指自己）在先知者和迷惑者两人陪同下前往世界各地巡游。"先知者"让他对所见的事物都要表示满意；而"迷惑者"要让他戴上一副模糊不清、变形的眼镜，使他不能正确观察世界。这位游人却不是那么容易上当受骗，他走进了生活的城门，城门有六个岔道口——象征着世上的六个阶层，他看到了人世间的种种丑恶。他发出感叹："我宁愿选择一千次死亡，也不愿生活在这样的世界上。上帝啊，救救我孤独的心灵吧！"此刻，他似乎听到一个声音："回来吧，回到你心灵深处去，紧闭上那扇门吧！"在上帝的召唤下，他隐居在自己心灵的天国中。作品结尾处完全笼罩在一片神秘莫测、茫然不知的情景中。该书深刻揭露了哈布斯堡王朝统治下黑暗的社会制度，昭示了金钱所带来的社会罪恶，揭露了社会的阶级矛盾。但是作者解决矛盾时祈求上帝，走向了神权主义。这反映了夸美纽斯深受捷克兄弟会思想的影响。

这部著作既表现了宗教信仰的力量，又折射出文艺复兴思想的最后光芒，是捷克人文主义思想的杰出作品。该书完整真实地刻画了作者生活的那个时代、人们的思想以及表达方式，语言方面除了存在同时代的许多作家都热衷的日耳曼化倾向之外，仍然保持了清新生动的人文主义风格。该书被译成多种文字，在捷克文学史上占有重要地位。

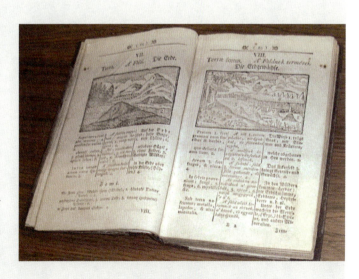

1658 年版《世界图解》内文

日本思想家
荻生徂徕

他是德川时代的大儒，
推进了日本一代文学回到原典。

荻生徂徕（1666—1728年）生于武藏国半岛郡江户城，是日本德川时代中期的哲学家和儒学家。他家境贫寒，5岁时自学汉文，后来研究儒学、军事学等。初时信奉朱子学，50岁后受中国明朝文人李攀龙（1514—1570年）和王世贞（1526—1590年）的古文辞学熏陶，他的思想发生了很大变化。他开始批判宋学，并在日本开拓、推广古文辞学。

荻生徂徕

荻生徂徕被认为是江户时代最有影响力的学者之一。他是古学派萱园学派（古文辞学派）的创始人。他的主要研究领域是运用儒家的教诲，以维持政府稳定和良好的社会秩序。荻生徂徕吸引了大批追随者并接受他的教诲，且建立了徂徕学校，直至今日，日本依然开设儒家奖学金，可见其影响深远。

荻生徂徕遵从孔子的先王之道，主张把中国古代自尧帝到周公施政的社会看作是理想社会。同时他主张顺天命，人不可知天和圣人之心，为此需要祭祖、敬鬼神、问卜以统治人民。他从根本上否定朱子学的"穷理学说"。他承认，"理"存在于自然界万物之中，但"理"却是"无标准之物"，即"理"只不过是人们的主观判断，不同的人有不同的判断标准，因此，"理"是不能穷尽的。他认为世界并不雷同，而是由无限多复杂多样的"活"的个体所构成的。构成日本社会的"士农工商"即"四民"

荻生徂徕，本姓物部，名双松，字茂卿，号徂徕、萱园，通称总右卫门

各自承担着各自的职责：农民耕种养活世界，工人生产产品供世界之用，商人往来于世界之间帮助流通，士则治乱安天下。各阶层之人各司其职，相辅相成，士农工商缺一不可，"四民"不是对立存在的阶级，而是辅佐君主的"役人"。

荻生徂徕的"'四民'皆'役人'论"积极地肯定了庶民的存在价值，这对于当时的思想形态是一个极大的挑战和冲击。但是，"徂徕学"深受庶民阶级的欢迎，其《学则》《辩道》《辨明》《论语徵》等著作推出之后，在日本迅速掀起一股"徂徕热"。

孔子是中国古代著名思想家、教育家，开创了私人讲学之风，主张仁、义、礼、智、信，是儒家学派创始人。孔子曾受业于老子，后来带领部分弟子周游列国十四年，晚年修订"六经"

荻生徂徕的"町人"观

"町人"是日本近世对工商业者的称谓。荻生徂徕生活的 17 世纪后半叶至 18 世纪前叶，日本经历了社会、经济的巨大变化。随着货币经济的快速发展，商业繁荣，"町人"崛起，社会治安混乱，幕府统治受到严重的威胁。之后"町人"越来越富裕，武士越来越贫困，社会矛盾加剧，幕府的财政困难也越发严重。

荻生徂徕认为要巩固幕府的统治地位，维持以武士为中心的封建社会，必须实行"武士土着制"。"土着制"即是让武士结束寄居生活，从城市解散回到原属藩地，按级别分配田地，重新回到原来自给自足的理想社会。徂徕认为，只有实行"土着制"，才能把武士阶级从经济困苦的境地中解救出来，社会才会安定发展。他的以武士为中心的思想在晚年所著的《政谈》中表现无遗。

知识链接：古义学派

古义学派又称"堀川学派"，日本江户时代古学派中的一个流派。伊藤仁斋为创始人，后由伊藤东涯、伊藤兰嵎继承发扬。该学派认为汉唐宋各代对"四书"所作的注释违背孔子的本意，提倡直接读中国古代孔子的原著，探讨儒学的古义。在哲学上，反对朱子学的"理气二元论"和"居敬主静说"，主张宇宙一元论，认为天地是一大活物，万物生而不息，人类和自然界都在运动中。在教育上，提倡具体的道德实践，重视探讨道德的古义，主张因材施教、尊重学生个性和学术上自由讨论。

他指出，武士应该是社会的主人，处于统治地位，"町人"只能是客人，处于被统治的地位，而今"町人"独占了经济市场，武士阶级生活贫穷，是宾主颠倒。

荻生徂徕成就卓越，是日本的重要思想家。除了儒学上的造诣，他对中国的音乐、明律、度量衡、汉诗文等都有研究。

江户时代商人的住宅

社会众生：
科技进步与多姿多彩的生活

  15世纪至17世纪是欧洲近代科学发展的开端。在扩张时代，科技飞速发展，取得了巨大进步。

  科技发展不仅表现在航海技术上，整个自然科学研究在这个时期都取得了长足进步。这个时期欧洲科学家涌现，他们在近代科学研究的理论和方法上作出了有益尝试和突出贡献，为近代科学发展奠定了基础。

  扩张的时代也是发现的时代，这个时期，伴随着经济发展，人们的生活方式更为丰富多彩，娱乐方式更为多样。欧洲宫廷里非常讲究礼仪，绅士们彬彬有礼，女士们优雅婀娜。在婚姻上，除了政治联姻、财富追逐以外，还有对自由恋爱的追求。再婚对于男士和女士是再正常不过的事情。文化娱乐活动方面，既有文学上的欣欣向荣，也有歌剧、小提琴等的发展。此外，由亚洲传入的扑克牌成为欧洲人生活的一部分。

博物学
约翰·雷

人欺我一次，人可耻；
人欺我两次，我可耻。

——约翰·雷

约翰·雷（John Ray，1627—1705 年）出生于英国布瑞特里附近埃塞克斯的一个乡村的铁匠家庭。1644 年他进入三一学院，与牛顿的导师巴罗同在杜博（James Duport）门下学习，1648 年留校任教。

雷的研究

雷是神学家和科学家，有着虔诚的宗教信仰，他的博物学与自然神学融为一体。自然神学研究是通过仔细研究大自然这部上帝的伟大作品，从而发现并证明上帝的智慧。从这个角度探索大自然，有助于加深对有机体结构、功能、生理、适应和适合度的理解，为后来的进化论积累了丰富的资料。雷熟悉经典文献，热衷于野外考察，对英格兰以及欧洲等地的植物、动物和岩石进行了详细研究，坚持野外工作一直到去世。后来者大都延续了这一研究传统。

雷对神学、语言、植物、动物（鸟、昆虫、鱼等）、地质均有广泛而深入的研究，是少有的通才，被称为博物学家。他勤奋博学，著作丰富，通过实地调查，系统地探讨了很多科学问题，主要科学著作有：《剑桥郡植物名录》《英格兰植物名录》《低地诸国考察与异域植物名录》《鸟类学》《植物志》《植物学新方法》《鱼类志》《古典词汇》《欧洲植物汇编》《植物学新方法增编》《植物属志》《不列颠植物纲要》《昆虫志》《鸟类与鱼类纲要》。

1667 年，雷被选为"促进自然科学伦敦皇家学会"会士。1669 年，他与其学生合作在《哲学汇报》上发表论文，讨论了树液在植物体内的上升运动，并推测了它与植物茎、叶、果生长发育的可能关系。

约翰·雷的地球博物学具有"反理论"性与整体性的特征，在他看来地球上各部分相互关联、相互影响。这种地球观念对今日的地学研究仍然有启示意义

雷的贡献

雷在植物分类学、解剖学和生理学方面也有许多贡献。1686 年，他在《植物志》中阐述了现代意义上"种"的概念，在植物学上将开花植物划分为单子叶植物和双子叶植物两大类，如今被

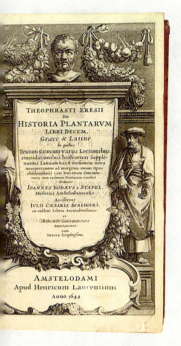

1644 年版《植物史》扉页。约翰·雷在书中把"种"定义为"形态类似的个体之集合"，同时认为物种具有"通过繁殖而永远延续的特点"

一 话 一 说 一 世 一 界 一

> **知识链接：培根与博物学**
>
> 弗朗西斯·培根（Francis Bacon，1561—1626年）在博物学上的主要贡献是关于博物学的哲学呐喊。培根把博物学（自然志）提高到一切科学必不可少的基础地位，甚至认为"自然志"就是"自然哲学"。培根还强调科学事业，尤其是博物学上的集体协作特征。他认为，博物学家们只有联合起来，才有可能写出一个地区的博物志。培根设想的科学从系统地收集材料开始，而博物学是最能代表这种类型的科学。

子植物门划分双子叶植物纲和单子叶植物纲的理念，其思想根源便在于此。此外，雷还依据花、果、叶、根等多种特征对植物进行综合分类。雷的研究奠定了近代英国以至整个西方世界博物学的基本风格，博物学与自然神学紧密结合的传统一直持续到 19 世纪晚期。在雷之后，英国出现了一大批优秀的博物学家。

雷所做的工作非常出色，但他并非一切都从头做起，也并非孤军奋战。当时雷所做的植物形态分类、解剖甚至生理研究，在国际范围已经有一些同行。国际知名的植物学家，在雷之前有塞萨尔皮诺（Andrea Cesalpino，1519—1603 年）、鲍兴兄弟、荣格（Joachim Jung，1587—1657 年），雷学习继承了他们的成果。与雷同时代的有英国的莫里斯（Robert Morison，1620—1683 年）、意大利的马尔比基（Marchello Malpighi，1628—1694 年）、德国的巴赫曼（Agustus Quirinus Bachmann，1652—1725 年）、法国的马格诺尔（Pierre Magnol，1638—1715 年）和杜纳福尔（Joseph Pitton de Tournefort，1656—1708 年），雷与他们之间彼此借鉴。在雷之后有法

国的裕苏兄弟、瑞典的林奈、英国的班克斯、德国的斯普伦格（Christian Konrad Sprengel，1750—1816 年）、瑞士的德堪多尔（Pyrame de Candolle，1778—1841 年）、英国的达尔文等卓越者。

雷在博物学上致力于对自然秩序的建构，关注分类问题。这不仅是为了发现和破解自然界事物的相似性而关心分类问题，而且是关注特质，并把实际关系错综复杂的领域所做的工作统合起来。

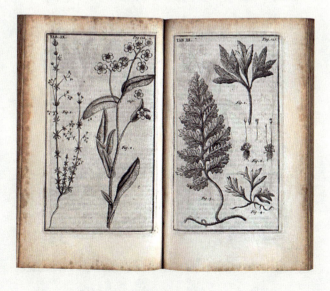

约翰·雷的《植物史》插图：金丝桃

地理学

世界开始 连为一体

天有日月星辰谓之文，
地有山川陵谷谓之理。

——王冲

德国人亚历山大·冯·洪堡（Alexander von Humboldt，1769—1859 年）和卡尔·李特尔（Carl Ritter，1799—1859 年）不仅是德国，也是世界近代地理学的奠基人。洪堡毕生致力于考察自然界，足迹遍及欧洲和南北美洲。他创作的 30 卷《新大陆热带地区旅行记》，是新大陆自然、经济和政治的第一部百科全书和拉美北部的第一部区域地理著作。他提出了世界年均温等值线图、大陆性概念以及植物纬向水平地带学说，为地理学发展作出了重要贡献。

李特尔，德国地理学家、近代地理学创建人之一。最早阐述了人地关系和地理学的综合性、统一性，奠定了人文地理学的基础

洪堡和李特尔

在古典时代，托勒密（Ptolemy）和斯特拉波（Strabo）的著作展现着清晰的地理学的基本概念，尽管当时对于地球上陆地、海洋、居民等写作主题缺乏确切的资料和精确的地图。在文艺复兴时期，古典的地理学观念得以复苏。就地理知识而论，那些古典观念逐渐被修正和完善。例如，托勒密的地图和他对各地经纬度的计算仍被人使用，直到 18 世纪还在影响着地图绘制者，导致一些海岸线的描绘存在偏差。

洪堡出身于普鲁士的一个地主贵族家庭。他在乔治·福斯特的影响下对植物学产生兴趣，成为植物地理学的创始人。他是第一个对西班牙桌状山作了精确高程测量的人，得出了热带山区的高度、气温、植被和农业的首创性科学论述，他还发现了秘鲁海流。洪堡的代表作《宇宙》提出了近代地理学的三大问题：认为地球是统一整体，人类是自然的一部分；探讨地表各区域相互关联现象的差异性；研究特定自然要素，应注意其与周围

图为洪堡在火山爆发区考察

1540 年，塞巴斯蒂安·明斯特尔第一次绘制了《新半球图》，将美洲描摹为纵贯南北两极的绵延大陆

环境的关系。

李特尔是科学地理学的代表人物。他主张地理学应以经验为依据，地理学者应该从观察到观察，找出一般方法。他追求变化中的统一，在地理学中采用区域方法，而不是采用对各个特征的专题研究方法。他一生担任了几个教师职位，由此十几年间地理学一直处于李特尔的影响之下，形成了李特尔学派。

明斯特尔

塞巴斯蒂安·明斯特尔（Sebastian Münster，1488—1552 年）是 16 世纪德国地理学家中最杰出的代表。1488 年，他生于美因兹附近的英格尔海姆，后来在海德堡和维也纳学习。1536 年，他被任命为巴塞尔的希伯来语教授，直至 1552 年逝世。明斯特尔对制图学有重要贡献。他试图用一架小罗盘仪（即棱镜罗盘仪的前身）在海德堡附近一个小区域进行简单的三角测量，以便改进制图方法。

明斯特尔于 1540 年在巴塞尔出版了由他审订的托勒密著作，并在以后 12 年内再版 4 次。1544 年他又出版了《宇宙通志》。他潜心创作，20 年间极少走出书房，不靠旅行，而是通过阅遍前人的探险游记，写了一部《世界志》，试图将关于世界的所有知识汇集进一本书。那个幻想与现实交织的世界不仅游荡着怪兽、巨人和食人魔，更展现出一幅 16 世纪人们的生活图景。这在一定程度上反映了当时人们所具备的地理知识和认识水平。500 年前《世界志》畅销欧洲，至今仍是图书史上的一块瑰宝。它的增订版一直被使用到 1650 年以后，共有 6 种文字版本，印行了 46 版，100 多年内还被作为教科书使用。

德国地理学在近现代地理学发展史上占有重要地位，对地理学的基本理论和方法论的研究取得了突出成就，为现代科学的发展作出了贡献。

塞巴斯蒂安·明斯特尔的《宇宙通志》书影

宫廷之爱
宠臣与伊丽莎白一世

她是童贞女王，却拥有很多宠臣；
他是多情才子，最终却身首异处。
他们就是伊丽莎白女王和雷利，多情但未能结合，
两人都为英格兰奉献了一生。

在伊丽莎白一世统治期间，一生充满传奇色彩的沃尔特·雷利（Walter Raleigh，约1552—1618年）是当时众多闪耀明星中的一颗，而且从未随着其去世而消失在历史的尘埃中，倒是愈发熠熠生辉。

雷利

雷利身高6英尺，比当时男性平均身高高出半英尺。他生得一表人才，玉树临风，超然脱俗。他具有一双深沉忧郁的眼睛，黑色头发，胡须整齐。他衣着华丽鲜艳，珠光宝气。雷利的哥哥吉尔伯特向女王引荐了雷利。进入宫廷后，由于相貌英俊和多才多艺以及镇压爱尔兰起义有功，雷利受到女王宠爱。1581年，雷利从爱尔兰回国，受封为爵士。他狂傲骄人，数次向女王以诗言情。雷利除了对女王的疯狂追求，还有对英格兰的忠诚和牺牲。

沃尔特·雷利是政客、军人，同时是一位诗人、科学爱好者，还是一位探险家

雷利献殷勤

雷利对女王殷勤献爱的故事流传至今。有一天下雨了，路面上满是泥泞，伊丽莎白正要穿过街道。雷利看到了她，就把他的鹅丝绒披肩摆在了满是泥泞的大路上，伊丽莎白很赞赏雷利的绅士行为。还有一件极富渲染色彩的逸事，把他描绘成害相思病的诗人。他用钻石戒指在窗玻璃上写下一行诗，向女王示爱："我乐意上攀，可惧怕跌翻。"据说女王私下回复道："你若自信不足，最好不要上攀。"雷利一度疯狂追求伊丽莎白，有一首雷利向伊丽莎白女王求爱的诗，此诗非常体面和礼貌：

她的面庞，如此白皙，瞬间攫住，我的目光；我的目光，爱恋，她的面庞；啊，那面庞，蹙额之际，委屈的不只是，我的目光；我的目光，端详着，她的面庞，魅力超常。

雷利多次向女王示爱，女王都聪明地婉拒。由于对女王的执着痴情追求却没有得到积极回应，他内心忧苦。1595年，雷利与女王的侍女斯罗克莫顿秘密结婚。伊丽莎白一世得知后非常生气，很多年没有原谅他。在雷利失去女王宠爱的时候，他也极其伤感，创作了《再见，宫廷》：

我逝去了的欢乐，现在从视线中清除，只给我留下了未知的道路。我心悲哀，我的生活掌握在命运之手中，所有都已过去，只有悲伤仍存。

伊丽莎白一世即位之初成功维护了英格兰的统一。经过近半个世纪的统治后，英格兰成为欧洲最强大的国家之一。英格兰文化也在此期间达到了一个顶峰，涌现出诸如莎士比亚、弗朗西斯·培根这样的著名人物。英国在北美的殖民地也在此期间开始确立。伊丽莎白一世统治时期，在英国历史上被称为"黄金时代"

 知识链接：建立弗吉尼亚殖民地

弗吉尼亚是英国 1607 年在北美建立的第一块殖民地。1584 年，英国女王伊丽莎白一世令其宠臣雷利爵士派遣探险队考察北美东部沿海一带。后来雷利将北卡罗来纳以北之地，命名为弗吉尼亚，意即宜于移民垦殖和定居的处女地。1607 年，英国有 3 艘船只行驶到北美，殖民者史密斯等在弗吉尼亚亨利角登陆，并定居下来。此后 100 多年间，英国在北美大西洋沿岸一共建立了 13 个殖民地。

雷利在宫廷中失去宠爱，无奈迷惘，又一次去了爱尔兰镇压起义。雷利追求女王虽然没有结果，但是依然非常虔诚，既对国家和女王虔诚，也有自己作为一个廷臣的准则。这体现在他的诗歌《热情的朝圣》中：

给我一枚朝圣者的徽章，

它好似我信仰的昭彰，

……

明天中午我身首异处之时，

……

请给我的灵魂安一个永生的头颅。

我时刻准备做一个朝圣者，

踏上我心目中那祈福之路。

雷利对女王是清白纯洁之恋，他集理想男性品质于一身：优雅、勇敢、聪慧。

伊丽莎白一世信任并且尽力维护他。后来詹姆斯一世即位，他为了满足西班牙的愿望而最终处死了雷利。

雷利作为伊丽莎白一世统治时期的著名宠臣，对女王尽忠效力。他在历史上留下的那些追求女王的故事为后人称道。他作为私掠船的船长度过了早期的职业生涯。他还在美洲建立了第一块殖民地，

率领一支探险队前往新大陆寻找黄金国，发现了圭亚那。他著有六卷本的《世界历史》，具有重要的研究价值。

因为航海冒险的功绩，沃尔特·雷利两年后任伊丽莎白女王的警卫队长。他风流倜傥，智慧过人，语言幽默。他写诗赞颂女王，深得她的欢心，曾一度比任何人都更得女王的赏识

诗歌学派
法国七星社

利用民族语言，
完全可以写出我们最满意的作品。

文艺复兴时期法国文学上出现了两派，一个是以"七星社"为代表的贵族派，另一个是以拉伯雷为代表的民主派。七星社以彼埃尔·德·龙沙和若阿西姆·杜·贝莱为代表，他们在语言和诗歌理论方面作出了突出贡献，最早提出统一民族语言的主张，促进了法国民族文学的发展。但他们排斥民间诗歌，只为少数贵族服务。

七星社由来

七星社，又名七星诗社，由 7 位法国诗人组成，代表着 16 世纪法国人文主义贵族作家的一个诗歌团体。这个团体奉里昂诗人（法国贵族诗人团体）为先驱，以提高法语的质量为目的，被视为法国文艺复兴诗歌的最早代表。7 位成员均为诗坛新秀，除龙沙、杜·贝莱外，还有杜·芒、贝洛、若代尔、巴伊夫和蒂亚尔。他们的团体原名为"旅"，这是从意大利语移植来的一个新词。后来龙沙用北

Pierre de Ronsard 1524-1585　　Joachim Du Bellay 1522-1560　　Jacques Peletier 1517-1582　　Jean Antoine de Baïf 1532-1589　　Jean Dor[...] 1508-158[...]

七星社的诗人诵读他们自己创作的诗歌的场景

斗七星称呼他们的团体，遂有七星社这个名称。

七星社的成员

在文艺复兴时期，许多法国人都主张新诗应有一定的规范和原则。1549 年，龙沙和杜·贝莱以七星社代表的身份发表了著名的宣言：《保卫与发扬法兰西语》。因为杜·贝莱出身名门，有一定知名度，所以宣言由他署名。宣言提出七星社的主张：谨慎地模仿和借鉴意大利文艺复兴的作品和古典文学形式与语言，使法语更加丰富多彩。宣言认为，法兰西文学至少应和意大利文学并驾齐驱，使用法语也可以创作出精美的诗歌。

龙沙和杜·贝莱当时都很年轻，也都是著名的柯克莱学院的学生。他们的老师多拉是一位出色的希腊语学者，熟读晦涩难懂的古希腊诗歌，却是一个拙劣的诗人。龙沙和杜·贝莱跟老师一起学过希腊古诗，但他们主张推陈出新。他们认为用法语写的诗，无论在语言上或境界上都要更上一层楼，这样才有希望赶上并超过意大利诗歌的水平。他们还提出，在文学作品中不排斥专门术语和新词，而是适当地引进新词和专门术语，这样有助于诗歌形式的革新。

在七星社宣言发表之前，托马斯·西比莱特（Thomas Sibilet）早在 1548 年就发表了《诗艺》一文，提出灵感是神圣的，诗人必须效仿古人。他对中世纪的诗人抱谅解态度。他认为，凡是人类创造的语言都各有长处，人们应该一视同仁，不能厚

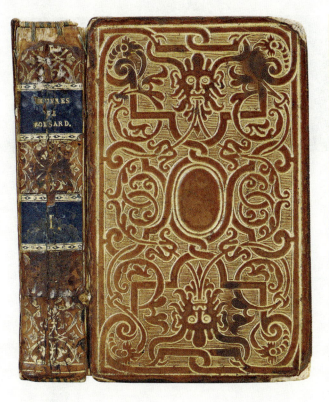

1571年出版的彼埃尔·德·龙沙的诗歌作品

一话一说一世一界一

知识链接：彼埃尔·德·龙沙

彼埃尔·德·龙沙是七星社的代表人物。龙沙是文艺复兴时期法国杰出的诗人。他出身贵族，少年时沉湎于跳舞和骑射，自幼在法兰西宫廷中给几位王子当侍从，游历过苏格兰和德国。1553年他右耳失聪，教士们为他行剃度礼。他进入教会办的柯克莱学院接受严格的教育，研读古代希腊、罗马诗歌，并且与一些同窗好友结成七星社。龙沙的代表作有《保卫与发扬法兰西语》《颂歌集》《给卡桑德拉的情歌》《给爱兰娜的十四行诗》《哀歌》等。

此薄彼。希腊语和拉丁语表现能力强，表达手段丰富多样，这是几代人共同努力的结果。人们应努力用法语创作不朽的诗歌，从而为法语增辉添色。他们还认为要写出好诗，单凭灵感是不够的，必须具有运用语言的能力。

七星社的成员们不仅发表宣言，而且身体力行。他们为了创造新的词语、新的表达手段，到各地采风，从民间语言中汲取营养。他们还钻研古人的著作，借用或利用原有的词根，自行创造新词。他们认为在创作新诗歌时应遵循音韵和谐的原则，即"耳顺为先"。诗人要删繁就简，当然也应当允许存在不押韵的自由体诗，认为这种诗反倒最难写。

七星社的宣言在当时沉寂、泥古的诗坛投下了一块青石，激起层层涟漪。保守的文人们纷纷发声反对他们，但人们并没有忽视他们作品中的创新价值。

杜·贝莱，七星社重要成员，主要诗集有《罗马怀古》和《悔恨集》

欧洲的扑克牌游戏
纸牌

娱乐活动，
在欧洲渐渐盛行。

扑克是流行全世界的一种可娱乐的纸质工具，其名称是 poker 的音译

扑克游戏的起源不能完全确定，一般认为它源自 12—13 世纪南宋时期传出中国的叶子戏。有史可考的是中国纸牌 13 世纪传入了欧洲。

纸牌历史

东方纸牌传入欧洲以后，首先是进入意大利。有许多资料证明，意大利最早把东方纸牌演变成为西方纸牌。意大利纸牌的诞生，推动了欧洲许多国家纸牌文化的发展，丰富了人们的生活。15 世纪的欧洲已经形成以意大利、西班牙、法国、德国为主要代表的欧洲纸牌文化。

各国纸牌

意大利扑克牌：意大利最早的扑克生产记录是在 1377 年，但在一份 1299 年的意大利文件中，提到欧洲纸牌最早的样式——塔罗牌。意大利纸牌最早是以占卜为主要功能设计的，后来逐步推广到娱乐领域。这样，意大利纸牌就逐步演变出兼顾娱乐和占卜功能的塔罗扑克牌和主要用于占卜目的的单一塔罗牌。塔罗扑克牌为 56 张花色牌加 22 张主牌，花色牌主要用于打牌，主牌主要用于占卜。随着法式扑克牌的普及，意大利的塔罗扑克牌的花色也逐步改为黑桃、红桃、梅花、方块。

西班牙扑克牌：西班牙扑克牌通常为 4 种花色，分为 40 张和 48 张两种，每一种花色有 3 张人头牌（分别是王、骑士和武士）和 7 或 9 张点数牌。西班牙扑克牌的花色与意大利扑克牌有许多相同之处，同样分为宝剑、星币、权杖、圣杯，但西班牙扑克牌中的人头牌的姿势与意大利扑克牌稍有不同。

法国扑克牌：法国扑克牌是现在世界上最为流行的扑克牌，我们平时所见到的扑克牌通常都是这种。法国扑克牌最初是从意大利及西班牙引进的。据史料记载，1392 年法国国王查尔斯六世曾命人手工绘制纸牌。当时负责银钱支付账目的皇家司库曾讲起，"国王有三副纸牌，分别印成金色和各种各样的颜色，并带有很多装饰"。其中的 17 张纸牌现存于法国国立图书馆。

法国扑克牌中最早使用黑桃、红桃、梅花和方块四个花色图案。在古代法国，黑桃代表长矛，象征军人；红桃代表红心，象征牧师；梅花代表三

一话一说一世一界一

德克萨斯扑克，中文简称德州扑克。它是一种玩家对玩家的公共牌类游戏。德州扑克是一种技巧性非常强的游戏，运气、耐性、毅力和智慧一样都不能少

叶花，象征农业；方块代表钻石和砖瓦，象征工匠。四种花色分别代表当时法国社会的四种主要行业。法国扑克牌开始为 52 张，每个花色有 13 张，牌点从小到大分别标注为 P、2—10、C、D、R。以后又逐步演变成为我们现在常见的每个花色 10 张点数牌和 3 张人头牌的样式。人头牌分别为 J（侍卫）、Q（王后）和 K（国王）。

德国扑克牌：德国扑克的牌张一般都比较大，花色主要是与狩猎有关的动物图案。德国 15 世纪前各地扑克牌的品种非常多，通常是四种花色，花色的图案一般由鹿、猎鹰、狗、野鸭、鹭鸟等组成，至于扑克牌是哪四种动物组成并没有确定。现在欧洲的博物馆中，收藏了一些 15 世纪手工绘制的非常精美的动物花色德国扑克牌。15 世纪末，

四张王牌是指法国的波旁王朝、天主教德国和西班牙的哈布斯堡王朝、英格兰的斯图亚特王朝以及北欧的新教王室。路易拥有着对自己王国的绝对统治，哈布斯堡王朝的利奥波德一世努力把世袭的奥地利大众国发展成为一个新的帝国。奥兰治的威廉三世因为同斯图亚特王朝的公主结婚而获得了英格兰的王冠，瑞典的古斯塔夫二世在国会的帮助下在自己的国家享有巨大权力。

西班牙扑克牌及法国扑克牌传入德国。经过一段时间，德国出现了花色为红心、橡果、铃铛和树叶的扑克牌，代替了传统扑克牌的形式，形成了德国式扑克牌。这种扑克牌共 52 张，每个花色有 10 张点数牌和 3 张人头牌，人头牌分别为 U（小武士）、O（大武士）和 K（国王）。

此外，纸牌传入英国的时间比传入欧洲其他国家更晚一些。

WSOP（World Series of Poker，世界扑克系列赛）是世界扑克牌比赛中一项最权威、最受尊重的赛事

文学的音乐
歌剧

意大利拥有最完美的歌剧。

1600年，雅各布·佩里完成了《尤丽狄茜》的谱曲，这是奥塔维奥·里努奇尼为托斯卡纳大公的侄女玛丽亚·美第奇与法国国王亨利四世的婚礼而创作的脚本

《尤丽狄茜》讲述了尤丽狄茜的故事。在古希腊神话中，尤丽狄茜是太阳神与艺术女神之子奥菲欧的新娘，她被毒蛇咬伤后死去，奥菲欧闯进地狱去寻找自己的爱妻，冥王和冥后被他的真情所感动，遂复活了尤丽狄茜。这部歌剧由一个序幕和三个场景组成，序幕的标题为"悲剧"，它以铜管乐器伴奏一首歌曲，有些版本是在这首歌的前后还加了马伦齐奥的《五声部古序曲》和马尔维兹的《六声部古序曲》。歌剧中的唱段已经形成了独唱、重唱和合唱的模式，但还没有咏叹调，全部富于歌唱性的宣叙调，听起来有很浓的牧歌味道。

每当想到意大利的歌剧，人们感觉所有的美妙融合在一起，在视觉和听觉甚至全部感官上得到最大的艺术满足。意大利歌剧产生于16—17世纪，是以人文主义思想为基础发展出来的一种艺术表现形式。

歌剧起源

歌剧起源于17世纪巴洛克时期的牧歌，最初是由意大利佛罗伦萨的一群人文主义者为了复兴古希腊时期的戏剧传统而创造的音乐形式。其源头还可追溯到古希腊戏剧、世纪神秘剧和假面剧。

雅各布·佩里（Jacopo Peri，1561—1633年）在1599年创作的《达夫尼》（已亡佚）是目前所知的第一部歌剧。1600年他创作的《尤丽狄茜》是现存最早的歌剧。这两部歌剧已经有了咏叹调与宣叙调分工，尽管总体看来技艺并不成熟。

克劳迪奥·蒙特威尔迪是介于文艺复兴时期和巴洛克时期的人物。蒙特威尔迪被认为是古典音乐史上一位划时代的人物，他的牧歌创作是文艺复兴时期音乐体裁的巅峰，而他的歌剧创作则是这种体裁的奠基之作

蒙特威尔迪的歌剧《奥菲欧》扉页，1609 年在威尼斯出版

克劳迪奥·蒙特威尔迪

克劳迪奥·蒙特威尔迪（Claudio Monteverdi，1567—1643 年）是古典音乐历史上第一位伟大的意大利歌剧作曲家，被誉为"近代歌剧之父"。他是跨越文艺复兴和巴洛克两个时期的人物，集杰苏阿尔多的牧歌风格与威尼斯乐派的音乐风格于一身。他运用丰富的想象力，将自己创作的每一种体裁都进行了革新，发展出他自己个性鲜明的新风格。通过长期从事牧歌的创作，他掌握了以音乐手段来表现歌词内容特点的高超技巧，这成为他歌剧创作的坚实基础。在创作思想方面，他特别强调音乐应该以真实为基础，进而去表现整个人，去描写人的心灵世界，抒发植根于人类天性中的强烈情感。

1607 年，蒙特威尔迪完成了《奥菲欧》。这是他实践自己创作思想的杰作，是第一部真正意义上的近代歌剧。尽管它在形式上还是歌剧诞生时的样子，但音乐更加丰富了，戏剧效果得到进一步加强。他使用了较大编制的乐队，还大胆运用了不和谐音和弦乐器震音来增强音乐的表现力，烘托气氛和展现矛盾，以不同乐器来表现人物性格，使用一些简短乐句来预示或表现歌剧中的某些重要场景和戏剧氛围。这些特点在他后来的歌剧中得到充分发展。在他的歌剧里，独唱（宣叙调、咏叹调）、重唱、管弦队和舞蹈综合在一起为剧情服务。他认为歌剧的音乐要表达人类深刻的情感，还要与歌词意义相吻合。

蒙特威尔迪一生共创作了十几部歌剧，除了《奥菲欧》，还有《阿里安娜》《尤利西斯还乡》和《波佩阿的加冕》等。除歌剧之外，蒙特威尔迪的牧歌和圣乐作品也都颇具歌剧的特点，有戏剧性牧歌《坦克雷德与克洛琳达之争》《真福童贞女的晚祷》等。他的音乐成就对后世各乐派的作曲家们产生了影响。

知识链接：小提琴

近代小提琴约产生于 16 世纪中叶，那时的许多珍品现在还保存在欧洲的一些博物馆内。小提琴的起源可以追溯到 2000 多年前的埃及乐器"里拉"。15 世纪，意大利人对其进行了改革，并用马尾制成弓子拉奏，定名为 Violin，即小提琴。后又经过多年演变，小提琴的形状与制作才基本固定下来。现存最早的小提琴是一把"查理九世"，由安德里亚·阿玛蒂在 1560 年制作于意大利北部城市克雷莫纳。

图为 1623 年文艺复兴晚期的音乐家们在演奏音乐

责任编辑：王新明

助理编辑：薛　晨

图文编辑：胡令婕

责任校对：杜凤侠

封面设计：林芝玉

版式设计：汪　莹

图书在版编目（CIP）数据

扩张时代 / 袁梨梨 著 . —北京：人民出版社，2025.5

（话说世界 / 陈晓律，颜玉强主编）

ISBN 978 - 7 - 01 - 026192 - 8

I. ①扩… II. ①袁… III. ①世界史 - 通俗读物 IV. ① K109

中国国家版本馆 CIP 数据核字（2024）第 002819 号

扩张时代

KUOZHANG SHIDAI

袁梨梨　著

人 民 出 版 社 出版发行

（100706　北京市东城区隆福寺街 99 号）

北京华联印刷有限公司印刷　新华书店经销

2025 年 5 月第 1 版　2025 年 5 月北京第 1 次印刷

开本：889 毫米 × 1194 毫米 1/16　印张：15.75

ISBN 978 - 7 - 01 - 026192 - 8　定价：90.00 元

邮购地址 100706　北京市东城区隆福寺街 99 号

人民东方图书销售中心　电话（010）65250042　65289539